管理会计师(初级)系列教材

U1009227

管理会计师(初级)

成本管理

(第二版)

主　编　潘　飞

副主编　陈振婷　王　悦　朱　丹
　　　　佟成生　程　博

上海财经大学出版社
SHANGHAI UNIVERSITY OF FINANCE & ECONOMICS PRESS

图书在版编目(CIP)数据

成本管理 / 潘飞主编. -- 2版. --上海:上海财经大学出版社, 2025. 5. -- (管理会计师(初级)系列教材). -- ISBN 978-7-5642-4682-2

Ⅰ. F275.3

中国国家版本馆 CIP 数据核字第 2025SE2975 号

□ 责任编辑　袁　敏
□ 书籍设计　贺加贝

成 本 管 理

(第二版)

主　编　潘　飞
副主编　陈振婷　王　悦　朱　丹
佟成生　程　博

上海财经大学出版社出版发行
(上海市中山北一路 369 号　邮编 200083)
网　　址:http://www.sufep.com
电子邮箱:webmaster@sufep.com
全国新华书店经销
上海市崇明县裕安印刷厂印刷装订
2025 年 5 月第 2 版　2025 年 5 月第 1 次印刷

787mm×1092mm　1/16　12 印张　284 千字
定价:40.00 元

管理会计师(初级)系列教材

编写委员会

主 任 李林池

委 员 高兴国　孙莉莉　汤云为
王红新　潘　飞　吕长江
吴　骏

序　言

财政部于2014年发布《关于全面推进管理会计体系建设的指导意见》。针对各界对管理会计的关注度与日俱增、行业需求日益加大的状况，财政部在《会计改革与发展"十三五"规划纲要》中明确提出"到2020年培养3万名精于理财、善于管理和决策的管理会计人才"的总体目标。与此同时，欧美国家同业协会（美国管理会计师协会、英国皇家特许管理会计师公会）或机构也在中国开展管理会计培训及认证工作。针对以上情况，中国总会计师协会将发挥全国性行业组织的职能作用，响应财政部的号召，主动作为，大力推进管理会计相关工作，主动融入管理会计改革，加强管理会计人才培养，深化管理会计实践，逐步探索建立具有中国特色的管理会计体系和人才评价机制。

中国总会计师协会于2015年底正式开展管理会计师专业能力培训项目试点工作，在有关方面的重视和大力支持下，在项目专家组成员通力合作下，试点工作得到社会各界及广大管理人员和财务工作者的积极参与和广泛关注，进展顺利。中国总会计师协会自主研发推出的管理会计师专业能力培训项目，在标准制定、课程模块、教材编著、培训教学、考核评定等方面具有注重理论与实践相结合的特色，为国内企业、行政事业单位管理人员和财务工作者提供了系统性的管理会计专业能力培训，在一定程度上提升了管理人员和财务工作者的履职能力，强化了管理会计实际应用，帮助企业、行政事业单位掌握管理会计最新理论工具方法，提高管理水平和实操能力，增强核心竞争力和价值创造力，促进企业、行政事业单位转型升级，推动创新发展以及供给侧结构性改革，更好地适应经济发展新常态。

为进一步提高培训质量，中国总会计师协会在认真总结管理会计师专业能力培训项目试点工作开展以来的成绩和经验，紧密联系当前和今后一段时期管理会计领域所面临的新形势、新任务和新挑战的基础上，组织编撰管理会计师系列教材，使之成为具有科学性、规范性、创新性和实用性的专业水准教材，以适应管理会计师专业能力培训项目培训教学的需要。

我们相信，系列教材的编辑出版，将对管理会计师专业能力培训项目的良性发展，以及企业、行政事业单位管理人员和财务工作者专业水准和履职能力的提升发挥积极的推动作用。

中国总会计师协会
常务副会长　李林池

目　录

管理会计师官方服务号　管会教育

第一章

总　论

案例：

A 制造公司经营着几家工厂，每家工厂都生产一种不同的产品。今年年初，小张被选为苏州工厂的新经理。年末，所有工厂的经理都被要求在公司董事会上总结其所管理工厂的经营状况。

小张在董事会上就苏州工厂的经营情况作了汇报："正如大家所见，苏州工厂的销售量保持不变。今年和去年我们的销售量都是 100 000 件。但是，我们在成本控制方面取得了实质性的进步。通过高效的工厂经营，我们已经较大幅度地降低了产品成本，其表现为已售产品的单位成本从去年的 10.20 元（1 020 000 元/100 000 件）下降到今年的 9.09 元（909 000 元/100 000 件）。"

李教授是 A 制造公司董事会聘任的外部董事，他在查看苏州工厂的报表时发现：今年年初产成品存货 30 000 件，255 000 元；年末产成品存货 20 000 件，202 000 元。去年年初产成品存货 10 000 件，85 000 元；年末产成品存货 30 000 件，255 000 元。

思考题：

（1）今年产品总成本下降的原因是什么？

（2）苏州工厂的销售成本如何计算？

（3）今年和去年的产品单位成本应分别是多少？

第一节　成本会计概述

一、成本的含义及其与费用的区别

（一）成本的含义

成本是商品经济的产物，是商品经济中的一个经济范畴，是商品价值的主要组成部分。

长期以来，我们主要是以马克思在《资本论》中的有关论述来论证成本的含义。马克思指出：产品的价值（W）由三个部分组成，即生产中消耗的生产资料的价值（C）、劳动者为自己的劳动所创造的价值(V),以及劳动者为社会创造的价值(M)。其中,产品成本由 $C+V$ 构成。因此,从理论上说,产品成本是企业在生产过程中已经耗费的、用货币表现的生产资料的价值与相当于工资的劳动者为自己所创造的价值的总和。由于过分强调 $C+V$ 的普遍意义,因而人们将马克思所界定的产品成本当作一般的成本概念,即将 $C+V$ 当作成本的全部,却忽略了成本的内容是随着经济的发展而发展的事实。

事实上,产品成本属于成本,但成本并不等于产品成本。由于成本与管理相结合,因而成本的内容往往要服从于管理的需要。此外,由于从事经济活动的内容不同,成本含义也不同。

美国会计学会(AAA)下设的成本概念与标准委员会将成本定义为:成本是指为达到特定目的而发生或应发生的价值牺牲,它可用货币单位加以衡量。会计学成本的一般定义应该是:特定的会计主体为了达到一定的目的而发生的可以用货币计量的代价。

会计人员将成本定义为:为了取得某些财产(如材料)或劳务(如人力资源)而牺牲的某些经济资源。而经济学家对于成本的定义则较为宏观:凡是经济资源的牺牲都是成本。换言之,成本可以是有形或无形、主观认定或客观认定、货币性或非货币性,也可以包括社会成本,如因噪音和污染所引起的成本。

综上所述,不同的经济环境、不同的行业特点,对成本的内涵有不同的理解。但是,成本的经济内容归纳起来有两点是共同的:一是成本的形成是以某种目标为对象的。目标可以是有形的产品或无形的产品,如新技术、新工艺;也可以是某种服务,如教育、卫生系统的服务目标。二是成本是为实现一定的目标而发生的耗费,没有目标的支出则是一种损失。

(二)成本与费用

成本与费用是一组既有紧密联系又有一定区别的概念。区分成本与费用是非常重要的。成本是指生产某种产品、完成某个项目或者说做成某件事情的代价,即发生的耗费总和,是对象化的费用。费用是指企业在获取当期收入的过程中,对企业所拥有或控制的资产的耗费,是会计期间与收入相配比的成本。成本代表经济资源的牺牲,而费用则是会计期间为获得收益而发生的成本。

在财务会计中,成本可以分为未耗成本与已耗成本两大类。未耗成本是指可在未来的会计期间产生收益的支出,此类成本在资产负债表上被列为资产项目,例如设备、存货及应收账款等。已耗成本则是指本会计期间内已经消耗,且在未来会计期间不会创造收益的支出。这类成本又可分为费用和损失。前者在损益表上被列为当期收益的减项,例如已销产品的生产成本及各项期间费用等;后者则因无相应利益的产生,而在损益表上被列为"营业外支出"等项目,例如火灾、水灾等自然灾害造成的损失。

典型的成本是产品成本,其实质就是各项生产耗费的价值凝结,同时它也被用作存货资产价值的计量。在产品没有被售出之前,产品成本始终作为资产的一个组成部分。一旦产品售出,其成本就转化为出售当期的销售成本,并与当期发生的其他费用一起,由当期营业收入予以补偿。由此可以得出以下结论:第一,费用是成本的基础,没有发生费用就不会形成成本。第二,按对象归集的费用构成成本,其发生期与补偿期并非完全一致;不予对象化的费用则可按发生期间归集,由同期收入补偿。成本与费用的关系可表述如图 1.1 所示。

成本会计关注的是成本而不是费用。成本的两种主要类型是支出成本和机会成本。支

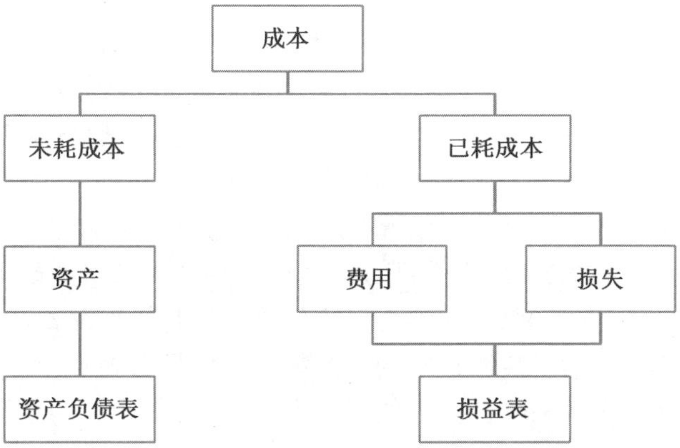

图 1.1 成本与费用的关系

出成本是过去、现在或未来的现金流出；机会成本是指因选取一个最优方案而放弃的次优方案上的收益。当然，在任何时刻，没有人能知道可利用的所有可能机会，因此，无疑会忽略一些机会成本。尽管会计系统的特征是记录支出成本而不记录机会成本，但是，为了保证所作的决策是最优的，在进行决策时应考虑机会成本。

二、成本会计的产生和发展

(一)成本会计的产生和发展概述

成本会计先后经历了早期成本会计、近代成本会计、现代成本会计和战略成本管理四个阶段。成本会计的方式和理论体系随着发展阶段的不同而有所不同。

1. 早期成本会计阶段(1880～1920 年)

如果说中世纪城市的兴起、商业和银行业的发展是产生复式记账的温床，那么，中世纪发展起来的工场手工业则是产生成本会计的摇篮。随着英国产业革命的完成，机器代替了手工劳动，工厂制代替了手工工场，会计人员为了满足企业管理上的需要，起初是在会计账簿之外用统计的方法来计算成本。此时，成本会计出现了萌芽。随着企业规模逐渐扩大，企业之间出现了竞争，生产成本得到了普遍重视。为了满足有关各方面对成本信息资料的需要和企业管理上的需要，以及提高成本计算的准确性，成本计算由统计核算逐步纳入复式账簿系统，将成本计算与会计核算结合起来，使成本记录与会计账簿一体化，从而形成了真正的成本会计。可见，成本会计体系产生的直接动因实际上是产业革命及随之而来的大生产方式和工厂制度。

早期研究成本会计的专家劳伦斯(W. B. Lawrence)对成本会计做过如下的定义："成本会计就是应用普通会计的原理、原则，系统地记录某一工厂生产和销售产品时所发生的一切费用，并确定各种产品或服务的单位成本和总成本，以供工厂管理当局在决定经济的、有效的和有利的产销政策时参考。"从成本会计的方式来看，在早期成本会计阶段，主要是采用分批法或分步法成本会计制度；从成本会计的目的来看，计算产品成本以确定存货成本及销售成本。所以，初创阶段的成本会计也称为记录型成本会计。

2. 近代成本会计阶段(1921～1945 年)

随着科学技术的飞速发展,日趋复杂的外部环境对企业管理提出了越来越高的要求,从而促使成本会计的不断发展。19 世纪末 20 世纪初在制造业中发展起来的以泰勒为代表的科学管理,对成本会计的发展产生了深刻的影响。于是,美国会计学家提出的标准成本制度脱离实验阶段而进入实施阶段,为生产过程成本控制提供了条件。在此之前,企业不重视有效的成本控制,对于生产中的实际耗费情况,只有事后通过计算实际成本以后才知道。标准成本法的出现使成本计算方法和成本管理方法发生了巨大的变化,成本会计进入了一个新的发展阶段。实施标准成本制度后,成本会计不仅是事后计算产品的生产成本和销售成本,还要事前制定标准成本,并据以控制日常的生产耗费与定期分析成本。此时,成本会计的职能扩大了,发展成为管理成本和降低成本的手段,从而使成本会计的理论和方法有了进一步的完善和发展,形成成本管理的雏形。它标志着成本会计已进入了一个新的阶段——近代成本会计阶段。

在这一时期,成本会计的应用范围也从原来的工业企业扩大到各种行业,并深入应用到一个企业内部的各个主要部门,特别是应用到企业经营的销售方面。它不仅将会计核算与成本相结合,而且还包含了成本预算、成本控制、成本差异分析和考核等内容。美国尼科尔森(J. L. Nicholson)与罗尔巴克(F. D. Rohrback)合著的《成本会计》以及陀尔(J. L. Dohr)所著的《成本会计原理和实务》等,使成本会计理论和方法得到进一步完善和发展,形成了独立的学科。

这一时期的成本会计的定义,可引用英国会计学家贝蒂(J. Batty)的表述:"成本会计是用来详细地描述企业在预算和控制它的资源(指资产、设备、人员及所耗的各种材料和劳动)利用情况方面的原理、惯例、技术和制度的一种综合术语。"因此,近代成本会计主要采用标准成本制度和成本预测,为生产过程的成本控制提供条件。以标准成本系统为基础的责任成本控制系统的形成和发展,是成本会计的第二次革命。

3. 现代成本会计阶段(1946～1980 年)

20 世纪 50 年代起,西方国家的社会经济进入了新的发展时期。一方面,社会资本高度集中,跨国公司大量出现,企业规模日益扩大,生产经营日趋多元化;另一方面,在战争中发展起来的军用科学技术向民用工业转移,新产品开发日新月异,市场竞争日趋激烈。在激烈的市场竞争中,企业为了适应社会化大生产的客观要求,管理也要现代化。随着管理现代化,运筹学、系统工程和电子计算机等各种科学技术成就在成本会计中得到广泛应用,从而使成本会计发展的重点由如何对成本进行事中控制、事后计算和分析转移到如何预测、决策和规划成本,形成了以管理为主的新型现代成本会计,这是成本会计的一个重大变革。在现代成本会计阶段,加强事前成本控制,广泛应用管理科学的成果,其发展重点是趋向预测、规划和决策,实现最优化成本控制。

与传统的成本会计相比,现代成本会计更重视成本发生的前因后果,通过作业基础成本计算和有效控制,使成本计算与成本控制有机地结合。同时,成本控制与责任会计相辅相成,随责任会计系统的产生而产生,又随作业基础会计系统的形成而发展。因此,由传统的成本计算系统到现代的以作业为基础的成本计算,是成本会计发展的必然趋势。现代成本会计系统的形成和发展,是成本会计的第三次革命,是一场真正的成本会计革命。

综上所述，现代成本会计是成本会计与管理的直接结合，它根据成本核算和其他资料，采用现代数学和数理统计的原理及方法，建立起数量化的管理技术，用来帮助人们按照成本最优化的要求，对企业的生产经营活动进行预测、决策、控制、分析、考核，促使企业生产经营实现最优化运转，以提高企业的市场适应和竞争能力。因此，现代成本会计是广义的成本会计，实际上已经发展为成本管理。

4. 战略成本管理阶段(1981 年以后)

20 世纪 80 年代以来，随着计算机技术的进步、生产方式的改变、产品生命周期的缩短以及全球性竞争的加剧，大大改变了产品成本结构与市场竞争模式，迫使许多企业必须彻底改变其惯用的经营方式与管理策略。经济的发展使市场环境发生了重要变化，市场需求由大众需求向个性化需求转变，传统的大批量、标准化生产向小批量、个性化产品过渡。经济环境的剧变，迫使企业成本管理的目标作适应性的调整，成本管理的理念也发生了很大的变化。为了满足新经济环境的需要，成本管理应具有更加开阔的视野和超前意识，更加注重普遍联系的特点，并能从根本上抓住企业经营过程中的主要矛盾。成本管理的视角应由单纯的生产经营过程管理和过分关注股东财富，扩展到与顾客需求及利益直接相关的、包括产品设计和产品使用环节的产品生命周期管理，更加关注产品的顾客可察觉价值；同时要求企业更加注重内部组织管理，尽可能地消除各种增加顾客价值的内耗，以获取市场竞争优势。当今社会市场最根本的需求是“用户满意”，以用户满意程度来体现目标的实现程度。因此，成本管理的目标不再由利润最大化这一直接动因决定，而应定位在更具广度和深度的“用户满意”层面上。“用户满意”包括依赖性、质量、交货期和售后服务等方面，其中包含了价值型定量目标(如售价)、非价值型定量目标(如交货期)和其他定性目标，这一目标已远远超越了传统的以利润或资产等价值量为唯一准绳的目标观。因此，从本质上说，新经济环境下的成本管理应该是“市场型导向”的成本管理，是一种以用户满意为目标而进行的价值控制与实体控制并重的管理。

经营方式与管理策略的变化使得成本会计信息在确定企业战略方向方面发挥着重要的作用；特别地，成本信息是高效管理所需信息中至关重要的一类。基于此，成本会计的作用得到进一步拓展。成本会计人员不再被认为只是成本会计方法与程序方面的技能专家，他们已经成为多职能管理团队的参与者，更是能够识别、总结和报告企业关键成功因素的全天候的业务伙伴，为企业提供战略相关性的成本管理信息。关键成功因素是对企业竞争优势和成功至关重要的业绩的衡量指标。许多关键成功因素是财务方面的，还有许多关键成功因素是非财务方面的。每个企业特定的因素是由其面临的竞争决定的。因此，战略相关性成本管理信息已成为成本管理系统不可缺少的一部分。

经济发展与会计变革相互依赖、互为联动的发展，以及当代经济的飞速发展，客观上要求会计和管理科学做出适应环境的经济化调整。传统的企业成本管理是以价值管理来降低物耗与提高工效的，是基于单一会计信息的价值模型，它已越来越不适应 21 世纪经济全球化、新技术革命的需要，应逐步让位于大大提高了的、以控制为核心的新价值模型体系，即实施现代企业的战略成本管理。

(二)成本会计、管理会计与财务会计的关系

会计系统是任何企业组织取得财务和管理信息不可缺少的工具。现代会计系统可分为财务会计和管理会计两类。由于使用者的不同，由此产生了财务会计和管理会计两个子系统。财务会计主要是为投资者、债权人、政府机构以及其他的企业外部使用者提供经营成果、财务状况及其变动信息，其主要目的是发挥会计信息的社会职能；财务会计关注过去发生的经营活动，为满足客观性、可验证性以及一致性的要求，必须受制于“公认会计原则”(GAAP)。而管理会计则主要为企业内部各阶层管理人员提供各种相关的管理信息，其主要目的是协助实现组织目标，一般不受限于公认会计原则；管理会计强调未来，除了提供历史报告外，还提供预算和其他预测信息。成本会计是财务会计与管理会计的混合物，是计算及提供成本信息的会计方法。成本会计主要是通过处理企业获取和消耗资源的成本及其相关信息，从而向财务会计和管理会计提供必要的数据。财务会计要依据成本会计所提供的有关资料进行资产计价和收益确定，而成本的形成、归集和结转程序也要纳入以复式记账法为基础的财务会计总框架中，因此，成本数据往往被企业外部信息使用者用于对企业管理当局业绩的评价，并据此作出投资决策。同样，成本会计所提供的成本数据，更多地被企业管理当局作为决策的依据或被用于对企业内部管理人员的业绩评价，因为成本会计中的一个重要内容就是确认以前的管理决策引起的成本支出。可见，成本会计提供的成本信息既可以为财务会计编制财务报表所用，也可以满足企业内部管理人员进行决策或业绩评价的需要。总之，就财务报表的编制而言，成本会计附属于财务会计；但从管理角度来看，成本会计是管理会计的一个重要组成部分，成本会计是以管理为重心的。更进一步地讲，财务会计与管理会计都必须依赖于成本会计系统所提供的信息。成本会计、管理会计与财务会计之间的关系如图1.2所示。

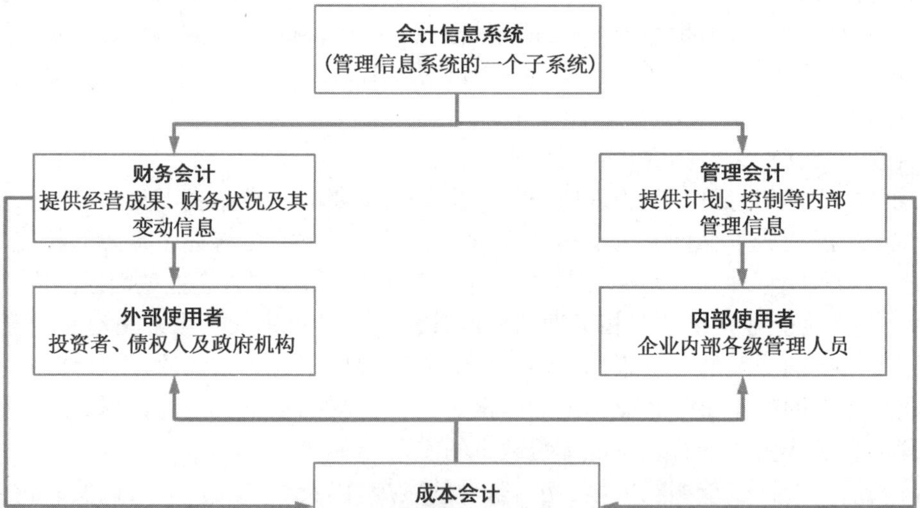

图1.2　成本会计、管理会计与财务会计之间的关系

(三)新经济环境与成本会计

20世纪80年代以来，产品成本结构与市场竞争模式产生了巨大变化，迫使许多企业必须彻底改变其惯用的经营方式与管理策略。这些变化，一方面，显示了某些传统成本会计方法无法适应新经济环境快速变化的需要，不能再为管理人员提供有用的决策信息，对成本会计提出了挑战；另一方面，也为成本会计创造了新的发展空间和机会。新的经济环境要求重新构建成本会计系统，成本会计正在经历着显著的变化。

新的经济环境对成本会计提出了挑战，主要表现在以下几个方面：

1. 全球竞争的加剧

飞速发展的通信和发达的交通将企业带入了全球市场。由于地理位置的间隔将市场分割开来，因而几十年前的企业既不知道国外相似的企业在生产什么，也不关心这些企业以什么方式进行生产，因为那些国外企业不是国内企业的竞争者，并不会对国内企业造成威胁。而今天，无论企业规模的大小，都面临着全球竞争所带来的机遇和挑战。因此，新经济环境要求企业利用会计信息控制成本、提高生产率和盈利能力。

2. 产业结构的变化

随着传统支柱产业的重要性逐渐下降，服务业的重要性正在上升。迅速发展起来的服务业改变了整个产业的结构，这种影响随着旅游业、银行业、保险业以及电信业等市场的开放而扩大。由于与制造业相比，服务业最终产出的成果难以确认，同时许多制造业面临的问题如质量、生产率、成本效率、顾客满意等也开始困扰着服务业，因此，随着服务业对成本信息需求的增加，成本会计人员必须花费更多的精力和时间，寻求更合适的成本会计方法，从而计算出各项产出或服务项目的实际成本，为管理人员制定决策提供必要的信息。

3. 生产环境的进步

随着高科技的蓬勃发展，电脑数控机床和机器人、电脑辅助设计、电脑辅助生产以及弹性制造系统等高科技成果在生产经营活动中被广泛应用，企业生产组织和生产管理显示出许多根本性的变革。由于当前许多企业已利用计算机辅助方法来生产产品、推销产品或提供劳务，因此，产业状态已从过去劳动力密集型转变为资本密集型与技术密集型，直接人工成本在总成本中所占的比例从20世纪70年代的40%急速下降到目前的10%左右，而在某些高科技产业已下降到不足生产成本的5%。与此同时，间接制造成本的比例大幅度提高，其构成内容也更加复杂，这就要求成本会计人员必须更深入地去了解间接制造成本产生的原因，即成本动因，以避免因间接制造成本分配不当导致错误的管理决策。

4. 适时生产系统的出现

传统的制造系统是推动式系统(push through system)，这意味着生产是沿着整个系统向前推进，然后就得尽力将所生产的产品都销售出去。如果产量大于销量，那么就产生了产成品存货。为了适应新的制造环境，需求拉动式系统(如适时生产系统)应运而生。适时生产系统(just in time production system，JIT)是一种严格以需求带动生产的制度。采用JIT，产品只在需要时才保质保量地生产或采购，实现零存货(zero inventory)，以达到降低成本和提高质量的目的。JIT制造通常将存货数量减少到远低于传统系统中的水平，更强调质量控制，并导致生产的组织和实施方式发生根本性的改变。由于在JIT系统中，成本的可塑性大为增强，因此，从传统的制造环境转变到JIT的制造上，能让企业会计人员在为准备外部报告而评价存货价值方面花费较少的时间，从而集中更多的精力于质量和生产效率等问题，同时成本计算的准确性也大大提高。

5. 全面质量管理的要求

随着消费者自我保护意识的增强，质量成为企业在竞争中取胜的重要因素。制造优异是在当今全球激烈竞争的环境中生存的关键。许多企业已经实现了全面质量管理（total quality control，TQC），这意味着整个组织要进行优化管理，最后由顾客认定质量。全面质量管理等新观念、新理论和新方法的相继形成，引导管理者努力营造能使员工制造完美（零缺陷）产品的环境。因此，不论是制造业还是服务业，质量成本的计量和报告都是现代成本会计系统的主要特征，这就要求成本会计人员在以往质量成本核算的基础上，根据全面质量管理要求，实行质量成本决策、最佳成本模型和质量成本综合控制等方法进行系统管理，借以全面降低质量成本，并提高产品的社会效益、企业效益和用户效益；同时，这种具有激励作用的全面质量管理制度影响企业业绩的考核，它要求在提供业绩评价的财务信息时，同时提供一些非财务性的相关信息，如质量成本报告、质量成本趋势报告和质量成本业绩报告等。

6. 作业基础成本法的应用

以作业为基础的成本计算制度（activity-based costing，ABC）是以生产的计算机化、自动化为基础，同适时制和全面质量管理紧密结合的一种成本计算与成本管理相结合的方法。现在，作业基础成本法正在成为被广泛应用的一种产品成本计算方法，特别是在竞争激烈和直接人工成本较低的行业更是如此。作业基础成本法的特点是制造费用核算过程大大明细了，它要求先将作业成本追溯到各项作业，诸如质量检验、机器维修、产品设计以及销售等活动，然后再追溯到消耗这些作业的产品或顾客。与传统的成本计算方法相比，作业基础成本法大大提高了成本分配的准确性，同时也有助于管理人员确定不增加价值但耗费资源的作业活动。作业基础计算制度对正确进行经营决策、加强成本控制、促进成本降低都具有重要意义。

综上所述，随着世界经济的一体化、社会经济的可持续发展、高新技术的飞速发展，以及信息产业化和知识经济的到来，成本会计的内涵也日趋丰富和发展，它是包括作业成本管理、质量成本管理、战略成本管理等内容，以全面提高企业竞争能力为核心的现代成本会计信息系统。

三、成本会计的职能与信息质量要求

（一）成本会计的职能

成本会计的职能，是指成本会计作为一种管理经济的活动，在生产经营过程中所能发挥的作用。由于现代成本会计与管理紧密结合，因此，它实际上包括成本管理的事前、事中和事后的各个环节。现代成本会计的主要职能有成本预测、成本决策、成本计划、成本控制、成本核算、成本分析和成本考核。

1. 成本预测

成本预测是指根据与成本有关的各种数据及其各种技术经济因素的依存关系，采用一定的程序、方法和模型，对未来的成本水平及其变化趋势作出科学的推测。通过成本预测，可以减少生产经营的盲目性，有利于选择最优方案，挖掘降低成本、费用的潜力。

2. 成本决策

成本决策是指在成本预测的基础上，按照既定或要求的目标，运用专门的方法，在若干个与生产经营和成本有关的方案中，选择最优方案，据以制定目标成本。成本决策对于促进企业正确地制订成本计划、提高经济效益具有十分重要的意义。

3. 成本计划

成本计划是根据成本决策所制定的目标成本，具体规定在计划期内为完成经营活动所需支出的成本、费用，确定各种产品的成本水平，并提出为达到目标成本水平所应采用的各种措施。成本计划是降低成本、费用的具体目标，也是进行成本控制、成本分析和成本考核的依据。

4. 成本控制

成本控制是指在生产经营过程中，根据成本计划具体制定原材料、燃料、动力和工时等消耗定额及各项费用定额，对各项实际发生的成本、费用进行审核、控制，并及时反馈实际费用与标准之间的差异及其原因，进而采用措施，以保证成本计划的顺利执行。

5. 成本核算

成本核算是对生产经营过程中实际发生的成本、费用按照一定的对象和标准进行归集和分配，并采用适当的成本计算方法，计算出各对象的总成本和单位成本。成本核算是对成本计划的执行结果，即成本控制结果的事后反映，成本核算还可以为制定产品价格提供依据。

6. 成本分析

成本分析是根据成本核算所提供的成本数据和其他有关资料，通过与本期计划成本、上年同期实际成本、本企业历史先进成本水平以及国内外先进企业的成本等进行比较，分析成本水平与构成的变动情况，研究成本变动的因素，挖掘降低成本的潜力。通过成本分析，可以为成本考核提供依据，为未来成本的预测和决策以及编制新的成本计划提供资料。

7. 成本考核

成本考核是指企业将计划成本或目标成本指标进行分解，制定企业内部的成本考核指标，分别下达给各内部责任单位，明确它们在完成成本指标时的经济责任，并定期对成本计划的执行结果进行评定和考核。成本考核应当与奖惩制度相结合，根据成本考核的结果进行奖惩，以便充分调动企业职工执行成本计划、提高经济效益的积极性。

在成本会计的各个职能中，成本核算是最基本的职能，它提供企业管理所需的成本信息资料。没有成本核算，成本的预测、决策、计划、控制、分析和考核都无法进行；同时，成本核算也是对成本计划预期目标是否实现的最后检验，因而没有成本核算就没有成本会计。成本会计的其他职能正是在成本核算的基础上，随着企业经营管理要求的提高和管理科学的发展，随着成本会计与管理科学相结合而逐步发展形成的。成本预测是成本会计的第一个环节，它是成本决策的前提；成本决策既是成本预测的结果，又是制订成本计划的依据，在成本会计中居于中心地位；成本计划是成本决策的具体化；成本控制是对成本计划的实施进行监督，是实现成本决策既定目标的保证；成本分析和成本考核是实现成本决策和成本计划目标的有效手段。

综上所述，成本会计的各个职能是相互联系、互为条件的，并贯穿于企业生产经营活动的全过程，在全过程中发挥作用。

（二）成本信息及其质量要求

1. 成本信息

一般来说，企业越大，管理对信息的需求也就越大。成本会计服务并参与企业内部管理，其目标就是提供管理信息以满足实施各项管理职能的需要。成本会计主要为企业管理人员提供下列四类信息：

(1)制定决策和计划的信息

企业决策的制定在很大程度上都依赖成本会计信息。为了保证企业各项决策的正确性，成本会计通过收集和分析同该项决策相关的信息，及时为企业相关决策提供参考依据。例如，某企业拟投资一条新生产线，企业的管理人员在制订生产线的经营计划时就需要依赖成本会计资料。这些计划中最主要的内容是详细列示新生产线上马后的预计现金流入和流出。虽然关于生产线的最终决策由企业经理来决定，但成本会计人员不仅要提供有关资料，而且要对备选方案进行分析，并参与决策。

(2)指导和控制经营活动的信息

对日常经营活动的指导和控制需要各种有关经营成本与费用的资料。成本会计通过追踪企业经营活动的预算执行过程，归集实际经营活动中的各项成本资料，并通过预算数据和实际数据的比较，揭示差异和分析差异，发现问题并调查分析其原因，帮助管理当局对预算实施过程进行控制，指导经营活动按既定的目标运行。例如，在指导企业的经营活动时，管理人员需要了解产品的成本，以便制定产品销售价格；在对经营活动的控制中，管理人员需要对实际成本和预算中的数据加以比较，并分析差异产生的原因。

(3)业绩评价和激励的信息

尽管企业有明确的目标，但是，每个企业的成员自身的目标各不相同，且其并不总是与企业的目标相一致。成本会计的一个重要目标就是激励管理人员和其他员工齐心协力完成企业的目标。激励员工达到企业目标的方式之一是，在实现这些目标的过程中计量他们的绩效，这种计量能够帮助员工了解到其自身所能取得的最高绩效水平，同时，通过预算与实际执行情况的比较，对企业各部门和员工的业绩加以客观评价，运用激励机制产生激励效果，以调动员工的积极性。

(4)评价企业竞争地位的信息

日益加剧的竞争要求企业了解自身的市场和产品，以不断地改善产品的设计、制造和销售。成本会计的一个主要职能就是不断评价企业的竞争力，帮助管理者确定问题所在，从而塑造企业的核心能力，实现企业的战略目标。成本会计提供评价企业竞争地位的信息，以便有效地维护自己在行业内的竞争优势。

2. 成本信息的质量要求

成本信息应满足准确性、相关性、可理解性、及时性和效益性等质量要求。

(1)准确性(accuracy)

准确性也称为可靠性，是指所提供的信息在一定的范围内是正确的，不正确的信息对管理是无用的，甚至会导致决策的失误从而影响企业的经营业绩。成本会计主要是面向未来的，许多信息建立在估计和预测的基础上，主观因素难免要影响信息的准确性。然而，准确性要求成本会计在一定的环境和条件下，尽可能提供正确、可靠的信息。

(2)相关性(relevance)

相关性是指成本会计所提供的信息必须与决策有关。现代成本会计的重要特征之一是面向未来决策，因此，是否有助于管理者正确决策，是衡量成本会计信息质量高低的重要标志。与决策相关的信息有助于管理者进行决策。然而,相关性只是与特定决策目的相关,与某一决策相关的信息与其他决策不一定相关。成本会计服务于企业的管理决策、内部规划和控制,其信息不受对外报告规范的约束,会大量地使用预测、估计未来事项等信息。因此,对于成本会计而言,信息的相关性价值要高于客观性和可验证性。

(3)可理解性(understand ability)

可理解性也就是简明易懂。如果提供的信息不为使用者所理解,那么就难以发挥其预期的作用,甚至无法为决策者所用。因此,成本会计所提供的信息应以使用者容易理解为原则,以使用者容易接受的形式及表达方式提供;而提高可理解性的途径就是成本会计人员应与信息的使用者加强沟通和协商,在成本会计报告的形式和内容上进行讨论。

(4)及时性(timeliness)

及时性要求规范成本会计信息的提供时间,讲求时效,在尽可能短的时间内,迅速完成数据收集、处理和信息传递,确保有用的信息得以及时被利用。由于及时性和准确性往往难以两全其美,因此,应根据具体情况权衡利害得失,在及时性和准确性之间进行折中,以满足决策者的需要。成本会计强调的及时性,其重要程度不亚于财务会计所强调的真实性和准确性。

(5)效益性(benefit)

效益性是指成本会计在对信息进行收集和处理时,应考虑其发生的成本和产生的效益。效益性包括两层含义:第一,信息质量应有助于成本会计总体目标的实现,即成本会计提供的信息必须能够体现其为提高企业竞争地位的要求;第二,坚持成本效益原则,即成本会计提供信息所获得的收益必须大于为取得或处理该信息所花费的信息成本。成本会计对信息资源的获取和利用应建立在效益性的基础上。

第二节 成本会计的基本原理

一、成本术语及其分类

(一)按经营目标不同分类

按各类企业的经营目标不同,可以将企业成本划分为生产性成本和服务性成本两大类。

1. 生产性成本

生产性成本是指生产性企业为生产一定质量和数量的产品,在生产要素上个别耗费的物化劳动 C、生产者必要的活劳动 V 的补偿价值。生产性企业是指那些通过一系列生产工艺过程,采用一定的技术方法,将投入的生产要素有机结合起来,生产出具有某种使用价值和实物形态产品的企业。生产性企业包括工业企业、建筑施工企业、种植养殖企业等。这类企业的劳动成果都有特定的实物形态,能够以产品产出的地点和时间确定成本计算对象、归集生产费用,从而计算产品成本。

在生产性企业中,成本按其经济用途可划分为制造成本和非制造成本两大类。制造成本通常由直接材料、直接人工和制造费用构成,是在产品生产过程中所发生的成本。

直接材料是指加工后直接构成产品实体或主要部分的材料成本。直接人工又称直接工资，是指在生产中对材料进行直接加工制成产品所耗用的生产工人的工资薪酬。制造费用通常是指在生产中所发生的除了直接材料及直接人工以外的其他费用，通常由间接材料、间接人工和其他制造费用三个部分构成。制造成本应否全额作为产品成本处理，需视成本计算方法而定。在完全成本计算模式下，制造成本全额作为产品成本处理；但在变动成本计算模式下，只将制造成本中的直接材料、直接人工和变动制造费用作为产品成本，而固定制造费用则作为期间成本处理。

非制造成本应视为期间费用，也称经营管理费用，主要包括管理费用、财务费用和销售费用。

2. 服务性成本

服务性成本是指服务性企业为提供某种劳务在生产要素上个别耗费的物化劳动 C、提供劳动者必要活劳动 V 的补偿价值。服务性企业是指那些以具有某种服务功能的设施来满足某方面需要的企业，包括交通运输企业、商品流通企业、邮电通信企业、饮食宾馆旅游企业、金融保险企业等。这类企业的劳动成果一般不具有实物形态，只能按照提供劳务的性质、数量和质量归集所发生的经营费用并计算成本。

服务性企业也有其“产品”成本，其成本通常包含直接材料成本、直接人工成本及经营费用三大类。

(二)按成本与特定对象的关系分类

成本按其与特定对象的关系，可分为直接成本和间接成本。

1. 直接成本

直接成本是指与某一特定对象(产品、劳务、加工步骤或部门)之间具有直接联系、可按特定标准将其直接归属于该对象的成本。由于直接成本可直接归属于某一特定对象，故又称为可追溯成本。

2. 间接成本

间接成本是指与某一特定对象之间没有直接联系、无法按某一特定标准直接归属于有关对象的成本。由于间接成本的发生与许多对象都有联系，必须选择适当的分配标准在各对象之间进行分配，才能归属于某一特定对象，故又可称其为共同成本。

将成本划分为直接成本与间接成本，对于正确计算产品成本是十分重要的。凡是直接成本必须根据原始凭证直接计入该种成本计算对象，凡是间接成本则要选择合理的分配标准分配给相关的成本计算对象。分配标准是否恰当，将直接影响成本计算的正确性。

(三)按成本与业务量的关系分类

成本按其与业务量之间的依存关系(即成本性态)，可划分为变动成本、固定成本与混合成本三类。

1. 变动成本

变动成本是指其发生总额随业务量(可以是产量，也可以是直接人工小时、机器小时或其他成本动因)的变动而正比例增减变动的成本。但就单位变动成本而言则是固定的，例如直接材料、直接人工中的计件工资等。

2. 固定成本

固定成本是指在相关的范围内，其发生总额不随业务量的增减变动而变动的成本。但就单位固定成本而言，则是随着业务量的增减变化而呈反向变动。根据固定成本形成的原因，固定成本又可以进一步划分为约束性固定成本和酌量性固定成本两类。约束性固定成本主要属于经营能力成本，它是和整个企业经营能力的形成及其正常维护直接相联系的，如厂房、机器设备的折旧费、保险费、财产税等。企业的经营能力一经形成，在短期内难以作重大改变，因而与其相联系的成本也将在较长时期内继续存在。酌量性固定成本则是企业根据经营方针由高层管理者确定一定期间的预算额而形成的固定成本，如研究开发费、广告宣传费和职工培训费等。

必须指出，变动成本和固定成本与业务量的关系是有一定范围的，即相关范围，超过一定范围，变动成本和固定成本与业务量的关系可能会改变。

3. 混合成本

混合成本是指其发生总额虽受业务量变动的影响，但其变动幅度并不同业务量的变动保持严格的比例关系。也就是说，混合成本同时兼有变动成本和固定成本的特征，并可视其具体情况不同，进一步分为半变动成本和半固定成本。对于混合成本，为了便于管理上的应用，应采用适当的方法进行分解，将其分解为变动成本和固定成本两部分。所以，按成本的属性分类，从根本上说，应该只有变动成本和固定成本两大类。

将成本划分为变动成本与固定成本两类，对于成本的预测、决策和分析，特别是控制和寻求降低成本途径具有重要的作用。

(四)按成本在经济工作中的作用分类

按成本在经济工作中的作用，还可以将企业成本划分为财务成本和管理成本两大类。

1. 财务成本

财务成本是指根据国家统一的财务和会计法规及制度核算出来的、用于编制财务报表和从事企业内部成本管理的成本。财务成本也称法定成本或制度成本，目前，我国会计核算都是按这种成本入账的。正确计算企业的财务成本，对于保证合理的价值补偿，正确计算企业期末存货价值和盈利，考核企业成本费用水平，按照税法规定计算利润、缴纳税金，具有重要意义。

财务成本在企业中有多种多样的表现形式。如在生产性企业中，财务成本还可进一步分为购储成本、生产成本和期间成本(经营管理费用)等。

购储成本是指企业的原材料、辅助材料、包装物、低值易耗品、燃料等生产要素的采购及储备成本，它由买价、运输费和定额内的损耗等构成。

生产成本是指生产过程中发生的、与生产工艺过程直接相关的各种费用，包括产品生产耗费的原材料、燃料、生产工人的工资薪酬，以及各项用于生产经营活动的制造费用等。

期间成本(经营管理费用)是指按一定会计期间归集的、与生产工艺过程没有直接关系的各种费用，包括管理费用、财务费用和销售费用。这些费用应当作为当期营业收入的抵减项，全部冲减当期损益。

2. 管理成本

管理成本是用于企业内部经营管理的各种成本的总称，是根据财务成本和其他有关资料进行不同的归类、分析和调整后计算出来的，是对财务成本的进一步深化和发展。管理成本着重为企业管理部门的预测、决策、控制和业绩评价等职能服务。在实际工作中，为适应经营管理上的不同需要，运用不同的成本概念。

(1)付现成本和沉入成本

付现成本和沉入成本是按费用的发生是否需支付现金等流动资产来划分的成本。

付现成本是指由于某项决策引起的、需要在将来动用现金等流动资产的成本。付现成本是一种未来成本。企业在短期经营决策中，付现成本的大小往往会决定企业最终方案的选择。企业在对决策方案作取舍时，特别是当企业的资金处于紧张状态、向市场筹措资金比较困难时，往往会因支付能力的不足而宁可放弃付现成本低的方案，选择总成本相对较高的方案。只有符合企业目前实际支付能力的方案，才能算得上是最优方案。付现成本往往是制定决策时需要考虑的一种成本。

沉入成本是指由于过去决策所引起的并已经支出、现在的决策不能改变的成本。该成本的发生不需要动用本期现金等流动资产，它所涉及的是以前的付现成本，如固定资产的折旧费用、无形资产的摊销费用等。从广义上说，凡是过去已经发生、不是目前决策所能改变的成本，都是沉入成本；从狭义上说，沉入成本是指过去发生的、在一定情况下无法补偿的成本。沉入成本往往是一种与决策无关的成本。

从决策的角度看，不同时期发生的成本对决策会产生不同的影响，因此，区分付现成本与沉入成本有助于正确判断成本的时效性，避免决策失误。

(2)原始成本与重置成本

原始成本与重置成本是按资产不同时期的价值作为计量依据来划分的成本。

原始成本是指根据实际已经发生的支出而计算的成本。例如购买的材料，就按购入时的买价、运费及其他采购费用作为其原始成本；自制的设备，就按生产该设备所消耗的料、工、费的价值作为该设备的原始成本。原始成本是财务会计中的一个重要概念。由于原始成本有较客观的参考价值，所以在计算资产的价值和企业的净收益时，一般都用原始成本作为确定销售成本的依据。但在物价波动较大的情况下，如果生产周期较长，用较早购入的原材料的原始成本与现时的产品售价相配比，所计算得出的利润就会显得偏高而不够稳妥，特别是当将所获利润全部分配掉时，对于由销售收入的实现所补偿的原材料成本，由于物价的上涨就无法购到相同数量的原材料，这样就会影响企业的再生产活动。由于原始成本已经发生或支出，因此，对未来的决策不存在影响力。

重置成本也称现行成本，是指按照现在的市场价格购买与目前所持有的某项资产相同或相似的资产所需支付的成本，它带有现时估计的性质。与财务会计不同，管理会计立足现在、面向未来，强调信息的相关性。因此，在有关的决策中，如企业定价决策，侧重考虑的是重置成本信息，而不是历史成本信息。

由于通货膨胀、技术进步等因素，某项资产的重置成本与原始成本的差异较大，在分析决策时，不能根据原始成本来估价，而应该以重置成本为依据。

(3)专属成本与共同成本

专属成本与共同成本是按照费用的发生是否可直接追溯至某个成本对象进行的分类。

专属成本是指可以明确归属于某种、某批或某个部门的成本，专属成本是特定决策的相关成本。例如，某种设备专门生产某一种产品，那么，这种设备的折旧就是该种产品的专属成本。

共同成本是指那些需要由几种、几批或几个部门共同负担的成本,共同成本不是某项特定决策的相关成本。例如,某种通用设备生产甲、乙、丙等多种产品,那么,该设备的折旧就是这几种产品的共同成本。

区分专属成本与共同成本的目的在于明确某项决策所发生的成本,从而作出正确的决策。

(4)可控成本和不可控成本

可控成本和不可控成本是按费用的发生能否为考核对象(即责任中心)所控制来划分的成本。

可控成本是指考核对象对成本的发生能予以控制的成本。例如,生产部门对材料的消耗是可以控制的,所以材料的耗用成本(按标准成本计算)是生产部门的可控成本;而材料的价格由供应部门控制,所以是供应部门的可控成本。又如,企业生产过程中所消耗的由辅助生产部门提供的水、电、气,这些成本的高低对辅助生产部门来说是可以控制的,因而是可控成本;但对生产部门来说,则是不可控制的,所以必须按标准成本来结转其成本。由于可控成本对各责任中心来说是可控制的,因而必须对其负责。

不可控成本是指考核对象对成本的发生不能予以控制,因而也不予以负责的成本。例如,上面所说的材料的采购成本,生产部门是无法控制的,因而对生产部门来说是不可控成本。又如,水、电、气的供应成本对生产部门来说也是不可控成本。

可控成本和不可控成本都是相对的,而不是绝对的,对于一个部门来说是可控的,对另一部门来说就可能是不可控的。但从整个企业来考察,所发生的一切费用都是可控的,只是这种可控性需分解落实到确切的部门。所以,从整体上看,所有的成本都是可控成本,这样也就能同时调动各责任中心的积极性。

区分可控成本和不可控成本的目的在于明确各个责任中心的经济责任,便于评价和考核其工作业绩,促使可控成本的不断降低。

(5)可避免成本和不可避免成本

可避免成本和不可避免成本是按决策方案变动时某项支出是否可避免来划分的成本。

可避免成本是指当决策方案改变时某些可免于发生的成本,或者在有几种方案可供选择的情况下,当选定其中一种方案时,所选方案不需支出而其他方案需支出的成本。例如在机械化生产情况下,产品零部件的传送需用人工来搬运,而改用自动流水线进行生产时,就可自动传送,这样对于自动流水线生产方案来说,机械化生产情况下搬运零部件所需的人工费用、设备费用就是该方案的可避免成本。应当注意:可避免成本不是指可降低的成本,虽然其他方案的某些支出在本方案可免于支出,但本方案可能需发生其他的支出。所以,可避免成本仅指其他方案需发生而本方案可免于发生的成本。由于可避免成本是与决策的某一备选方案直接联系的成本,因此,可避免成本常常是与决策相关的成本。

不可避免成本是指无论决策是否改变或选用哪一种方案都需发生的成本,即在任何情况下都需发生的成本。例如,无论是机械化生产方案还是自动化生产方案,都需占用厂房,这样厂房的折旧费用对任何方案来说都需发生,因而是不可避免成本。同样,构成产品实体的材料成本无论采用哪一种方案都要发生,因而也是不可避免成本。由于不可避免成本与特定的决策方案没有直接的联系,因此,不可避免成本常常是与决策无关的成本。

区分可避免成本和不可避免成本对于企业亏损产品决策、特殊订货决策以及零部件自制或外购决策都具有重要的现实意义。

(6)可延缓成本和不可延缓成本

决策成本按其可递延性可以分为可延缓成本和不可延缓成本。

可延缓成本是指对已经选定的某方案可以延期实施而不会影响大局的成本。例如,某企业的办公条件较差,原来打算在预算年度改善办公条件,在办公室安装空调,现在因预算年度资金比较紧张,经过讨论决定将安装空调的方案推迟到下个预算期执行,那么,与安装空调相关的成本就属于可延缓成本。因为是否在当期安装空调,对企业的全局不会产生重要的影响。

不可延缓成本是指对已经选定的某方案必须立即实施,否则将会对企业的全局产生重要影响的成本。例如,企业某项关键设备出现严重的故障,需要立即进行大修理;否则,将影响企业的正常生产经营活动,致使企业遭受重大损失。这时,即使企业资金再紧张,也必须想方设法,立即修复该项关键设备,尽快投入运行。因此,与关键设备大修理相关的成本就属于不可延缓成本。

区分可延缓成本和不可延缓成本有助于企业在资源稀缺的约束条件下,根据轻重缓急安排方案的实施时间,从而提高企业资源的配置效益和使用效益。

(7)差量成本和边际成本

差量成本和边际成本的特点与上述成本概念的特点不同,它们不是相对称的成本概念。

差量成本有广义和狭义之分。广义的差量成本是指两个备选方案之间预计成本的差异;狭义的差量成本是指由于生产能力利用程度的不同而形成的成本差异。在企业的经营决策中,差量成本是一个广泛应用的重要成本概念,诸如零部件外购或自制决策、应否接受特殊订货决策等,都要利用差量成本进行决策。

在各方案的成本比较中,当选定某一方案为基本方案,然后将其他方案与之相比较时,增加的成本也称为增量成本,所以增量成本是差量成本的一种表现形式。在产品售价或销售收入相同的情况下,差量成本是进行决策的重要依据。

根据经济学的一般理论,边际成本是指成本对业务量无限小变化的部分。在数学上,它可用成本函数的一阶导数来表现。在现实的经济活动中,边际成本是指业务量每增加一个单位所需增加的成本。

在大批量生产情况下,由于在一定的生产能力范围内,每增加一个单位产品只增加变动成本,所以边际成本常表现为变动成本。但在单件小批生产情况下,增加一个单位产品常需增加生产能力,即需增添机器设备等,这时边际成本就包括由于增加这一单位产品所发生的所有变动成本和固定成本。严格地说,边际成本的含义如上所述,是指增加一个单位产品所增加的成本。但在会计实务中,人们常常也将增加一批产量所增加的成本看作边际成本,这时的边际成本实际上是边际成本总额。

在经营决策中,边际成本可以用来判断业务量的增减在经济上是否合算。

(8)相关成本和非相关成本

相关成本和非相关成本是按费用的发生是否与所决策的问题相关来划分的成本。

相关成本是指与特定决策相关、决策时必须加以考虑的未来成本。例如,当决定是否接受一批订货时，生产该批订货所需发生的各种成本即为相关成本。相关成本通常随决策的产生而产生、随决策的改变而改变，从根本上影响着决策方案的取舍。属于相关成本的有差量成本、边际成本、机会成本、付现成本、专属成本、重置成本和可避免成本等。

非相关成本是指与特定决策不相关的成本，因而决策时可不予考虑。例如，当接受特殊订货时，原有的固定成本就属于无关成本，因为即使不接受这批特殊订货，这些固定成本也照样发生。非相关成本不随决策的产生而产生，也不随决策的改变而改变，对决策不具影响力。属于非相关成本的有原始成本、沉入成本、共同成本和不可避免成本等。

区分相关成本和非相关成本可以使企业在决策中避免把精力耗费在收集那些无关紧要的信息和资料上，减少得不偿失的劳动。

(9)目标成本和标准成本

目标成本是企业在一定时期内经营活动追求实现的成本期望值。它是产品成本应该达到的水平，也是考核企业经营成果的基础。目标成本是最有利于产品推销的最低价格减去税金和企业必须保证的利润后所确定的各项费用支出的目标。目标成本对利润的实现提供了较大的可靠性。目标成本是成本控制的标准，目标成本的制定是实现目标成本管理的关键。

标准成本是常用的一种目标成本，它是根据企业目前的生产技术水平，在有效的经营条件下可能达到的成本。企业总的目标成本一旦制定，就要结合企业实际生产经营情况，层层分解，建立成本控制各个环节上的具体控制标准，即标准成本。标准成本在成本管理工作中能充分发挥其应有的积极作用。

(10)机会成本

机会成本是企业在作出最优决策时必须考虑的一种成本。

机会成本是指由于从多个可供选择的方案中选取一种最优方案而放弃一些次优方案上的收益。

由于资源的稀缺性，资源用于某一方案就不能同时用于另一方案。为了保证经济资源得到最佳的利用，即选择资源利用的最优方案，在分析所选方案(机会)的收益时，就要求将所放弃方案中的最高收益额视作选定该方案所付出的代价，这种被放弃的次优方案的最高收益额即为所选方案的机会成本。在选择方案时，如果考虑了机会成本，所选方案的收益仍为正数，该方案即为最优方案；如果考虑机会成本后，所选方案的收益为负数，该方案就不是最优方案。

机会成本不是实际所需支付的成本，也不记入账册，有时甚至难以计量。但是，为了保证所作的决策是最优的，就要将机会成本作为一个现实的重要因素加以考虑。

(11)质量成本

质量成本是指企业为了保证和提高产品或服务的质量而支出的一切费用，以及因未达到既定质量标准而发生的一切损失之和。它一般由预防成本、检验成本、内部缺陷成本和外部缺陷成本等几个部分组成。

此外，对于低质量所发生的机会成本如由于产品缺陷而导致的销售下降，通常并不在会计系统中进行计量。但是，企业由于产品或服务的质量缺陷，可能会导致失去现有的和潜在的顾客，甚至会丧失市场份额，由此带来的损失是无法估量的，因此，在分析时也应加以考虑。

(12)责任成本

责任成本是一种以责任中心为对象计算的成本。

责任成本是考核评价各责任中心经营业绩和职责履行情况的一个重要依据。责任成本的计算原则是“谁负责，谁承担”，即不管用于哪种产品，只要是由该责任中心负责生产的，就由该责任中心承担责任。责任成本大部分是可控成本，因为只有责任中心能控制的成本，才能作为考核评价其业绩的依据。如果以不可控成本来衡量各责任中心的经营业绩，就会产生许多不合理的情况，从而挫伤各责任中心的积极性。责任成本是责任会计核算的一个重要内容。在实现电算化会计信息系统的企业中，责任成本的计算可与产品成本的核算统一设计，以有效地协助企业管理部门进行责任考核。

二、成本对象及成本分配方法

(一)成本对象

1. 成本会计的对象

成本计算是在汇集一定时期发生的费用的基础上，运用一定的计算程序和方法，将费用按照确定的成本计算对象进行归集和分配，最终计算出各个成本计算对象的总成本和单位成本的一种方法。

成本会计的主要目的在于计量各项成本，并将之分配到每个实体即成本对象。因此，确认及选择成本对象是成本会计工作的基础。成本对象是指需要对其进行成本计量和分配的项目，如产品、服务、客户、部门、项目或作业等。成本计算对象是为了计算经营业务成本而确定的归集经营费用的各个对象，也是成本的承担者。成本对象可以是一种产品、一项服务、一位顾客、一张订单、一纸合同、一个作业或是一个部门。

近年来，作业开始成为重要的成本对象。作业是一个组织内部分工的基本单元。作业还可以定义为组织内行动的集合，计算作业成本有助于管理人员进行计划、控制和决策。在成本分配中，作业扮演着重要的角色，成为现代成本会计系统的必要组成部分。

其他行业中也同样需要成本会计。例如，施工企业要核算工程成本及管理费用和财务费用；商品流通企业要核算商品的采购成本、销售成本以及商品流通费用；旅游、饮食服务企业要核算营业成本、营业费用、管理费用和财务费用；等等。这些行业的商品流通费用、销售费用、管理费用和财务费用，也可以统称为经营管理费用。所以，成本会计的对象可以概括为各行业企业生产经营业务的成本和有关的经营管理费用，简称成本、费用。

2. 成本对象的特点

计算产品成本、为对外财务报告服务是成本会计的中心目标之一。由于管理目标不同，产品成本的定义也不一样，因而产品成本的具体含义取决于其所服务的管理目标。产品分为有形产品和无形产品两种。生产有形产品的企业称为生产性企业，提供无形产品(服务)的企业称为服务性企业。有形产品是指通过耗用人工以及工厂、土地和机器等资本投入将原材料加工而成的产品，电视机、计算机、家具、服装和饮料等都是有形产品。无形产品是指为顾客开展的各项工作或作业，或是顾客使用企业的产品或设施自行开展的作业，即为顾客提供服务。服务也需要耗用材料、人工和投入资本。保险服务、旅游服务、咨询服务等都属于向顾客提供的服务;汽车租赁、电话出租和保龄球馆等都是由顾客使用企业的产品或设施。

服务与有形产品相比,主要有四大方面的差别:无形性、瞬时性、不可分割性和多样性。无形性是指某项服务的购买者在购买之前无法直接感觉到该项服务的存在,因而服务是无形产品。瞬时性是指顾客只能即时享受服务,而不能储存到未来。不可分割性是指服务的提供者与购买者通常有直接的接触,以使交换得以发生。多样性是指服务的提供比产品的生产有着更大的差异性,提供服务的工人会受到所从事工作、工作伙伴、教育程度、工作经验、个人因素等的影响。

3. 成本对象的构成要素

成本对象是以一定时期和空间范围为条件而存在的成本承担者。企业的任何经营成果都是依存于一定的时空范围而产生的。确定成本计算对象,不仅要认定计算什么产品(或劳务)的成本,而且要认定是在什么地点、什么时期生产出来的产品。因此,确定成本计算对象一定要有"时空概念"。

通常,成本对象由三个要素构成:

(1)成本承担者

成本计算实体是指成本的承担者,也就是为计算产品成本而确定的归集和分配费用的载体。对于生产性企业而言,成本计算实体可以划分为某种产品、某批产品和某类产品的产成品或半成品;对于服务性企业而言,往往不存在有形的成本计算实体,而只能根据服务的性质确定,如运输企业的货运和客运、商贸企业的批发和零售等。

(2)成本计算期

成本计算期是指归集费用、计算产品成本所规定的起讫日期,也就是每次计算成本的期间。生产性企业按其生产特点,可分别以产品的生产周期和日历月份为成本计算期;服务性企业一般均以日历月份为成本计算期。

(3)成本计算空间

成本计算空间是指费用发生并能组织企业成本计算的地点(如部门、单位)。生产性企业的成本计算空间可分为全厂和各生产步骤等;服务性企业可划分为各部门和各单位等。采用作业成本计算的企业,其成本计算的空间还可以是各个作业。

(二)成本分配方法

成本被准确地分配到各成本对象上是很关键的,否则,会导致错误的决策和评价。成本分配方法主要有:

1. 直接追溯法

直接追溯法是根据成本的可追溯性分配成本的方法,是将与某一成本对象存在特定或实物联系的成本直接确认分配至该成本对象的过程。了解成本与成本对象的关系将有助于提高成本分配的准确性。成本是与成本对象直接或间接关联着的,直接成本是指能够容易和准确地归属到成本对象的成本,间接成本是指不能容易或准确地归属于成本对象的成本。因此,可追溯性是指采用某一经济可行方法并遵循因果关系将成本分配至各成本对象的可能性。成本的可追溯性越强,成本分配的准确性就越高。所以,建立成本的可追溯性是提高成本分配准确性的关键一环。

2. 动因追溯法

动因追溯是指使用动因将成本分配至各成本对象的过程。成本动因一般通过因果分析确定。这些动因是可观察的，并且能够计量出成本对象的资源消耗情况，它是影响资源耗用、作业耗用、成本及收入等方面的变化因素。尽管动因追溯法不如直接追溯法准确，但如果因果关系建立合理的话，成本归属仍有可能达到较高的准确性。

动因追溯法使用两种动因类型来追溯成本：资源动因和作业动因。资源动因计量各作业对资源的需要，用于将资源分配到各个作业上。作业动因计量各成本对象对作业的需求，并被用来分配作业成本。

3. 分摊法

分摊法是分配间接成本的方法。间接成本不能追溯至成本对象，也就是说，在成本与成本对象之间没有因果关系，或追溯不具有经济可行性。把间接成本分配至各成本对象的过程，称为分摊。由于不存在因果关系，分摊间接成本就建立在简便原则或假定联系的基础上。在将某种间接成本分配计入各成本计算对象时，所选择的分配标准应满足"受益"原则，并认为按此分配标准计入企业成本中的费用是真实合理的。选择分配标准时，一般还要考虑科学性、先进性、现实可能性、相对稳定性。

一般情况下，分配间接成本的标准主要有三类：

(1)成果类，例如产品的重量、体积、产量、产值等；

(2)消耗类，例如生产工时、生产工资、机器工时、原材料消耗量或原材料费用等；

(3)定额类，例如定额消耗量、定额费用等。

分配间接成本的计算公式，可以归纳如下：

间接成本分配率＝待分配的间接成本总额÷分配标准总额

某成本对象应负担的间接成本＝该成本对象的分配标准额×间接成本分配率

综上所述，成本追溯是把直接成本分配给相关的成本对象；成本分摊是把间接成本分配给相关的成本对象。成本分配包括成本追溯与成本分摊。上述三种成本分配方法中：直接追溯法依赖于可实际观察的因果关系，因而其结果最准确；动因追溯法依赖于成本动因将成本分配至各个成本对象，其准确性次之；分摊法有简单、操作成本低等优点，但它是三种方法中最不准确的，应尽可能避免使用。实际上，在很多情况下，提高成本准确性所带来的收益在价值上超过了与动因追溯相关的额外计量成本。

三、成本会计系统的设计

(一)成本会计信息系统

成本会计信息系统作为一个成本管理子系统，主要是用来计算产品、服务等成本对象的成本。成本会计信息系统计算的是财务成本，主要用于编制企业的财务报表。财务报表的编制要求将影响成本信息系统的设计。

成本在损益表中被列为营业成本，在资产负债表中被列为存货。

存货计价和收益确定是财务会计中的两个重要问题，而这两个问题都和成本计算有着密切的联系。因为正确计算成本是正确划分本期已销售产品成本和期末存货成本的基础，其中：本期已销售产品成本应列入损益表，使之同本期实现的营业收入相配比，据以确定本期的净收益；而期末未销售产品成本则列入资产负债表，作为存货结转下期。所以，成本计算是否正确，直接关系到本期已销售产品成本和期末未销售产品成本的划分是否正确，也就是意味着存货计价和收益确定是否正确，最终表现为据以编制的财务报表能否如实反映企业的财务状况和经营成果。

在编制损益表和资产负债表时，首先要区分资本化成本与非资本化成本。资本化成本是指发生时首先被记为资产的成本，它被预期能为企业带来未来的收益。例如，购买机器设备和材料等的成本。这些成本在资产提供有效服务的使用期间逐期转变为费用。非资本化成本是指不经过存货阶段即作为费用被扣减的成本，发生时即计入费用，如支付给营销经理的薪金和管理办公用房的租金等。

1. 服务性企业

服务性企业为其顾客提供劳务或无形产品，如法律咨询或审计，这种企业在会计期末没有有形的存货。这类企业的人工成本是最主要的成本，大约占总成本的 70%。服务业的经营成本包括价值链所有环节的各种成本。服务性企业的资本化成本与非资本化成本之间的关系如图 1.3 所示。

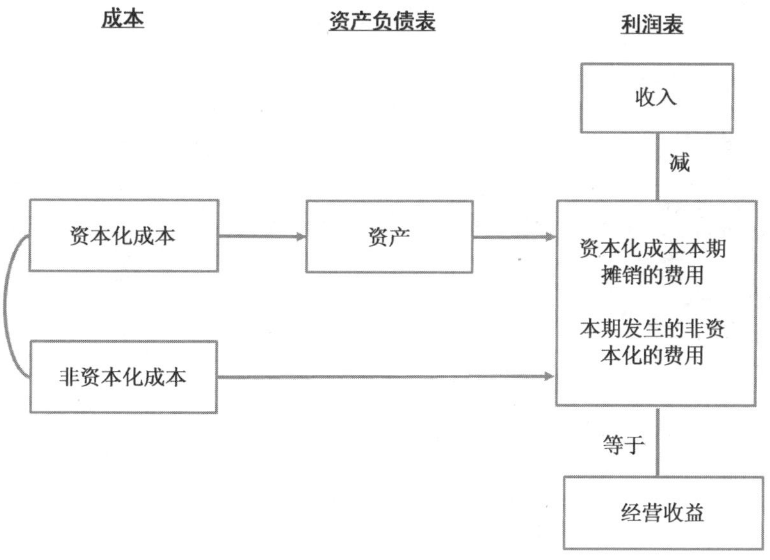

图 1.3 服务性企业成本关系

2. 商业性企业和制造性企业

商业性企业和制造性企业在资产负债表上对于存货的列报有所不同。

商业性企业从供货商处购进商品，再原样销售给顾客，会计期末还未卖出的商品即为存货。商业性企业包括零售企业及批发企业。制造性企业从供货商处购进材料，经过加工制造而成为产品。与商业性企业不同，制造性企业向供货商购入原材料，经过加工才销售给消费者，因而它有三种类型的存货：

(1)材料存货，是指等待进入制造过程的库存材料。

(2)在产品存货，是指尚未加工完毕的产品，也叫在制品。

(3)库存商品存货,是指完成全部生产过程并验收合格、等待销售的产成品。

商业性企业和制造性企业在持有存货方面区别于服务业。商业性企业和制造性企业的资本化成本还可以进一步分为可计入存货的资本化成本和不可计入存货的资本化成本两种。可计入存货的资本化成本(也叫作可计入存货的成本),是指购进存货的成本,或者其他新增加的成本。不可计入存货的资本化成本,是指那些与存货无关的资本化成本,如固定资产成本。可计入存货的资本化成本将成为产品销售成本的一部分。

经营成本是指除了产品销售成本以外与产生经营收入有关的成本,包括不可计入存货的资本化成本在本期的摊销费用和非资本化成本。

商业性企业和制造性企业的资本化成本与非资本化成本之间的关系分别如图 1.4 和图 1.5 所示。

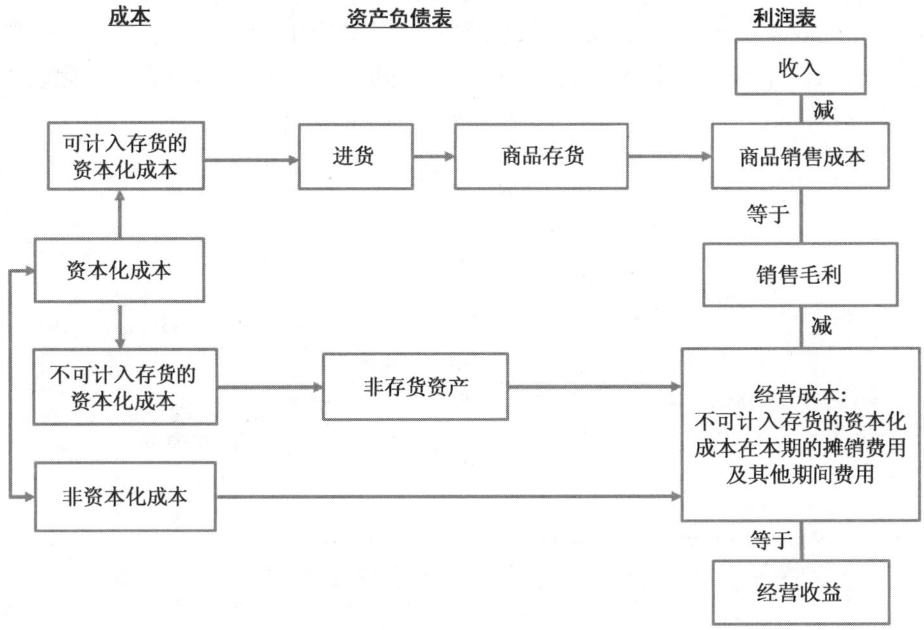

图 1.4　商业性企业成本关系

(二)经营控制信息系统

经营控制信息系统作为另一个成本管理子系统,主要是为了精确、及时地提供与管理人员和其他人员业绩相关的反馈信息,这些业绩与他们对活动的计划和控制相关。经营控制信息系统提供的是管理成本,主要关注的是应实施哪些作业并评价实施的效果如何,着重判断改进机会并帮助发现改进的方法。一个理想的经营控制信息系统能够提供充足的管理信息,以帮助管理人员连续不断地改进经营管理中的问题。

在设计经营控制信息系统时,我们往往需要考虑这样几个问题:管理人员如何利用成本会计所提供的信息?利用成本信息可以制定哪类政策?……因此,从管理会计的角度看,成本计算是为企业正确地进行最优决策、有效经营和严格进行成本控制服务的。

众所周知,成本是综合反映企业经营活动过程的质量和效果的一个重要指标,企业管理

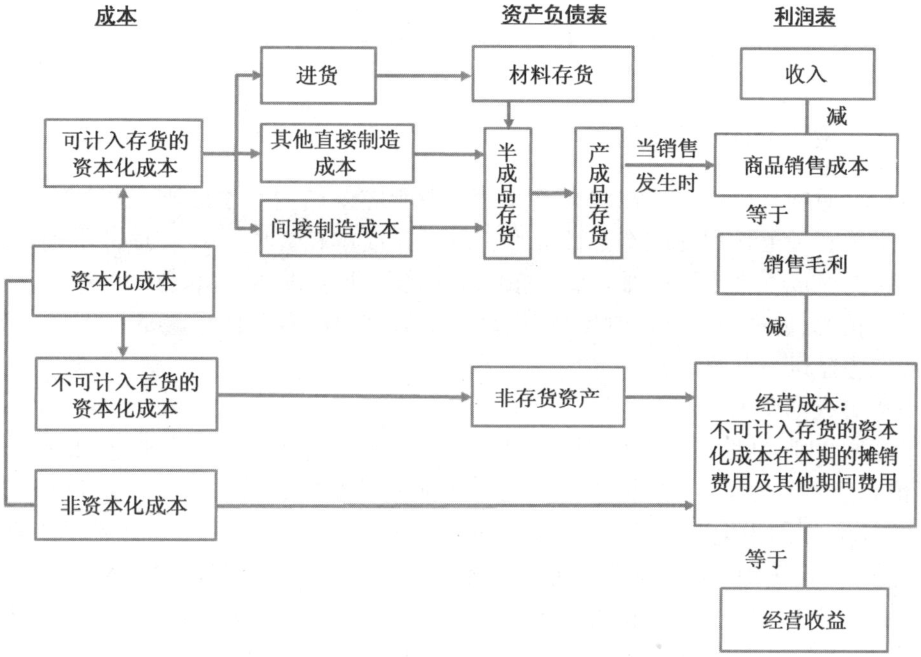

图 1.5 制造性企业成本关系

部门为了实现有效经营、正确进行经营决策，往往要从许多方案中选取最优方案。“优”的标准主要是经济效果，而各种形式的“成本”又是经济效果的重要表现形式。

在设计经营控制信息系统时，我们应考虑以下几个基本要点：

1. 成本信息应是一个决策重心

经营控制信息系统必须满足决策制定者的需要，牢记决策制定者是成本信息的使用者。因此，成本计算不能停留在为计算而计算，要着重于把成本计算与成本管理很好地结合起来。

2. 不同的成本信息用于不同的目的

对某一目的有效的成本信息未必对其他目的也有效。例如，财务报告编制需要利用来自过去的成本信息，然而，管理决策制定者需要的是有关未来的成本信息。成本信息还经常被用于预测部门的盈利能力和顾客的盈利能力。

3. 用于管理的成本信息必须符合成本效益原则

成本信息总是可以被改进的。然而，改进带来的效益必须超过进行改进发生的成本。例如，如果顾客的盈利能力分析仅用于介绍情况，而不能向管理者提供制定更好的决策所需的附加信息，那么收集该信息的成本可能会超过收益。然而，如果管理者利用该信息决定哪些地方是营销努力的重点(而以前他没有这样的信息)，则收益可能会超过成本。成本信息系统的运行成本很高，所以在建立一种新制度前应先考虑一个基本问题：收益会超过成本吗？

第三节　成本会计制度

一、成本会计的核算原则

成本核算原则是会计人员在成本核算过程中所应遵循的基本原则，是对企业成本会计工作具有指导和规范作用的成本会计准则。由于在成本核算中存在着种种不确定的因素，给准确计算企业成本带来了困难，因此，依据成本会计原则进行成本会计工作，对于协调各种成本计算目的、促进成本计算制度化、提高成本信息的可靠性具有重要的意义。成本会计核算一般应遵循以下几条原则：

（一）历史成本原则

历史成本原则，也称实际成本原则。尽管会计计量的属性有历史成本、重置成本、可变现净值、现值和公允价值等，但是，根据《企业会计准则——基本准则》中"企业在对会计要素进行计量时，一般应当采用历史成本"的要求，财务会计是以历史成本作为主要计量属性的，而成本会计主要是为了准确地反映企业的财务状况和经营成果，所以必须以实际发生的经济资源耗费为依据。它包含三个方面的含义：一是对经营活动中所耗用的原材料、燃料、动力和人工等费用，都要按实际成本计价；二是对固定资产折旧必须按其原始成本和规定的使用年限计算；三是对成本对象要按实际成本计价。必须指出，实际成本计价并不排斥原材料、产成品等存货按计划成本或定额成本进行日常核算的方法，但必须合理计算成本差异，月终编制会计报表时，将计划成本或定额成本调整为实际成本。可见，即使管理当局出于成本计划管理的需要，对有关费用和成本制订计划或定额，但最终都必须调整为实际成本来反映。

（二）分期核算原则

企业作为一个持续经营的会计主体，其生产经营活动是连续不断进行的。为了取得一定期间所生产产品的成本资料，满足会计信息使用者进行经营管理及相关经营决策的需要，并发挥成本会计的控制作用，企业必须将其生产经营活动划分为若干个相等的成本会计期间，分期地进行成本核算，以便确定各个会计期间的有关存货成本与销货成本。分期进行成本核算，不仅有助于及时提供企业的财务状况和经营成果，而且有助于对各个会计期间的成本费用耗费情况进行比较分析，从而加强成本控制。

必须指出，成本核算的分期与产品的成本计算期是两个不同的概念。不论是生产性企业还是服务性企业，成本核算工作都包括费用的归集、汇总与分配，都必须按月进行。而完工产品的成本计算则与生产类型有关，可以定期进行，与成本核算期一致；也可能是不定期的，与成本核算期不一致。

（三）合法性原则

企业的经济活动是多方面的，除了日常经营活动外，还有其他方面的经济活动，因而费用的用途也是多方面的，并非都应计入成本。计入成本的费用都必须符合国家法律、法规和制度等规定，不符合规定的费用就不能计入成本。如根据目前制度规定，企业购置和建造固定资产、购买无形资产以及对外投资，这些经济活动都不是企业日常的经营活动，其支出都属于资本性支出，不应计入成本。又如，企业被没收的财物、各项罚款以及由于自然灾害等原因而发生的非常损失，都不是由于企业日常经营活动而发生的，也不应计入成本。再如，管理费用、财务费用和销售费用等应该作为期间费用，与当期的收入配比，不能计入成本。乱计和少计生产费用都会使成本计算结果不实，从而不利于企业成本管理。因此，每一个企业都应遵守国家关于成本费用开支范围的规定，正确计算成本。

(四)可比性原则

可比性原则要求企业所采用的成本计算方法(如存货的计价方法、固定资产的折旧方法、制造费用的分配方法、完工产品与在产品成本的划分方法等)应尽量保持前后各期一致，不得随意变更，以保证各个会计期间所提供的成本信息具有可比性。企业在进行成本核算时，一般应根据企业生产的特点和管理要求，选择不同的成本计算方法来计算成本。成本核算方法一经确定，没有特殊的情况，不应经常变动。如因特殊情况确需改变原有成本计算方法的，企业应在会计报告中，就改变的原因以及对企业财务状况和经营成果的影响情况等进行披露。

(五)权责发生制原则

在成本核算过程中，许多费用的发生期间与应归属的期间往往不相一致。为了按月分析和考核成本与费用、正确计算各月损益，企业在进行成本核算时，应遵循权责发生制原则，正确处理费用的分配问题。权责发生制要求在成本核算时，对于已经发生的支出，如果其受益期不仅包括本期，而且还包括以后各期，就应作为预付费用按其受益期分摊，不能全部列作本期费用；对于应由本期负担但尚未支出的费用，则应作为应付费用先行预提计入本期费用中。成本核算贯彻权责发生制原则，能使成本信息较为准确地反映成本责任，从而为正确计算损益提供可靠的依据。

(六)成本效益原则

在进行成本核算时，所采用的成本计算步骤、费用分配方法、成本计算方法等，都应根据每一企业的具体情况进行选择。从决策的角度或企业管理的其他方面来说，总是希望成本计算得越细越好，其提供的成本信息越多越好，其实不然。由于有些成本信息的获得需花费相当大的成本，因此，在选择成本计算方法时，应遵循成本效益原则。通过比较提供资料所用的成本与由此而获得的效益，来决定究竟要提供哪些成本信息，并对一些次要的成本费用信息采用简化的成本核算方法，从而达到以较低的成本获得较高的效益的目的。例如，有些虽属于产品直接耗用的原材料，由于数额不大，不必直接计入产品成本，可先计入制造费用，然后通过分配再计入产品成本。又如，按权责发生制原则，凡是属于本期实际受益但尚未付出的费用，也应计入本期成本费用，但如果发生的数额较小，对成本影响不大，则可以在实际支付时计入支付月份的成本费用，如固定资产的经常性修理费等。

二、成本会计的基础工作

(一)正确确定财产物资的计价和价值结转的方法

企业拥有的财产物资，其价值要随着经营活动过程中的使用消耗而转移到成本费用中去。这种转移额的大小取决于企业采用的会计政策。由于会计政策在具体使用中有不同的选择，如存货计价是采用先进先出法还是加权平均法，固定资产折旧是采用使用年限法还是加速折旧法，不同财产物资的计价和价值结转的方法会给企业带来不同的核算结果。因此，财产物资的计价和价值结转方法也是影响成本计算准确性的一个重要因素。为了保证成本指标的合理性、准确性和可比性，企业在成本计算时应在诸多可选择的财产物资的计价和价值转移方法中，选择适合企业的处理方法。这些方法一经企业选用，就应保持稳定，不能随意人为地调节成本费用和利润。

(二)建立健全成本核算制度

为了加强成本管理，正确计算成本费用，必须建立健全各项成本核算制度。

1. 建立健全有关原始记录的收集整理制度

原始记录是成本核算工作的首要条件。进行成本核算和分析，都要以数据可靠、内容齐全的原始记录为依据。

2. 制定必要的消耗定额

定额是企业进行生产经营活动中，对人力、物力、财力的配备、利用和消耗以及获得的成果等方面所应遵循的标准或应达到的水平。制定合理的消耗定额，是成本会计中编制成本计划，进行成本核算、成本控制和成本分析的重要基础。

3. 建立健全材料物资的计量、收发、领退和盘点制度

企业中物资的收发、领退都要认真计量，填制必要的凭证，以及办理必要的手续。做好这项工作，不仅是正确计算成本的必要条件，而且也是加强物资管理、资金管理的有效措施。

4. 制定内部结算价格和内部结算制度

为了分清企业内部各单位的经济责任，简化和加速成本费用的核算工作，必须制定厂内结算价格。

(三)建立健全成本责任制度

成本责任制度的建立和健全是进行有效成本管理的保证。完善成本责任制度，必须做好如下几项工作：

1. 建立健全责任成本制度

为了推行责任成本制度，合理考核和分析每一责任单位的成本和业绩，应创造条件计算出每一责任单位的责任成本。

2. 建立健全内部成本管理体系

内部成本管理体系是一个非常复杂的系统。该系统的完善程度、运行是否合理，涉及企业生产经营各个领域、环节及所有部门，并直接关系到成本责任制度的推行。因此，应建立一个合理的内部成本管理体系，使之逐步完善。

3. 建立健全成本考核制度

在成本会计制度中，不但要计算成本并对成本指标进行分析，而且还要进行考核。建立一套成本考核的收集、整理、对比、计算方法和程序，使成本考核成为制度。

4. 建立健全成本责任奖惩制度

在计算出经营成本及责任成本之后，应对各责任单位发生的可控成本进行分析和考核，实行规范、严格的奖惩制度，以鼓励先进、督促落后，调动各部门及人员不断降低成本的积极性，促使企业竞争能力不断增强。

微信扫码获取
名师精讲

管理会计师官方服务号　　管会教育

第二章

制造业成本核算的基本原理

案例:

西南公司是一家生产铝合金的企业,该企业消耗能源较多,能源方面的费用在产品成本中所占的比重很大。西南公司设有熔铸、氧化电泳、喷涂三个基本车间,以及锅炉车间和汽车运输队两个辅助生产部门。其中,三个基本生产车间的规模都比较大,生产的产品品种比较多;在两个辅助生产部门中,锅炉车间的规模较大,而汽车运输队的规模较小。

思考题:

(1)为了给成本管理提供较为详细的产品成本资料,西南公司的基本生产车间的产品成本账以及账中的成本项目应如何设置?

(2)从简化核算的角度出发,辅助生产部门的成本核算应如何设账?

第一节　制造业成本核算概述

制造业的成本核算是对生产经营过程中发生的生产费用,按经济用途进行分类,并按一定对象和标准进行归集和分配,以计算确定各对象的总成本和单位成本。将成本核算所提供的实际成本资料与计划成本等目标成本比较,可以了解成本计划的完成情况。这些成本资料是制定产品价格的依据,也是进行成本分析和成本考核的依据。

一、生产费用和产品成本

制造业产品的生产过程,同时也是生产的耗费过程。在生产经营活动中,会发生各种耗费,如原材料、燃料、辅助材料、动力、机器设备的耗费,还要支付工人和管理人员的劳动报酬以及各项经营管理费用等。制造业在一定时期内(如 1 个月、1 年)发生的、能够用货币表现的、生产经营管理过程中的耗费,称作生产经营管理费用。生产经营管理费用包括生产费用(应计入产品成本)和经营管理费用(包括管理费用、财务费用和销售费用等不计入产品成本的费用)。生产费用是指在一定时期内发生的、能够用货币表现的、计入产品成本的生产耗费。产品成本是指为生产一定种类、一定数量的产品所支出的各种生产费用的总和。

生产费用和产品成本是一对既有区别又有联系的概念。首先,产品成本是对象化的生产费用,产品成本是相对于一定的产品而言所发生的费用,它是按照品种等成本计算对象对当期发生的生产费用进行归集所形成的。因此,生产费用的发生过程同时也是产品成本的形成过程。其次,生产费用是指某一期间为进行产品生产而发生的费用,并与一定的期间相联系;产品成本是指为生产一种或几种产品而消耗的生产费用,它与一定种类和数量的产品相联系。

二、成本核算的内容

制造业的成本核算包括生产费用汇总的核算和产品成本计算两部分内容。生产费用的汇总,首先必须根据成本开支范围,对生产费用进行审核和控制,然后采用一定程序将生产费用按其发生地点和用途进行记录归集,并采用一定标准在各成本计算对象之间进行分配。成本计算就是计算出各个成本对象的总成本和单位成本。在制造业中,由于一个企业往往生产多种产品,而且月末通常存在一部分尚未完工的产品,因此,需要将发生的生产费用在各种产品之间、产成品和在产品之间进行分配,以求得各种产品的总成本和单位成本。

第二节　生产经营管理费用的分类

生产经营管理费用的分类是正确计算产品成本的重要条件。制造企业在生产经营过程中发生的耗费是多种多样的,为了正确地进行成本核算,满足企业成本管理的要求,应对种类繁多的生产经营管理费用按照一定的标准进行分类。

一、生产经营管理费用按经济内容的分类

生产经营管理费用按经济内容(性质)划分,可分为劳动对象、劳动手段和活劳动方面的耗费,统称为制造企业生产费用的三大要素。具体可分为以下各项费用要素:

(一)外购材料、燃料

它是指企业为进行生产经营管理活动而耗用的一切从外部购入的原料、主要材料、辅助材料、半成品、包装物、修理用备件、低值易耗品以及各种燃料(包括液体燃料、气体燃料和固体燃料)。

(二)外购动力

它是指企业为进行生产经营管理活动而耗用的一切从外单位购入的各种动力,如供电局提供的电力、热力等。

(三)职工薪酬

它是指企业应计入生产费用和经营管理费用的各种形式的职工报酬以及其他相关支出。

(四)折旧费与摊销费

它是指企业在生产经营管理过程中按照规定方法计提的固定资产折旧费用,以及无形资产、递延资产的摊销费,但不包括出租固定资产的折旧费。

(五)利息支出

它是指企业按规定计入生产经营管理费用的借款利息支出减去利息收入后的净额。

(六)税金

它是指企业应缴纳并计入管理费用的各种税金。

(七)其他支出

它是指企业在生产经营管理过程中发生的、不属于以上各要素的费用支出,如差旅费、办公费、邮电费、租赁费、保险费及诉讼费等。

生产经营管理费用按经济内容(性质)划分,可以反映企业在一定时期内耗费了哪些经济资源、数额各是多少,有利于分析和考核各个时期生产费用和经营管理费用的结构和支出水平,为企业编制经营预算提供资料,也为企业和国家计算工业净产值及国民收入提供依据。但是,这种分类只能反映各费用要素的支出形态,说明企业在生产经营管理活动中支付了哪些费用,不能说明各种费用的经济用途,也不能说明费用的发生与企业成本之间的关系,因而不利于成本的分析和考核。因此,对于制造企业的生产经营管理费用还必须按其经济用途进行分类。

二、生产经营管理费用按其经济用途的分类

生产经营管理费用按其经济用途划分,可分为制造成本和非制造成本(期间费用)。

(一)制造成本

制造成本,也称生产成本,是指企业为生产一定种类、一定数量的产品所支出的各种生产费用之和。根据生产费用的具体用途,可进一步划分为若干项目,用以反映产品成本的构成。这些项目通常称为产品成本项目,一般可设置"直接材料"、"直接人工"和"制造费用"等成本项目。

1. 直接材料

它是指企业生产经营过程中直接耗用的,并构成产品实体的原料及主要材料、辅助材料等。

2. 直接人工

它是指企业直接从事产品生产人员的工资薪酬。

3. 制造费用

它是指企业内部各生产单位为组织和管理生产所发生的各项费用,如车间固定资产折旧费、保险费、机物料消耗、车间管理人员工资薪酬、水电费、办公费等。

企业可根据其生产特点和管理要求,增设成本项目。如在废品较多且废品损失在产品成本中所占比重较大的情况下,企业可增设"废品损失"成本项目;在采用逐步结转分步法计算产品成本的企业,为了计算和考核半成品的成本,可增设"自制半成品"成本项目等。

产品制造成本,简称产品成本,它是与产品生产直接相关的成本。产品成本的计算过程,是以产品为最终对象归集和分配生产费用的过程。产品成本的计算,既要遵守财务制度规定,又要遵守公认会计原则。产品成本不仅是资产计量的依据,也是计算利润的必要条件。

(二)非制造成本

非制造成本,也称经营管理费用或期间费用。它是指产品在营销和管理过程中发生的各项费用,是与企业的销售、经营和管理活动相关的成本,主要包括销售费用、管理费用和财务费用等。

1．销售费用

它是指企业在销售商品和材料、提供劳务的过程中发生的各种费用，包括保险费、包装费、展览费、广告费、商品维修费、预计产品质量保证损失、运输费、装卸费，以及为销售本企业商品而专设的销售机构（含销售网点、售后服务网点等）的职工薪酬、业务费、折旧费等经营费用。

随着商品经济的发展，企业间的竞争日益激烈，为了将产品推向市场，推销活动逐渐扩大，销售费用也不断上升，为了降低销售费用，企业应按年、季、月和费用项目编制预算，分析和考核其预算执行情况，力求以最少的销售费用获取最大的经济效益。

2．管理费用

它是指企业为组织和管理企业生产经营活动所发生的各种费用，包括企业筹建期间发生的开办费，以及董事会和行政管理部门在企业的经营管理中发生的或者应该由企业统一负担的公司经费（包括行政管理部门职工工资薪酬、物料消耗、低值易耗品摊销、办公费和差旅费等）、工会经费、董事会费、聘请中介机构费、咨询费、诉讼费、业务招待费、技术转让费、矿产资源补偿费、研究费用和排污费等。

管理费用是企业经营管理所必需的费用，虽然它并不计入产品制造成本，但它是计算营业利润的一个重要因素，同样会影响企业的经济效益，为了降低管理费用，也应按费用项目编制预算并进行控制。

3．财务费用

它是指企业为筹集生产经营所需资金而发生的筹资费用，包括利息支出（减利息收入）、汇兑损益以及相关的手续费、企业发生的现金折扣或收到的现金折扣等。

需要指出的是，按照《企业会计准则——借款费用》的规定，企业发生的借款费用，可直接归属于符合资本化条件的资产的购建或者生产时，应当予以资本化，计入相关资产成本；其他借款费用，应当在发生时根据其发生额确认为费用，计入当期损益。

为了降低财务费用、提高企业经济效益，财务费用应按年、季、月和费用项目编制费用预算加以控制和考核。同时，还必须加强对资金筹措和使用的核算与分析，以促使企业花费较少的财务费用，保证资金的正常运转。

由于非制造成本与产品的生产无直接关系，而与生产经营期间直接有关，因此，这些费用又可称为期间费用。期间费用不计入产品成本，只需按一定的期间进行汇总，然后直接计入当期损益。

生产经营管理费用按经济用途的分类，是制造成本计算法的基础，也是正确计算产品成本的关键。它能清楚地反映产品成本的构成，有利于成本的分析和考核，也有利于企业进行成本预测和决策。

三、生产费用的其他分类方法

（一）生产费用按其与工艺过程的关系分类

生产费用按其与工艺过程的关系，可以分为直接生产费用和间接生产费用。直接生产费用是指其发生与产品的生产工艺过程直接相关的费用，如产品生产过程中直接耗用的原材料、生产工人的工资和机器设备的折旧费用等。间接生产费用是指其发生与产品的生产工艺过程没有直接关系的费用，如机物料消耗、辅助生产工人的工资薪酬和车间厂房的折旧费用等。

(二)生产费用按其计入产品成本的方法分类

生产费用按其计入产品成本的方法，可分为直接计入费用和间接计入费用。直接计入费用是指费用发生时就能明确归属于某一成本计算对象，并能直接计入该成本计算对象的费用，如某种产品生产中单独领用的材料、生产工人的计件工资等。间接计入费用简称间接费用，是指费用发生时无法归属于某一成本计算对象，必须先按地点或用途进行归集，然后通过分配间接计入各成本计算对象的费用(一般称为分配计入费用)，如制造费用应先按车间归集，然后采用一定的标准分配给本车间生产的各种产品负担。

生产费用按其计入产品成本的方法分类，符合费用分配的受益原则，即“谁受益，谁负担费用”，负担费用的多少与受益程度的大小成正比。具体来讲，就是凡属能够分清哪种产品所耗用的直接费用，都应直接计入受益产品的成本，不得归入间接费用。只有那些不能分清哪种产品所耗用的间接费用，才能采用合理的标准，通过分配计入各受益产品的成本，使受益多的多负担，受益少的少负担。因此，这种分类对正确计算产品成本具有十分重要的意义。

直接生产费用大多是直接计入费用，例如，原材料费用大多能够直接计入某种产品成本；间接生产费用大多是间接计入费用，例如，机物料消耗大多只能按照一定标准分配计入有关的产品成本。但也不都如此，例如，在只生产一种产品或只提供一种劳务的企业或车间中，直接生产费用和间接生产费用都可以直接计入该种产品成本，都是直接计入费用；在用同一种原材料、经过同一个生产过程、同时生产出几种产品的联产品生产企业中，直接生产费用和间接生产费用都不能直接计入某种产品成本，都是间接计入费用。

第三节　制造业成本核算的要求

制造业在产品生产过程中会发生各种各样的费用，为了保证企业产品成本的正确性，必须对发生的费用进行审核和控制，正确划分各种费用支出的界限，并要根据企业生产特点和管理要求，选择适当的成本计算方法。为了做好成本核算工作，充分发挥成本核算的作用，在成本核算中，应符合以下各项要求：

一、严格执行国家规定的成本开支范围和费用开支标准

成本开支范围是根据企业在生产过程中的生产费用的不同性质，根据成本的内容以及加强经济核算的要求，由国家统一制定的。企业进行成本核算，要根据国家有关的法规和制度，以及企业的成本计划和相应的消耗定额，对企业的各项费用进行审核，看应不应该开支；已经开支的，看应不应该计入产品成本。例如，企业为生产产品所发生的各项费用应列入产品成本；企业进行基本建设、购建固定资产及与企业正常生产经营活动无关的营业外支出等费用，不能列入产品成本。企业应严格遵守国家规定的成本开支范围和费用开支标准，既能保证产品成本的真实性，使同类企业以及企业本身不同时期之间的产品成本内容一致，具有分析对比的可能，又能正确计算企业的利润并进行分配。

二、正确划分各种费用支出的界限

企业发生的费用，有的可以计入产品成本，有的不能计入产品成本，应列入期间费用。为了正确计算产品成本，反映企业真实的盈利水平，必须正确划分以下五个方面的界限：

（一）正确划分生产经营管理费用支出与其他支出的界限

企业的经济活动是多方面的，企业发生的支出也是多方面的。企业的支出并不都是生产经营管理费用支出。例如，企业购置和建造固定资产、购买无形资产以及进行对外投资，这些活动都不是企业日常的生产经营活动，其支出都属于资本性支出；被没收的财物和支付的滞纳金、罚款、违约金、赔偿金，以及企业赞助和捐赠支出等都属于营业外支出。

划清生产经营管理费用支出与其他支出的界限，其目的是为了正确计算资产的价值和各期的产品成本及损益。如果把资本性支出列作生产经营管理费用支出，将会导致少计资产价值、多计当期费用，其结果是当期营业净收益减少；反之，则可能多计资产价值、少计当期费用，导致当期营业收益增加。不论是何种情况，所提供的会计信息都未能反映客观实际，不利于正确进行产品成本计算和企业的成本管理工作。

（二）正确划分产品制造成本和经营管理费用的界限

企业发生的费用并不都是成本费用。在产品制造业中，生产一定种类和数量的产品而发生的材料耗费、工资薪酬等生产费用应计入产品成本。产品成本要在产品生产（或劳务提供）完毕并在收入实现以后才转化为费用，计入企业的损益。

为销售产品而发生的产品销售费用、为管理和组织企业生产经营活动而发生的管理费用，以及为筹集资金而发生的财务费用均是在经营过程中发生的，与产品生产无直接关系，因而作为期间费用直接计入当期损益，从当期利润中扣除。为了正确计算产品成本，必须分清哪些支出属于产品的制造成本，哪些应作为期间费用。必须防止混淆两者的界限，将某些期间费用计入产品成本，或者将产品的制造成本计入期间费用，借以调节各期产品成本和各期损益的错误做法。

（三）正确划分各个会计期间的生产费用的界限

企业在生产过程中发生的生产费用，有的应计入当期产品成本，有的应计入以后各期产品的成本。为了按月分析和考核产品成本、正确计算各期的损益，必须将已经发生的费用在各个月份之间进行正确划分。对于所发生的费用，应按时入账，不能延后，也不能未到时间提前结账。同时，还应根据权责发生制原则，正确核算应付费用和预付费用。对于那些本期尚未支付，而应由本期负担的应付费用，应预提计入本期产品成本；对于那些已经在本期支付，而应由本期及以后各期负担的预付费用，应采用分期摊销的方法，分期计入成本费用。企业应严格地把握应付费用和预付费用的摊提标准，防止任意摊提，人为地调节各个期间的成本、费用和各期损益的错误做法。

（四）正确划分不同产品的费用界限

为了便于分析和考核不同产品的成本计划执行情况，对于应计入产品成本的生产费用，还必须划清不同产品之间的费用界限。属于某种产品单独耗用的直接费用，应直接计入各种产品的成本；属于应由几种产品共同负担的间接费用，应选择合理的分配方法分配，分别计入这几种产品的成本，以正确反映各种产品的成本水平。与此同时，还应特别注意划清盈利产品与亏损产品、可比产品与不可比产品之间的费用界限，防止在盈利产品与亏损产品、可比产品与不可比产品之间任意调节成本费用、虚报产品成本、掩盖利润的错误做法。

（五）正确划分完工产品与在产品的费用界限

通过以上费用界限的划分，确定了各成本对象本期应负担的生产费用。期末，如果某种产品都已完工，其各项生产费用之和就是该产品的完工成本；如果某种产品都未完工，其各项生产费用之和就是该产品的期末未完工成本；如果某种产品部分完工、部分未完工，就需要采用适当的分配方法，将该成本对象应负担的生产费用在完工产品与在产品之间进行分配，分别计算出完工产品成本与在产品成本。

期初在产品成本、本期生产费用、本期完工产品成本和期末在产品成本四者之间的关系如下式所示：

期初在产品成本＋本期生产费用＝本期完工产品成本＋期末在产品成本

以上五个方面费用界限的划分，都应贯彻受益原则，即“何者受益，何者负担费用；何时受益，何时负担费用”，负担费用多少应与受益程度大小成正比。这五个方面界限的划分过程，也是产品成本的计算过程。

三、选择适当的成本计算方法

企业在进行成本核算时，应根据本企业的具体情况，选择适合企业特点的成本计算方法进行成本计算。成本计算方法应根据企业的生产特点和管理要求来选择。产品成本是在生产过程中形成的，生产组织和工艺过程不同的产品，应该采用不同的成本计算方法。企业生产的特点按其组织方式，有大量生产、成批生产和单件生产；按工艺过程的特点，有连续式生产和装配式生产。企业采用何种成本计算方法，在很大程度上取决于产品的生产特点。计算产品成本是为了加强成本管理，对管理要求不同的产品，也应该采用不同的成本计算方法。在同一个企业里，可以采用一种成本计算方法，也可以采用多种成本计算方法，即多种成本计算方法同时使用或多种成本计算方法结合使用。

第四节　制造业成本核算的一般程序

制造业成本核算的一般程序，就是将生产经营管理过程中发生的各项要素费用按经济用途归类反映的过程。为了将生产费用计入各成本计算对象，计算出各成本计算对象的制造成本，有必要建立一个完整的账户体系。

一、成本核算账户的设置

为了核算产品成本，要设置“生产成本”一级账户。为了分别核算基本生产成本和辅助生产成本，还应在该一级账户下，分别设置“基本生产成本”和“辅助生产成本”两个二级账户进行明细核算。企业根据需要，也可以将“生产成本”账户分设为“基本生产成本”和“辅助生产成本”两个一级账户。本教材分设“基本生产成本”和“辅助生产成本”两个一级账户，同时还针对“制造费用”账户进行重点阐述。

(一)“基本生产成本”账户

基本生产是指为完成企业主要生产目的而进行的产品生产。“基本生产成本”账户核算生产各种产品(产成品、自制半成品等)、自制材料、自制工具、自制设备等所发生的各项生产费用。企业生产中发生的直接材料、直接工资等直接计入费用,直接记入该账户的借方及其有关明细账户。间接计入费用应先通过“制造费用”账户归集,月终按一定标准分配,记入该账户的借方及其有关明细账户。已完工并验收入库的产成品、自制半成品,应从“基本生产成本”账户的贷方转入“库存商品”、“自制半成品”账户的借方。“基本生产成本”账户的月末余额,就是基本生产在产品的成本,也就是基本生产在产品占用的资金。该账户应按产品品种等成本计算对象分设基本生产成本明细账,也称产品成本计算单或产品成本明细账。账中应按成本项目分设专栏或专行,登记各成本计算对象的月初在产品成本、本月发生的生产费用、本月完工产品成本和月末在产品成本。其一般格式如表 2.1 所示。

表 2.1　　产品成本计算单

车间:　　(基本生产成本明细账)　　产品:

月	日	摘　要	产　量	成本项目			成本合计
				直接材料	直接人工	制造费用	
		月初在产品成本					
		本月生产费用					
		生产费用合计					
		本月完工产品成本					
		完工产品单位成本					
		月末在产品成本					

(二)“辅助生产成本”账户

辅助生产是指为基本生产和企业其他部门提供服务而进行的产品生产和劳务供应。“辅助生产成本”账户核算为基本生产车间及其他部门提供产品、劳务所发生的各项费用。属于辅助生产耗用的直接材料、直接工资应直接记入“辅助生产成本”账户及其有关明细账户。间接计入费用可以先通过“制造费用”账户归集,然后再分配转入“辅助生产成本”账户的借方,或者直接记入“辅助生产成本”账户的借方。月终,完工验收入库产品的成本或分配转出的劳务费用,记入“辅助生产成本”账户的贷方。该账户月末一般没有余额,如果有余额,就是辅助生产在产品的成本,也就是辅助生产在产品占用的资金。该账户应按辅助生产车间和生产的产品、劳务分设辅助生产成本明细账。

(三)“制造费用”账户

“制造费用”账户核算企业生产车间(部门)为生产产品和提供劳务而发生的各项间接计入费用。费用发生时,记入“制造费用”账户的借方及其有关明细账。月终根据企业成本核算办法的规定,按一定标准分配计入有关成本计算对象,从“制造费用”账户的贷方转入“基本生产成本”账户的借方及其有关明细账户。“制造费用”账户应按不同车间、部门设置明细账。除采用年度计划分配率和累计分配法分配制造费用外，该账户月末一般无余额。

为了贯彻权责发生制原则，对于那些支付期与归属期不一致的费用，应该分别设立“应付账款”和“预付账款”等账户。为了核算期间费用，还可分别设立“销售费用”、“管理费用”和“财务费用”账户。企业若需单独核算废品损失，还可增设“废品损失”账户。

二、成本流程

成本流程就是对生产过程中发生的各项要素费用，按经济用途归类计入产品成本的过程，也就是成本核算的一般程序。

诚如前述，制造企业的生产特点各不相同，对成本核算和管理的要求也不尽相同，根据企业的生产特点和管理要求，可以选用不同的产品成本计算方法。尽管产品成本计算方法不同，但存在着产品成本核算的一般程序。在生产过程中所发生的各种耗费，有的直接计入产品成本，有的要先进行归集，然后经过分配再计入产品成本。月终，对既有完工产品又有月末在产品的产品，需将计入该种产品的生产费用在完工产品和在产品之间进行分配，计算出完工产品和月末在产品成本。完工产品要从生产过程转入成品仓库，经过销售，库存商品成本流转到“主营业务成本”账户，以计算销售损益。

对于生产过程中所发生的要素费用，在发生时就能明确归属于某成本计算对象的，如直接材料、直接人工等，应直接记入“基本生产成本”账户及其所属的产品成本明细账；对不能直接计入某成本计算对象的间接计入费用，如基本生产车间和服务部门发生的费用，要另外设置“制造费用”、“辅助生产成本”等账户，按费用发生的地点和用途记入这些账户及其有关明细账。“制造费用”账户所归集的费用，经过分配记入“基本生产成本”账户及有关产品成本明细账。服务部门所归集的费用，要按照受益部门（或产品）所耗用劳务的数量，在受益部门（或产品）之间进行分配，并记入有关总账和明细账户。

产品成本核算的一般程序如下：

（一）根据成本开支范围的规定，对各项生产经营管理费用支出进行严格审核

对于符合成本费用开支范围的各项费用，确定应计入产品成本的生产费用和不应计入产品成本的期间费用。

（二）编制要素费用分配表

对生产中产品所耗用的材料，可以根据领料凭证编制材料费用分配表；发生的人工费用，可根据产量通知单等产量工时记录凭证编制工资费用分配表；等等。凡是能直接计入成本计算对象的生产费用，根据各要素费用分配表可直接记入“基本生产成本”、“辅助生产成本”账户及有关明细账户；不能直接计入成本计算对象的生产费用，先进行归集，记入“制造费用”账户及其有关明细账户。

（三）编制预付费用和应付费用分配表

本月发生的预付费用归集后，应将由本月承担的金额按用途进行分配，编制预付费用分配表。对尚未发生但应由本月承担的金额，应按照用途进行分配，也应编制应付费用分配表。根据所编制的这两张分配表的分配结果，分别记入“辅助生产成本”、“制造费用”等账户及其明细账户。

(四)辅助生产费用的归集和分配

归集在“辅助生产成本”账户及其明细账户的费用,除对完工入库的自制工具等产品的成本转为存货成本外,应按受益对象和所耗用的劳务数量,编制辅助生产费用分配表,据以登记“基本生产成本”、“制造费用”等账户及有关明细账户。

(五)制造费用的归集和分配

各基本生产车间的制造费用归集后,应分别不同车间,于月终编制制造费用分配表,分配计入本车间生产的各种产品成本中,记入“基本生产成本”账户及其明细账户。

(六)完工产品成本的确定和结转

经过以上费用分配,各成本计算对象应负担的生产费用已全部记入有关的产品成本明细账。如果当月产品全部完工,所归集的生产费用即为完工产品成本。如果全部未完工,则为期末在产品成本。如果只有部分完工,则需要采用一定的方法在完工产品与期末在产品之间进行分配,以确定本期完工产品成本,并将完工验收入库的产成品成本从“基本生产成本”账户及其明细账户结转至“库存商品”账户及有关明细账户。

(七)已销售产品成本结转

已销售产品的成本要从“库存商品”账户及其明细账户转到“主营业务成本”账户及其明细账户。

成本流转的一般程序如图 2.1 所示。

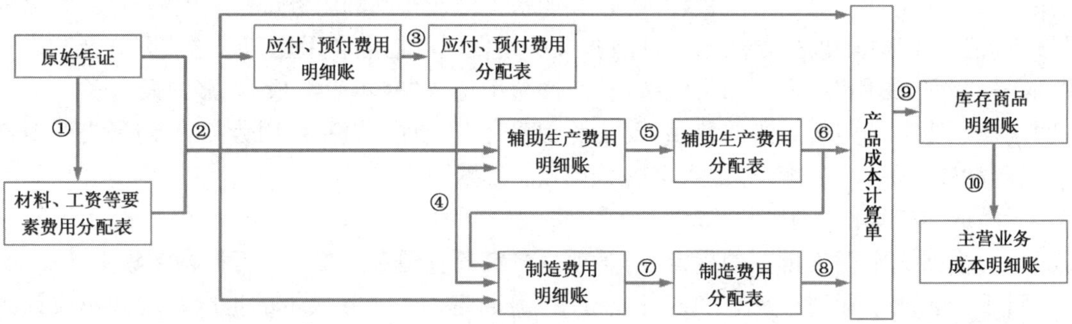

说明:①根据原始凭证编制材料、工资等要素费用分配表;②根据原始凭证及各要素费用分配表登记有关明细账;③编制应付费用和预付费用分配表;④根据应付费用和预付费用分配表登记有关明细账;⑤编制辅助生产费用分配表;⑥根据辅助生产费用分配表登记有关明细账;⑦编制制造费用分配表;⑧根据制造费用分配表登记有关产品成本计算单;⑨将完工产品成本转入库存商品明细账;⑩将已销售产品成本结转主营业务成本明细账。

图 2.1　成本流转的一般程序

微信扫码获取
名师精讲

管理会计师官方服务号　　管会教育

第三章

成本费用的归集与分配

案例：

李明20×6年7月从××财经大学会计学专业毕业，应聘到东日设备制造股份有限公司从事会计工作。该公司20×6年8月份开始生产甲、乙、丙三种新产品，耗用A材料的有关资料如表3.1所示。

表3.1　　耗用材料汇总表

产品名称	产量（件）	重量（千克）	材料定额单耗（千克）	材料单价（元/千克）	材料单耗定额成本（元）
甲产品	100	30 000	200	9	1 800
乙产品	300	50 000	150	9	1 350
丙产品	500	190 000	370	9	3 330
合计	900	270 000	—	—	—

该公司采用产品的产量比例对材料费用进行分配，本月共使用A材料270 000千克，每千克9元。

财务部经理在向李明介绍了公司生产产品使用的材料以及产品的情况后，提出如下问题，请李明在调查后提交书面报告。

思考题：

(1)公司采用的材料费用分配方法是否合适？并对该公司材料费用的分配方法提出改进意见。

(2)8月份开始生产的新产品应采用什么方法分配材料费用？

第一节 材料费用的归集与分配

一、材料费用核算的内容

根据用途的不同,在产品生产过程中所消耗的材料可分为直接材料和间接材料。

直接材料是指生产产品直接耗费的各种材料。它包括以下三类:一是构成产品实体的各种原料、主要材料,比如纺织企业制造纺织品时所耗用的棉花,金属熔炼企业在金属品的铸造过程中耗用的矿石、生铁等。二是在产品制造工艺过程中消耗的各种燃料和动力,如食品加工企业在食品烘烤过程中所耗用的煤气、电力等。三是与产品主要实体相结合或有助于产品形成而耗用的各种辅助材料也属于直接材料核算的内容,如冶炼企业、化工企业在金属熔炼和原料化学反应过程中耗用的各种添加剂、催化剂。其明细项目有原材料、主要材料、辅助材料、外购零部件和自制半成品等。

间接材料是指企业为组织生产、管理生产和保证生产正常进行而耗用的一般消耗性材料,也称机物料,包括为保证劳动资料正常运转而耗用的润滑油、防锈剂、修理备件和清洁用品,以及为创造正常劳动条件而耗用的照明用电力和电光源等。

直接材料和间接材料的划分是相对的。同一种材料消耗,对于有的企业而言应该作为直接材料核算,而另一个企业则可能将其归入间接材料费用。是否作为直接材料核算,取决于该种材料的耗费与具体产品生产之间的紧密程度。如果该种材料的耗费无法与特定产品的生产联系起来,则该种材料耗费就应该计入间接材料。

二、材料费用计入成本的方式

产品制造过程中耗用的各种材料都应计入产品制造成本。直接材料可以直接计入某一对象,并在成本计算单上的"直接材料"或"原材料"成本项目中列示,称为直接材料成本。间接材料不可以直接计入某一成本计算对象,而是按材料耗费地点先归集在综合性的制造费用中,期末再通过一定方法分配计入该成本计算对象,并在其成本计算单上的"制造费用"项目中列示,称为间接材料成本。

有时候,某些构成产品主要实体的原料、主要材料等,在领用时无法直接分清应该由哪一个成本计算对象来负担,而是为几个成本计算对象所共同耗用。为了准确反映产品的实际成本,我们有必要将这些直接材料费用在各种成本计算对象之间进行分配,并记入各成本计算对象的"直接材料"成本项目。它们之间的关系可用图 3.1 表示。

三、材料费用核算的基础工作

为了准确核算生产过程中发生的材料费用,应先对材料费用进行归集,并做好下列基础工作:

(一)建立和健全发出材料的盘存制度

发出材料的盘存制度有两种,即永续盘存制和定期盘存制。不同的盘存制度对材料费用核算的准确性有着直接的影响。

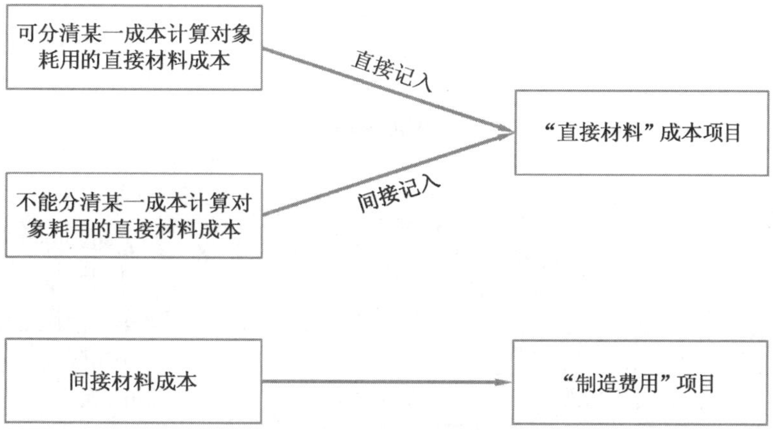

图 3.1　材料费用计入成本的方式

1. 永续盘存制

永续盘存制，也称账面盘存制，是先确认本期发出数量，再确认期末结存数量的盘存方法。采用这种方法，必须按材料的具体品种设置材料明细账，逐笔或逐日登记收入和发出的数量，因而随时可以从账上结算出每种材料的收、发、存数量。其计算公式如下：

期末结存数量＝期初结存数量＋本期收入数量－本期发出数量

2. 定期盘存制

定期盘存制，也称实地盘存制，根据这种方法我们应该先通过实地盘点确认期末结存数量，再确认材料发出数量。其计算公式如下：

材料发出数量＝期初结存数量＋本期收入数量－期末结存数量

在永续盘存制下，材料明细账上可以随时反映材料的收、发、存情况，便于对材料的跟踪与控制。而定期盘存制则“以消计耗”，凡是不包含在期末存货中的材料都被计入材料费用中，这样就可能会将材料的偷窃、损坏、遗失等数量隐含在消耗量之中。因此，这种方法不利于企业对材料的管理，根据它所提供的材料消耗量资料计算的产品成本也不够准确。这种方法一般只适用于那些在领用时不能随时办理领料手续的材料，如黄沙、石子等大宗、大堆材料。

无论材料的计量是采用定期盘存制还是永续盘存制，通常至少要求一年进行一次实地盘点，以检查材料的储存保管情况及其实存数与账存数是否相符。如果在盘点中发现确实属于发料差错造成账实不符，经过批准后，可以按规定的方法进行更正，以保证材料费用核算的正确性。如果是其他原因造成的错误，也要按规定程序报经批准。

(二)建立健全领发料凭证制度

严格有关的领料手续、加强发出材料控制是材料核算的主要环节。材料发出的凭证主要有限额领料单、领料单、领料登记簿等。

限额领料单(见表 3.2)是一种在当月或一定时期中，在规定的限额内，可多次使用的领发料累计凭证。它是由供应部门或生产计划部门在月份开始前，根据生产计划、材料消耗定额等有关资料，按产品、工作令、车间或部门填明所需要的材料品种和限额，经供应部门或计划部门负责人签字后，以一份送交用料车间或部门，一份送交发料仓库，分别作为当月内领发材料的依据。

表 3.2 **限额领料单**

_____年_____月

编号：
仓库：
计划产量：

车间：	小组：		单位消耗定额：
产品名称：	工作令号：		领用限额：
材料类别、编号：	名称规格：	计量单位：	单价：

日期	请领数量	实发数量	累计实发数量	领料人签章
累计实发金额：				

供应部门负责人(签章)	生产部门负责人(签章)	仓库负责人(签章)

领料部门需要材料时，在限额领料单内填明请领数量，向发料仓库领取材料。仓库在发料时，应查看请领数量是否在领用限额以内。如果在领用限额以内，可照发，并将实发数量和累计实发数量在两份限额领料单上填写清楚；如果超过限额领料范围，则要另填领料单，并经过有关部门批准后才能领发。月终，领料部门所持的限额领料单应送交发料仓库，与仓库留存的一份核对，并计算填制全月实发数量和金额，再由仓库登记材料明细账后送交财会部门。采用限额领料单，不仅节省大量凭证、简化核算手续，还可有效地监督材料消耗定额的执行，及时有效地控制材料的领用，促使用料部门合理、节约地使用材料，也便于仓库主动备料、送料。

四、材料发出的核算

为了进行材料的明细核算，应该按照材料的品种、规格设立材料收、发、存明细账，根据收、发料凭证和退料凭证登记收、发材料的数量和金额。材料收、发、存的日常核算，可以按照材料的实际成本进行，也可以先按照材料的计划成本进行计价，月末再将材料的计划成本根据材料成本差异率调整为实际成本。

(一)按实际成本计价材料发出的核算

在材料按实际成本计价时，材料明细账中的收、发、存的金额都应反映材料的实际成本，其中收入材料的金额，应根据按实际成本计价的收料凭证登记。当生产产品等领用材料时，可以采用加权平均法、个别辨认法、先进先出法等方法计算应该转入“生产成本”等账户的材料费用。月末，再根据发料凭证定期汇总编制发料凭证汇总表，并据以编制发料的会计分录。

由于会计核算手续比较复杂，按实际成本计价的方法通常只适用于材料品种较少、每月收料次数不多的企业。

(二)按计划成本计价材料发出的核算

材料在按计划成本计价的情况下，材料明细账中的收、发、存金额按材料的计划成本反映。采用计划成本核算的企业，还必须设置“材料成本差异”账户以反映材料的实际成本和计划成本的差异。月末再根据计算求得的材料成本差异率，将发出材料的计划成本调整为实际成本。将发料的计划成本调整为实际成本，需计算材料的成本差异率。其计算公式如下：

$$\frac{\text{材料成本}}{\text{差异率}}=\left(\frac{\text{月初结存材料}}{\text{成本差异}}+\frac{\text{本月收入材料}}{\text{成本差异}}\right)\div\left(\frac{\text{月初结存材料}}{\text{计划成本}}+\frac{\text{本月收入材料}}{\text{计划成本}}\right)\times 100\%$$

根据材料成本差异率和发出材料的计划成本，即可计算发出材料的成本差异和实际成本。其计算公式如下：

$$\text{发出材料成本差异}=\text{发出材料计划成本}\times\text{材料成本差异率}$$

$$\text{发出材料实际成本}=\text{发出材料计划成本}\pm\text{发出材料成本差异}$$

上列公式中的材料成本差异，如为超支差异，按正数计算，需要将发出材料的计划成本调高；如为节约差异，按负数计算，则需要调减发出材料的计划成本。

采用计划成本计价，可以大大简化平时的核算工作量，特别是材料收、发频繁的企业，同时也便于对材料的控制和计划完成情况进行考核。但是，为了保证发出材料实际成本计算的准确性，企业必须合理制定材料的计划成本。当实际成本变动较大时，应该及时调整计划成本。

五、材料费用分配的核算

(一)材料费用分配的原则

在进行材料费用分配时，应首先确定材料费用的分配对象。材料费用的分配对象应根据材料的用途确定。

1. 生产产品使用材料费用的分配

对于用于产品生产并构成产品主要实体或有助于产品形成的各种材料，其分配原则是直接材料费用直接记入、间接材料费用分配记入各成本计算对象的“直接材料”成本项目中。直接材料费用是指直接为生产某一种产品所耗用的材料，并能直接确定其归属对象；而间接材料费用是指几种产品共同耗用的某种材料，不能直接确定其归属对象，需采用简便合理的方法在几种产品中进行分配。

2. 生产中一般消耗材料费用的分配

对于生产车间和行政管理部门一般耗用材料，应分别记入“制造费用”和“管理费用”的相关项目中。

3. 其他材料费用的分配

除了生产过程中使用的材料外，对于发出的其他用途的材料，应根据其发生的具体用途，分别记入“在建工程”、“研发支出”等相关会计科目。

(二)材料费用的分配

企业在生产过程中耗费的材料，应按其用途进行分配。材料费用的分配是从整个企业的角度出发，不论是自制还是外购材料，其费用的分配都是根据审核后的领退料凭证，按照材料的具体用途进行。其中，直接用于产品生产的直接材料，应直接记入“生产成本——基本生产成本”科目，同时记入基本生产成本明细账中的“原材料”或“直接材料”成本项目；间接用于产品生产的材料，应先记入“制造费用”科目，期末，与其他制造费用一同分配记入“生产成本”成本项目；用于组织和管理生产的材料费用，记入“管理费用”科目，同时记入管理费用明细账中的“材料费用”项目；用于产品销售的材料费用，应记入“销售费用”科目，同时记入销售费用明细账中的“材料费用”项目；还有其他如用于建造固定资产的材料费用，计入在建工程支出。

【例3—1】 岭南公司材料采用计划成本计价，20×6年5月发料凭证汇总表如表3.3所示。

表3.3　发料凭证汇总表(岭南公司)

20×6年5月　　单位：元

应借科目		应贷科目					
		原材料—A		原材料—B		合　计	
		计划成本	成本差异(差异率：2%)	计划成本	成本差异(差异率：−1%)	计划成本	成本差异
生产成本——基本生产成本	1～10日	45 630.00	912.60	4 700.00	−47.00	50 330.00	865.60
	11～20日	11 760.00	235.20	6 500.00	−65.00	18 260.00	170.20
	21～31日	23 800.00	476.00	4 500.00	−45.00	28 300.00	431.00
	小　计	81 190.00	1 623.80	15 700.00	−157.00	96 890.00	1 466.80
制造费用	1～10日	8 200.00	164.00	950.00	−9.50	9 150.00	154.50
	11～20日	6 150.00	123.00	840.00	−8.40	6 990.00	114.60
	21～31日	5 200.00	104.00	680.00	−6.80	5 880.00	97.20
	小　计	19 550.00	391.00	2 470.00	−24.70	22 020.00	366.30
管理费用	1～10日	520.00	10.40			520.00	10.40
	11～20日	460.00	9.20			460.00	9.20
	21～31日	280.00	5.60			280.00	5.60
	小　计	1 260.00	25.20			1 260.00	25.20
合　计		102 000.00	2 040.00	18 170.00	−181.70	120 170.00	1 858.30

根据上述发料凭证汇总表，可以编制会计分录如下：

借：基本生产成本　　96 890.00
　　制造费用　　22 020.00
　　管理费用　　1 260.00
　贷：原材料　　120 170.00

借:基本生产成本　　1 466.80
　制造费用　　366.30
　管理费用　　25.20
　贷:材料成本差异　　1 858.30

直接材料费用的分配是指直接材料费用在不同产品之间的分配。一般而言,企业的领料单上都会直接注明使用该材料的具体产品。但是,当企业所生产的几种产品需要使用同一种材料,在几种产品共同领料而且无法区分各种产品的耗用量时,就需要将直接材料费用在各个产品之间进行分配。分配标准的选择是否合理,将直接影响成本计算的准确性。在选择分配标准时,应关注分配标准与生产费用之间是否具有直接或间接的因果关系。分配材料费用常见的分配标准有重量、体积、产品产量、定额耗用量、定额费用等。如果各种产品所共同耗用的材料与产品的重量、体积相关,也就是重量越重、体积越大的产品耗费的材料费用就越多,那么应按产品的重量、体积分配,如各种铁铸件、木制器、糖果类、食品类的产品都可采用该分配标准分配共同的材料费用。有些企业生产产品使用的辅助材料,如果与产品产量有关,也可采用产品产量进行分配。对于耗用在主要材料上的辅助材料,如电镀材料、油漆等,也可以按主要材料耗用比例或主要材料费用比例分配。如果各种产品所共同耗用的材料都定有消耗定额,则可采用定额耗用量或定额费用为标准进行分配。下面就以定额耗用量和定额费用为例,说明共同耗用材料费用的分配。

所谓定额耗用量,是指一定产量下按照消耗定额计算可以消耗的材料数量。消耗定额是指单位产品可以消耗的数量限额,通常是指现行比较先进的定额。定额费用是指定额耗用量与材料计划单价的乘积。其计算公式如下:

定额耗用量=产品产量×单位产品消耗定额

定额费用=定额耗用量×材料的计划单价

某种产品应分配的材料数量=该种产品的材料定额消耗量×材料消耗量分配率

某种产品应分配的材料费用=该种产品应分配的材料数量×材料实际单价或计划单价

【例 3—2】 岭南公司 5 月份生产甲、乙两种产品,共同耗用某种材料 3 100 千克,每千克计划成本为 6 元。甲产品的实际产量为 500 件,单位消耗定额为 2.5 千克;乙产品的实际产量为 200 件,单位消耗定额为 1.5 千克。如采用定额消耗量比例分配甲、乙两种产品应负担的材料成本,如表 3.4 所示。

表 3.4　　**共同耗用材料费用的分配表**

20×6 年 5 月

分配对象	产品产量	消耗定额	定额消耗量	分配率	实际耗用量分配	材料费用	
						计划单价	金额
(1)	(2)	(3)	(4)=(2)×(3)	(5)	(6)=(4)×(5)	(7)	(8)=(7)×(6)
甲产品	500	2.5	1 250.00	2	2 500.00	6	15 000.00
乙产品	200	1.5	300.00	2	600.00	6	3 600.00
合　计			1 550.00		3 100.00		18 600.00

在实际工作中，原材料的广义分配和狭义分配是通过原材料费用分配表进行的。这种分配表与材料核算人员编制的材料发料凭证汇总表相类似。但两者的目的不同：发料凭证汇总表是材料核算人员用于登记有关总账科目、进行材料发出的总分类核算的依据；而原材料费用分配表是成本核算人员用以登记有关成本、费用明细账，进行材料费用的明细核算的依据。因为这两张表编制的原始依据是相同的，所以为了减少核算工作量，可以互相利用。常见的方法是，材料核算人员根据领退料单汇总编制发料凭证汇总表，登记有关的总账科目，进行材料发出的总分类核算；然后将与成本、费用有关的领料单交给成本核算人员据以编制材料费用分配表，登记有关的成本、费用明细账，进行材料费用的明细核算。材料费用分配表的格式如表 3.5 所示。

表 3.5 **材料费用分配表**

20×6 年 5 月

单位：元

应借科目		成本费用项目	直接计入	分配计入					材料费用合计
总账及二级科目	明细科目			产量	单位消耗定额（千克）	定额耗用量（千克）	分配率	应分配材料费	
生产成本——基本生产成本	甲产品	直接材料	33 810.00	500	2.5	1 250.00		15 000.00	48 810.00
	乙产品	直接材料	14 580.00	200	1.5	300.00		3 600.00	18 180.00
	小　计	—	48 390.00		—	1 550.00	12	18 600.00	66 990.00
制造费用	基本车间	机物料消耗	4 600.00						4 600.00
管理费用		其他	2 500.00						2 500.00
合　计			55 490.00					18 600.00	74 090.00

根据表 3.5，编制材料费用分配分录如下：

借：基本生产成本——甲产品　　48 810.00
　　基本生产成本——乙产品　　18 180.00
　　制造费用　　4 600.00
　　管理费用　　2 500.00
　贷：原材料　　74 090.00

第二节　外购动力与折旧费用的归集与分配

一、外购动力费用分配的核算

（一）外购动力的归集

外购动力费用，是指企业为生产经营而耗用的外购电力、蒸汽等动力所支付的费用。外购动力有的直接用于产品生产（如生产工艺用电等），有的间接用于生产（如生产车间照明用电），有的则用于经营管理（如行政管理部门照明用电）。企业耗用的动力有的是企业辅助生产车间自行生产的，有的是从外单位购入的。由辅助生产车间生产的，则作为辅助生产费用进行归集。直接从外单位购入的动力，应按动力的用途和使用部门进行分配。为了加强对能源的核算和控制，直接用于生产的动力费用和燃料合设为一个成本项目，即“燃料及动力”成本项目。

（二）外购动力的分配

企业耗用的动力，按其用途主要可分为工艺用动力、传动用动力、组织和管理生产用动力。工艺用动力属于直接费用，在按产品分装仪表的情况下，应根据仪表所示耗用动力的数量和单价，直接记入“燃料及动力”成本项目；在没有按产品分装仪表的情况下，则可按生产工时、机器工时、定额耗用量和其他比例分配。传动用动力费是机器设备使用费的组成部分，按其性质应作为直接费用处理，但传动用动力费一般占产品制造成本的比重比较小而且较难按成本计算对象进行区分，因此一般作为间接费用记入“制造费用”。对于照明、取暖用电，则按其使用部门分别记入“制造费用”、“管理费用”等照明、取暖费用项目栏。外购动力费用的分配可编制“外购动力费用分配表”，见表 3.6。

表 3.6　　**外购动力费用分配表**

20×6 年 5 月　　单位：元

应借科目		成本费用项目	动力费用分配			电费分配	
总账及二级科目	明细科目		生产工时	分配率	分配金额	用电度数	分配金额（分配率 0.4）
生产成本——基本生产成本	甲产品	燃料及动力	38 500.00	0.3	11 550.00		
	乙产品	燃料及动力	25 460.00	0.3	7 638.00		
	小　计	—	63 960.00	—	19 188.00		
制造费用	基本车间	水电费				15 000.00	6 000.00
生产成本——辅助生产成本	供水车间	水电费				11 000.00	4 400.00
	供电车间	水电费				14 000.00	5 600.00
	小　计					25 000.00	10 000.00
管理费用		水电费				8 000.00	3 200.00
合　计		—	—	—	19 188.00	48 000.00	19 200.00

根据“外购动力费用分配表”，可编制如下分录：

借：基本生产成本——甲产品　　11 550.00
　　基本生产成本——乙产品　　7 638.00
　　辅助生产成本　　10 000.00
　　制造费用　　6 000.00
　　管理费用　　3 200.00
　　贷：银行存款（或应付账款）　　38 388.00

二、固定资产折旧费用的核算

（一）固定资产折旧费用的归集

固定资产的价值将随着其使用而逐渐地转移到产品的制造成本中，这个过程我们称之为"折旧"。从其性质看，固定资产的折旧费用是一种基本费用。但是，由于一般企业折旧费用在产品成本中所占的比重不大，且大多数企业固定资产的使用与多种产品有关，如房屋以及各种通用的设备，因此为了简化成本核算，折旧费用一般作为间接费用核算。

固定资产的折旧费用通常按发生地点进行归集，计入产品成本的折旧费用一般不单独设成本项目，而是作为制造费用的项目，和其他费用一起分配计入产品成本。具体而言，企业基本生产车间使用的固定资产，其计提的折旧应记入"制造费用"；管理部门使用的固定资产，其计提的折旧应记入"管理费用"；销售部门使用的固定资产，其计提的折旧应记入"销售费用"；自行建造固定资产过程中使用的固定资产，其计提的折旧应记入"在建工程"；经营租出的固定资产，其计提的折旧应记入"其他业务成本"；未使用的固定资产，其计提的折旧应记入"管理费用"。

(二)固定资产折旧费用的分配

对固定资产折旧费用进行分配，可设置"固定资产折旧费用分配表"，如表 3.7 所示。

表 3.7 **固定资产折旧费用分配表**

20×6 年 5 月

单位:元

应借科目	车间部门	4 月折旧额	5 月增加折旧额	5 月减少折旧额	5 月计提折旧额
制造费用	基本生产车间	2 850.00	250.00	200.00	2 900.00
生产成本——辅助生产成本	供水车间	1 530.00	220.00	180.00	1 570.00
	供电车间	1 420.00	200.00	—	1 620.00
	小　计	2 950.00	420.00	180.00	3 190.00
管理费用	行政管理部门	1 650.00	230.00	100.00	1 780.00
销售费用	销售机构	1 560.00	210.00	150.00	1 620.00
合　计		9 010.00	1 110.00	630.00	9 490.00

根据"固定资产折旧费用分配表"，可编制如下会计分录：

借:制造费用　　2 900.00
　　辅助生产成本　　3 190.00
　　管理费用　　1 780.00
　　销售费用　　1 620.00
　　贷:累计折旧　　9 490.00

第三节　工资费用的归集与分配

一、工资费用的组成

企业为获得职工提供的服务而给予各种形式的报酬以及其他相关支出总称为职工薪酬。职工薪酬主要包括以下内容：

(一)工资、奖金、津贴、补贴

这是指构成工资总额的计时工资和计件工资、支付给职工的超额劳动报酬和增收节支的劳动报酬、为了补偿职工特殊或额外的劳动消耗和因特殊原因支付给职工的津贴,以及为了保证职工工资水平不受物价影响支付给职工的物价补贴等。

(二)职工福利费

这主要是指尚未实行医疗统筹的企业职工的医疗费用、职工因公负伤赴外地就医路费、职工生活困难补助,以及按照国家规定开支的其他福利支出。

(三)"五险一金"

它主要是指企业按照国务院相关条例和地方政府规定的范围与标准,为职工缴纳的社会保险费(包住养老保险费、医疗保险费、失业保险费、工伤保险费、生育保险费)和住房公积金。

(四)工会经费、职工教育经费

它是指企业为了改善职工文化生活,为职工学习先进技术和提高文化水平、业务素质,用于开展工会活动和职工教育及职业技能培训等相关支出。

(五)非货币性福利

非货币性福利,通常包括企业以自己的产品或外购商品发放给职工作为福利,企业提供给职工无偿使用自己拥有的资产或租赁资产供职工无偿使用,企业为职工无偿提供类似医疗保健等服务,如无偿提供给高级管理人员使用的住房、以低于成本的价格向职工出售住房等。

(六)因解除与职工劳动关系给予的补偿(即辞退福利)

它是指由于分离办社会职能实施重组、改组计划,职工不能胜任等原因,企业在职工劳动合同尚未到期之前解除与职工的劳动关系,或者为鼓励职工自愿接受裁减而提出补偿建议的计划中给予职工的经济补偿。

二、工资费用的原始记录

职工薪酬总额中的职工福利费、"五险一金"以及工会经费和职工教育经费都是根据工资总额的一定比例提取的,因此,人工费用核算的基础是健全有关工资计算的基础工作。企业应按照劳动工资制度的规定,根据考勤记录、工时记录、产量记录、工资标准、工资等级等,编制"工资单"(也称工资结算单、工资表、工资计算表等),计算各种工资。"工资单"的格式和内容由企业根据实际情况自行规定。

(一)考勤记录

考勤记录是登记职工出勤、缺勤时间和情况的原始记录。它是企业计算职工工资和分配人工费用的依据。完善考勤记录,对于加强企业劳动管理、提高出勤率和工时利用率,从而提高企业劳动生产率都有重要意义。

考勤记录的形式有考勤簿和考勤卡片两种。考勤簿是按车间、部门或生产小组设置,由考勤人员根据各单位在册人员的编号、姓名逐日登记职工的出勤和缺勤时间,月末对该月个人出勤情况进行归类汇总登记。如有人员变更(包括级别职务变更、人员迁入迁出等),应根据人事部门的通知,在考勤簿上做出相应的调整。

考勤记录也可以采用考勤卡片的形式。考勤卡片是按职工分别设置，每年一张，在每年年初或职工录用时开设，若有人员变更，应根据人事部门的通知，将卡片在内部单位之间进行转移或注销。考勤卡片的内容和项目与考勤簿相同。月终仍然需要考勤人员负责汇总统计出每位职工全月的出勤情况。

除上述两种考勤形式外，还有些单位根据企业的具体情况，采用翻牌法、移牌法或打卡机打卡计时等方法进行考勤。不论采用何种形式，其考勤的内容和项目基本相同。月末，车间和部门的考勤人员将考勤登记汇总后，由车间、部门负责人签章，连同有关证明文件送交工资核算部门，据以计算职工应付工资。

(二)产量和工时记录

产量和工时记录是登记每一位工人或生产小组在出勤时间内完成产品的数量、质量和生产产品耗用工时数量的原始记录。它是统计产量和工时、计算计件工资的依据，也是考核工时定额、明确生产工人的责任、考核劳动生产率的依据。

由于生产特点和管理要求不同，产量和工时记录在不同行业、企业和车间或班组的具体格式、内容和登记程序也不尽相同，一般有工作通知单、工序进程单和产量通知单等。

1. 工作通知单

工作通知单在实务中也称派工单、工票，它是对每个工人或生产班组按照每项作业或每道工序签发，用以分派生产任务，并记录其产量和工时的原始记录。

工作通知单适用于单件小批生产的企业或车间，以及个别的、一次性的工作。这些工作的个别性和特殊性比较显著，即使是同一个工人在同一月份，甚至是同一天的工作内容也不尽相同，因此需要每天分派生产任务。工作通知单同时起到了派工的作用。工人按照单内的要求完成工作后，将产品连同工作通知单一并交付给检验人员验收，签章后工作通知单就可作为计算计件工资的依据。

2. 工序进程单和工作班产量报告

工序进程单，也叫工序单、多工序工票、加工路线单等，它是以加工的产品为对象而开设的产量和工时记录，可用以分派生产任务，记录每道工序的产量、实际工时和完成的定额工时。

工序进程单适用于成批生产的企业或车间。在成批生产的情况下，加工的产品需要按顺序经过一系列加工工序，在完成一道工序之后，工序进程单要随着加工物一起移交下一道工序，并顺次记录各道工序加工的实际产量和所耗工时，以及加工物在各工序之间转移的数量。

由于一批加工物往往需要经过几个班组甚至几个车间的加工才能完成，这样就可能出现一张工序进程单上登记了几个班组或车间的产量和工时，或者是一个班组或车间的产量和工时分别登记在几张工序进程单中。为了集中反映一个班组或车间的全部产量和工时，工序进程单通常需要与工作班产量报告结合起来使用。

工作班产量报告也称工作班报告，它是按生产班组开设的，反映一个班组的产品产量和所耗用的工时。

3. 产量通知单

产量通知单是登记一个生产班组每个生产工人完成的产量和所耗工时的原始记录。它主要适用于大量生产的企业或车间。在产品大量生产的情况下，每一班组或工人每日的工作基本相同，因此只需要在工作班工作结束时，由检验员根据验收结果填制产量通知单，并以此作为统计产量、工时和计算工资的依据。

除上述这些记录之外，在核算人工费用时，可能还需要填制一些其他凭证，如废品通知单、停工通知单以及各种奖金和津贴发放通知单等。在月终结算工资费用之前，这些原始记录必须送交财会部门，以便准确结算工资。

三、工资费用的计算

合理分配人工费用的基础在于工资费用的计算是否准确。企业可以根据实际情况采用不同的工资制度，最基本的工资制度包括计时工资制和计件工资制。

(一)计时工资的计算

计时工资是指按计时工资标准(包括地区生活费补贴)和工作时间支付给个人的劳动报酬。

企业的计时工资是根据考勤记录登记的每一职工的出勤和缺勤天数，按照规定的工资标准计算的。工资标准有按月计算的月薪，也有按日计算的日薪或按小时计算的小时工资。我国的企业一般采用月薪制。在月薪制下，每月的标准工资相同。

在月薪制下，计时工资的计算有两种方法：

应付月计时工资＝月标准工资－缺勤天数×日工资率－病假天数×日工资率×扣款率

或

应付月计时工资＝实际出勤天数×日工资率＋病假天数×日工资率×(1－扣款率)

公式中的日工资率，按照《关于职工全年月平均工作时间和工资折算问题的通知》(劳社部发[2008]3号)的规定："法定节假日用人单位应当依法支付工资，即折算日工资、小时工资时不剔除国家规定的11天法定节假日。"据此，日工资、小时工资的折算公式及标准如下：

日工资＝月工资收入÷月计薪天数

小时工资＝月工资收入÷(月计薪天数×8小时)

月计薪天数＝(365天－104天)÷12月＝21.75天

【例3—3】 岭南公司某工人的月工资标准为1 800元。5月份该工人事假2天，病假3天。根据该工人的工龄，其病假工资按工资标准的80%计算。该工人病假、事假期间没有节假日。该工人5月份的工资可计算如下：

日工资率＝1 800÷21.75＝82.76(元)

应付工资＝1 800－2×82.76－3×82.76×(1－80%)＝1 584.82(元)

(二)计件工资的计算

计件工资是指对已完成工作按计件单价支付的劳动报酬。按照结算对象不同，分为个人计件工资和集体计件工资。

1. 个人计件工资的计算

个人计件工资应根据产量和工时记录中登记的每个工人完成的实际工作量(如产量)，乘以规定的计件单价计算。计算公式如下：

应付计件工资＝产量×单价

注意，完成的产量中如果有废品，则需要分析产生废品的原因。若是由材料本身质量原因造成的，即料废，应该照常付工资；若是工废，即工人本人过失造成的，就不能支付工资，而且还会向过失人索取赔偿。

产品的计件单价是根据生产单位产品所需耗用的工时定额和该级工人的小时工资率计算求得：

计件单价＝工时定额×小时工资率

【例3—4】 岭南公司生产的甲、乙两种产品都由六级工人加工。甲产品的工时定额为50分钟，乙产品的工时定额为30分钟。六级工的月标准工资为1 800元。某六级工某月完成的甲、乙两种产品的产量分别为600件和800件。该六级工的计件单价计算如下：

甲产品的计件单价＝50÷60×1 800÷30÷8＝6.25(元)

乙产品的计件单价＝30÷60×1 800÷30÷8＝3.75(元)

该六级工的计件工资＝600×6.25＋800×3.75＝6 750(元)

2. 集体计件工资的计算

集体计件工资是根据某一集体完成工作量的多少和计件单价计算，并与集体进行结算的工资。集体计件工资与个人计件工资的计算方法相同。但是，在采用集体计件工资的情况下，应先按集体完成的工作量和计件单价计算集体应得的计件工资总额，然后在集体内部各工人之间按照贡献大小进行分配。通常可按每人的工资标准和工作日数(或工时数)的乘积作为标准进行分配。

【例3—5】 一班组由三位不同等级的工人组成，他们5月份共同完成了若干项工作任务，共得集体计件工资18 030.60元。该集体各成员的工资等级、工作日数以及每人应得计件工资如表3.8所示。

表3.8 **集体计件工资分配表**

班组：一班组 20×6年5月

工人姓名	工资等级	月标准工资	实际工作日数	分配标准	分配率	个人应得计件工资
		(1)	(2)	(3)＝(2)×(1)	(4)	(5)
张　三	6	1 800.00	25	45 000.00	0.162	7 290.00
李　四	5	1 400.00	26	36 400.00	0.162	5 896.80
王　五	4	1 300.00	23	29 900.00	0.162	4 843.80
合　计	—	—	—	111 300.00	—	18 030.60

四、工资费用的汇总和分配

企业当期的人工费用总额并非全部计入产品成本。根据《企业会计准则》，企业应当在职工为其提供服务的会计期间，将应付的职工薪酬确认为负债，除因解除与其劳动关系给予的补偿外，应当根据职工提供服务的受益对象，分别按下列情况处理：

(1)应由生产产品、提供劳务负担的职工薪酬，计入产品成本或劳务成本，即只有与企业生产产品或提供劳务有关的人员的薪酬，才可以计入产品制造成本。

(2)应由在建工程、无形资产负担的职工薪酬，计入建造固定资产或无形资产成本。

(3)除此之外的其他职工薪酬，计入当期损益。

应由产品或劳务负担的职工薪酬，根据其计入产品成本的程序和方式，又可分为直接人工费用和间接人工费用。直接人工费用是指直接从事产品生产而发生的人工费用，可以直接计入产品成本。在成本计算单上，“直接人工”这个项目单独列示，形成产品成本的一个重要组成部分，即为直接人工成本。间接人工费用是指为组织和管理生产活动而发生的人工费用。间接人工费用应先按其发生地点归集于制造费用，通过分配再计入产品生产成本，单独列入成本计算单中的“制造费用”这个成本项目，形成产品成本中的间接人工成本。

在应计入产品成本的直接人工费用中，由于采用的工资形式和产品品种数量的不同，其计入产品成本的方式也不相同。在采用计件工资的形式下，生产工人的计件工资一般是直接计入费用，可以按照不同的成本计算对象直接计入产品成本。在采用计时工资时，则需要酌情处理。如果生产车间只生产一种产品，则该车间汇总的生产工人的工资就可以直接计入成本计算对象；如果该车间生产多种产品，则需要将直接人工费用在各成本计算对象之间进行分配，一般可以采用实际工时或定额工时进行分配。按实际工时比例分配，能使产品的工资支出与劳动生产率的水平联系起来。在没有实际工时记录的情况下，可采用定额工时比例进行分配。其计算公式如下：

直接人工费用分配率＝本期发生的直接人工费用÷各种产品耗用的实际工时(或定额工时)之和

某产品应负担的直接人工费用＝直接人工费用分配率×该产品耗用的实际工时(或定额工时)

为了分配人工费用，月末应按部门根据工资结算单和有关的生产工时记录编制“人工费用分配汇总表”，如表 3.9 所示。

表 3.9　　**人工费用分配汇总表**

20×6 年 5 月　　单位：元

应借科目		直接计入	分配计入			工资合计	其他职工薪酬	职工薪酬总计
总账及二级科目	明细科目		分配标准(工时)	分配率	应分配工资费用			
生产成本——基本生产成本	甲产品	34 000.00	1 700.00	—	34 000.00	68 000.00	10 200.00	78 200.00
	乙产品	28 000.00	1 180.00	—	23 600.00	51 600.00	7 740.00	59 340.00
	小　计	62 000.00	2 880.00	20	57 600.00	119 600.00	17 940.00	137 540.00
制造费用	基本车间	25 880.00				25 880.00	3 882.00	29 762.00
生产成本——辅助生产成本	供水车间	27 660.00				27 660.00	4 149.00	31 809.00
	供电车间	24 860.00				24 860.00	3 729.00	28 589.00
	小　计	52 520.00				52 520.00	7 878.00	60 398.00
管理费用	行政管理	34 000.00				34 000.00	5 100.00	39 100.00
销售费用	销售机构	28 000.00				28 000.00	4 200.00	32 200.00
在建工程		11 500.00				11 500.00	1 725.00	13 225.00
合　计		213 900.00			57 600.00	271 500.00	40 725.00	312 225.00

根据“人工费用分配汇总表”，可编制如下会计分录：

借：基本生产成本	137 540.00	
辅助生产成本	60 398.00	
制造费用	29 762.00	
管理费用	39 100.00	
销售费用	32 200.00	
在建工程	13 225.00	
贷：应付职工薪酬		312 225.00

第四节　辅助生产费用的归集与分配

一、辅助生产费用核算的意义

在一些规模较大的制造企业中，除了生产产品的基本生产车间外，还设有另一类被称作辅助生产车间的服务部门。这一类服务部门，实际上是为保证产品生产的正常进行而向基本生产提供服务的生产车间，如为基本生产车间供电、供水，提供运输劳务、修理作业等服务，以及为基本生产从事工具、模具、夹具、修理用备件等的制造。服务部门的劳务和产品有时也可对外销售，但必须以首先满足企业内部需要为前提条件。因此，对外销售不是设立服务部门的主要目的，它主要是为本企业内部服务的。

企业的服务部门发生的费用称为服务部门费用，简称服务费用。在制造企业中所发生的服务部门的费用通常被称为辅助生产费用。这些服务部门在提供服务的过程中，会发生各种资源的耗费，如原材料费用、工资费用、固定资产折旧费、水电费、办公费、劳动保护费、保险费等。辅助生产车间所发生的各种耗费，即构成辅助生产车间提供劳务或产品的成本。由于辅助生产车间主要是为基本生产提供服务的，所以辅助生产费用中的大部分应计入产品制造成本。然而，其中相当大的一部分费用不能直接计入产品成本，只能先计入制造费用，再分配计入产品制造成本。可见，服务费用归集和分配的正确与否，将会影响到产品成本计算的准确性。为了准确地反映各部门耗用劳务和作业的情况，必须将辅助生产费用在各个受益部门之间进行合理的分配。

二、辅助生产费用的归集

辅助生产费用的归集和分配，是通过设置“辅助生产成本”账户进行的。该账户的借方反映辅助生产车间所发生的一切生产耗费，既包括各辅助生产车间发生的直接费用，也包括辅助生产车间为组织和管理生产活动而发生的各种间接费用，以及在辅助生产车间相互提供劳务、作业的情况下，各受益的辅助生产车间按受益量比例而转入应承担的费用；该账户的贷方反映服务费用的分配，登记各辅助生产车间向受益部门提供服务成本的转出数，以及完工入库的工具、模具等产品生产成本的转出数；期末如有借方余额，则为辅助生产车间的在产品成本。“辅助生产成本”账户一般应按车间以及劳务、作业和产品的种类设立明细账，在明细账内按规定的项目设立专栏，进行明细核算。辅助生产车间发生的制造费用有两种处理方法：一种是先通过“制造费用”账户的借方进行归集，然后再从其贷方分配转入“辅助生产成本”账户的借方；另一种是不通过“制造费用”账户核算，由于辅助生产车间规模较小、制造费用很少，且不对外提供服务或产品，为了简化核算工作，制造费用也可以直接记入“辅助生产成本”账户。本教材对辅助生产车间的制造费用是按后一种方法处理的。

辅助生产成本明细账的格式见表3.10和表3.11。

表3.10　　**辅助生产成本明细账**

车间：供电车间　　20×6年5月

日期	凭证号	摘要	燃料	工资薪酬	机物料消耗	折旧费	保险费	办公费	水电费	其他	合　计
（略）	（略）	领用燃料	43 000.00								43 000.00
		应付职工薪酬等		25 000.00							25 000.00
		领用辅助材料等			8 000.00						8 000.00
		计提折旧				25 000.00					25 000.00
		分摊保险费					10 000.00				10 000.00
		支付办公费						11 000.00			11 000.00
		支付水电费							9 000.00		9 000.00
		支付其他费用								19 000.00	19 000.00
		合 计	43 000.00	25 000.00	8 000.00	25 000.00	10 000.00	11 000.00	9 000.00	19 000.00	150 000.00

表3.11　　**辅助生产成本明细账**

车间：供电车间　　20×6年5月

日期	凭证号	摘要	原材料	燃料及动力	工资薪酬	折旧费	低值易耗品摊销	保险费	办公费	水电费	其他	合　计
（略）	（略）	领用材料	30 000.00									30 000.00
		燃料及动力费		65 000.00								65 000.00
		应付职工薪酬等			34 000.00							34 000.00
		计提折旧				35 000.00						35 000.00
		领用工具等					6 000.00					6 000.00
		分摊保险费						12 000.00				12 000.00
		支付办公费							13 000.00			13 000.00
		支付水电费								17 000.00		17 000.00
		支付其他费用									28 000.00	28 000.00
		合 计	30 000.00	65 000.00	34 000.00	35 000.00	6 000.00	12 000.00	13 000.00	17 000.00	28 000.00	240 000.00

辅助生产车间费用归集的总分类核算会计分录如下：

借：辅助生产成本　　×××

　　贷：原材料　　×××

　　　　材料成本差异　　×××

　　　　应付职工薪酬　　×××

　　　　累计折旧　　×××

　　　　预付账款　　×××

应付账款　　×××

银行存款等　　×××

三、辅助生产费用的分配

辅助生产费用的分配方法主要有直接分配法、顺序分配法和交互分配法等。

(一)直接分配法

直接分配法也是辅助生产费用分配的基本方法,这是一种不考虑各个辅助生产车间之间互相提供服务(劳务或作业)的情况,而是将辅助生产车间所发生的费用直接分配给辅助生产车间以外的各受益部门(产品)负担的方法。

在该法下,凡是能确认各受益部门(产品)应承担数额的辅助生产费用,则可以直接计入该部门(产品)的成本费用中;凡属各部门(产品)共同发生的辅助生产费用,则可按各部门(产品)的受益量进行分配。其分配公式如下:

$$\text{某受益部门(产品)应负担的辅助生产费用}=\text{该受益部门(产品)接受服务(劳务或作业)的受益量}\times\text{该种服务(劳务或作业)的单位成本}$$

【例3—6】 浦新实业公司设有供电、供水两个辅助生产车间,其20×6年5月发生的服务费用和向各受益部门提供服务的资料如表3.12所示。

表3.12　　辅助生产车间资料表

供应部门受益单位	供电车间供电量(度)	供水车间供水量(立方米)
供电车间	—	5 000.00
供水车间	2 500.00	—
第一基本生产车间	15 000.00	28 000.00
第二基本生产车间	36 000.00	40 000.00
行政管理部门	9 000.00	7 000.00
合 计	62 500.00	80 000.00
本月发生的服务费用(元)	150 000.00	240 000.00

采用直接分配法编制服务费用分配表如表3.13所示。

表3.13　　辅助生产费用分配表(直接分配法)

20×6年5月　　单位:元

分配部门受益单位	供电车间	供水车间	合 计
待分配费用	150 000.00	240 000.00	390 000.00
劳务、作业总量	60 000.00	75 000.00	—
计量单位	千瓦小时	立方米	—
劳务、作业单位成本	2.50	3.20	—

续表

分配部门受益单位		供电车间	供水车间	合　计
第一基本生产车间	耗用量	15 000.00	28 000.00	—
	金　额	37 500.00	89 600.00	127 100.00
第二基本生产车间	耗用量	36 000.00	40 000.00	—
	金　额	90 000.00	128 000.00	218 000.00
行政管理部门	耗用量	9 000.00	7 000.00	—
	金　额	22 500.00	22 400.00	44 900.00

在表3.13中，由于辅助生产车间内部（即供水车间和供电车间）相互之间提供的服务不分配费用，因而其单位成本只需用待分配费用总额除以对外提供的服务总量求得，不包括辅助生产车间相互之间提供的服务量。

由于辅助生产车间大多是为基本生产车间服务的，因此这一部分服务费用应先分配转入"制造费用"账户，然后随同其他制造费用一起分配计入产品制造成本。

根据表3.13辅助生产费用分配表的分配结果，可编制如下会计分录：

借：制造费用——第一基本生产车间　　127 100.00
　　　　　　——第二基本生产车间　　218 000.00
　　管理费用　　44 900.00
　贷：辅助生产成本——供电车间　　150 000.00
　　　　　　　　——供水车间　　240 000.00

采用直接分配法，由于不考虑各辅助生产车间之间相互提供服务的情况，只需进行一次分配即可将辅助生产费用全部分配计入辅助生产车间之外的各受益部门（产品）的费用或成本中，因而这种分配方法简便易行。但由于辅助生产车间之间相互耗用的劳务不负担费用，因而分配结果的准确性受到一定程度的影响。所以，直接分配法一般只适用于各辅助生产车间之间互相提供劳务作业不多，或辅助生产车间只对基本生产车间等外部部门（产品）提供服务的情况。

（二）顺序分配法

顺序分配法也称阶梯分配法，是按辅助生产车间施惠量和受益量多少的顺序分配辅助生产费用的一种分配方法。该法的分配思路是：首先为各辅助生产车间按照施惠量或受益量的大小排序，施惠最大、受益最小的排在第一位；施惠最小、受益最大的排在最后一位。排在前面的辅助生产车间的费用分给排在后面的辅助生产车间；排在后面的辅助生产车间的费用不再分给排在前面的辅助生产车间。

【例3—7】　现仍以【例3—6】中的资料为例，采用顺序分配法分配辅助生产车间费用。假设供水车间施惠大、受益小，排列在前；供电车间施惠小、受益大，排列在后。采用顺序分配法编制服务费用分配表如表3.14所示。

表 3.14　**辅助生产费用分配表(顺序分配法)**

20×6 年 5 月　　单位:元

分配部门受益单位		供水车间	供电车间	合　计
待分配费用		240 000.00	165 000.00	405 000.00
劳务、作业总量		80 000.00	60 000.00	—
计量单位		立方米	千瓦小时	—
劳务、作业单位成本		3.00	2.75	—
供水车间	耗用量	—	—	—
	金　额	—	—	—
供电车间	耗用量	5 000.00	—	—
	金　额	15 000.00	—	15 000.00
第一基本生产车间	耗用量	28 000.00	15 000.00	—
	金　额	84 000.00	41 250.00	125 250.00
第二基本生产车间	耗用量	40 000.00	36 000.00	—
	金　额	120 000.00	99 000.00	219 000.00
行政管理部门	耗用量	7 000.00	9 000.00	—
	金　额	21 000.00	24 750.00	45 750.00

表 3.14 中费用分配率计算如下:

水费分配率=240 000÷80 000=3.00(元/立方米)

电费分配率=(150 000+15 000)÷(62 500−2 500)=2.75(元/度)

根据表 3.14,可编制会计分录如下:

借:制造费用——第一基本生产车间　　125 250.00
　　　　　　——第二基本生产车间　　219 000.00
　　辅助生产成本——供电车间　　15 000.00
　　管理费用　　45 750.00
　　贷:辅助生产成本——供水车间　　240 000.00
　　　　　　　　　　——供电车间　　165 000.00

采用顺序分配法能有重点地反映辅助生产车间之间交互服务的关系,分配结果较直接分配法合理。但是,由于这种方法使得排列在前的辅助生产车间费用的归集不完整,导致辅助生产车间之间交互服务的关系反映不全面,交互分配则不够充分,从而使分配结果的准确性也受到一定的影响。顺序分配法只适用于各辅助生产车间施惠和受益程度有明显顺序的企业。在各辅助生产车间的分配顺序确定以后,一般不宜经常变动。

(三)交互分配法

服务费用的交互分配法,是指企业中各个辅助生产车间之间相互提供服务,其提供的数量还比较大,所以服务费用的分配不仅要考虑对辅助生产车间外部各受益部门进行分配,而且还应考虑对辅助生产车间内部各受益部门进行分配的方法。交互分配法具体有一次交互分配法、计划成本分配法和代数分配法三种。

1. 一次交互分配法

采用一次交互分配法，辅助生产车间之间应先根据相互提供服务的数量和交互分配前的费用分配率进行一次交互分配，然后各辅助生产车间再将交互分配后的实际费用对辅助生产车间之外的各受益部门进行直接分配。其分配程序可分两步进行。

第一步为交互分配阶段。首先，根据各辅助生产车间提供服务的总量以及所发生的服务费用总额，计算交互分配前的单位服务成本（即费用分配率）；其次，根据各辅助生产车间的受益量和单位服务成本进行一次交互分配。其计算公式如下：

$$\text{交互分配前单位服务成本（交互分配率）}=\text{该辅助生产车间的生产费用}\div\text{该辅助生产车间提供劳务的总数量}$$

$$\text{某辅助生产车间应负担的服务费用}=\text{该辅助生产车间耗用的服务量}\times\text{交互分配前单位服务成本（费用分配率）}$$

第二步为对外分配阶段。首先，要将交互分配前的服务费用加上交互分配时从其他辅助生产车间分配转入的费用，减去交互分配时本辅助生产车间分配转出的费用，计算交互分配后的实际费用；其次，按照辅助生产车间外部各部门受益量的比例对外部各受益部门进行直接分配，辅助生产车间内部不再分配。其计算公式如下：

$$\text{交互分配后的实际费用}=\text{交互分配前的费用}+\text{交互分配转入费用}-\text{交互分配转出费用}$$

$$\text{交互分配后的单位服务成本（对外分配率）}=\text{交互分配后的实际费用}\div\text{为辅助生产车间以外的受益单位提供劳务总数量}$$

$$\text{外部某受益部门应负担的服务费用}=\text{该受益部门耗用的服务量}\times\text{某辅助生产车间交互分配后的单位服务成本}$$

【例 3—8】 仍以【例 3—6】中的资料为例，采用一次交互分配法分配辅助生产车间费用。采用一次交互分配法编制服务费用分配表如表 3.15 所示。

表 3.15　　辅助生产费用分配表（一次交互分配法）

20×6 年 5 月　　单位：元

分配部门受益单位		交互分配			直接分配		
		供电车间	供水车间	小计	供电车间	供水车间	小计
待分配费用		150 000.00	240 000.00	390 000.00	159 000.00	231 000.00	390 000.00
劳务、作业总量		62 500.00	80 000.00	—	60 000.00	75 000.00	—
计量单位		千瓦小时	立方米	—	千瓦小时	立方米	—
劳务、作业单位成本		2.40	3.00	—	2.65	3.08	—
供电车间	耗用量	—	5 000.00	—	—	—	—
	金　额	—	15 000.00	15 000.00	—	—	—
供水车间	耗用量	2 500.00	—	—	—	—	—
	金　额	6 000.00	—	6 000.00	—	—	—

续表

分配部门受益单位		交互分配			直接分配		
		供电车间	供水车间	小计	供电车间	供水车间	小计
第一基本生产车间	耗用量	—	—	—	15 000.00	28 000.00	—
	金　额	—	—	—	39 750.00	86 240.00	125 990.00
第二基本生产车间	耗用量	—	—	—	36 000.00	40 000.00	
	金　额	—	—	—	95 400.00	123 200.00	218 600.00
行政管理部门	耗用量	—	—	—	9 000.00	7 000.00	—
	金　额	—	—	—	23 850.00	21 560.00	45 410.00
分配金额合计		6 000.00	15 000.00	21 000.00	159 000.00	231 000.00	390 000.00

表 3.15 中的有关数据计算如下：

交互分配前供电单位服务成本＝150 000÷62 500＝2.40(元/度)

供水车间应负担的服务费用＝2 500×2.40＝6 000(元)

交互分配前供水单位服务成本＝240 000÷80 000＝3.00(元/立方米)

供电车间应负担的服务费用＝5 000×3.00＝15 000(元)

供电车间交互分配后的单位服务成本＝(150 000＋15 000－6 000)/60 000
＝2.65(元/度)

第一基本生产车间应负担的服务费用＝15 000×2.65＝39 750(元)

第二基本生产车间应负担的服务费用＝36 000×2.65＝95 400(元)

行政部门应负担的服务费用＝9 000×2.65＝23 850(元)

供水车间交互分配后的单位服务成本＝(240 000＋6 000－15 000)/75 000
＝3.08(元/立方米)

第一基本生产车间应负担的服务费用＝28 000×3.08＝86 240(元)

第二基本生产车间应负担的服务费用＝40 000×3.08＝123 200(元)

行政部门应负担的服务费用＝7 000×3.08＝21 560(元)

根据表 3.15 的分配结果，可编制会计分录如下：

借：制造费用——第一基本生产车间　125 990.00
　　　　　——第二基本生产车间　218 600.00
　　管理费用　45 410.00
　　辅助生产成本——供电车间　15 000.00
　　　　　　　——供水车间　6 000.00
　贷：辅助生产成本——供电车间　165 000.00
　　　　　　　　——供水车间　246 000.00

从以上计算过程可以看出，一次交互分配法实际上是交互分配与直接分配相结合的方法。由于辅助生产车间内部相互提供服务进行了交互分配，因而提高了分配结果的准确性，同时该种方法易于理解和操作。但由于各种辅助生产费用都要计算两个费用分配率，进行两次分配，因此增加了一定的工作量。

2. 计划成本分配法

计划成本分配法又称内部结算价格分配法，它是先按提供劳务、作业的计划单位成本和各受益部门实际接受劳务、作业的受益量进行分配，然后再将计划分配额与实际费用的差额进行调整分配的一种辅助生产费用的分配方法。计划成本分配法可分两步进行分配。

第一步为计划成本分配阶段。它是根据企业已确定的计划单位成本和各受益部门（包括辅助生产车间）的受益量进行分配。各受益部门所承担的计划成本可按以下公式计算：

某受益部门应负担的计划成本＝该受益部门实际受益量×该种服务的计划单位成本

第二步为调整分配阶段，或称追加（或追减）分配。它需将各辅助生产车间实际发生的费用与各辅助生产车间按计划成本分配转出费用之间的成本差异，对辅助生产车间以外的各受益部门进行调整分配。

【例 3—9】 现仍以例【3—6】中的资料为例，采用计划成本分配法分配辅助生产车间费用。假设该公司供电部门的计划单位成本为 2.60 元/度，供水部门的计划单位成本为 3.20 元/立方米。采用计划成本分配法编制服务费用分配表如表 3.16 所示。

表 3.16　　辅助生产费用分配表（计划成本分配法）

20×6 年 5 月　　单位：元

分配部门受益单位		计划成本分配			调整分配			分配金额
		供电车间	供水车间	小计	供电车间	供水车间	小计	
待分配费用		150 000.00	240 000.00	390 000.00	3 500.00	−9 500.00	−6 000.00	—
劳务、作业总量		62 500	80 000	—	60 000	75 000	—	—
计量单位		千瓦小时	立方米	—	千瓦小时	立方米	—	—
计划单位成本		2.60	3.20	—	0.058 33	−0.126 67	—	—
供电车间	耗用量	—	5 000	—	—	—	—	—
	金　额	—	16 000.00	16 000.00	—	—	—	16 000.00
供水车间	耗用量	2 500	—	—	—	—	—	—
	金　额	6 500.00	—	6 500.00	—	—	—	6 500.00
第一基本生产车间	耗用量	15 000	28 000	—	15 000	28 000	—	—
	金　额	39 000.00	89 600.00	128 600.00	874.95	−3 546.76	−2 671.81	125 928.19
第二基本生产车间	耗用量	36 000	40 000	—	36 000	40 000	—	—
	金　额	93 600.00	128 000.00	221 600.00	2 099.88	−5 066.80	−2 966.92	218 633.08
行政管理部门	耗用量	9 000	7 000	—	9 000	7 000	—	—
	金　额	23 400.00	22 400.00	45 800.00	525.17	−886.44	−361.27	45 438.73
合　计		162 500.00	256 000.00	418 500.00	3 500.00	−9 500.00	−6 000.00	412 500.00

注：由于保留小数位的关系，行政管理部门成本分配额及调整分配额，以待分配费用总额减去其他部门分配额计算得出。

在所列的辅助生产费用分配表中，辅助生产车间实际成本和成本差异的计算如下：

供电实际成本＝150 000＋16 000＝166 000（元）

供电成本差异＝166 000－162 500＝3 500(元)

供水实际成本＝240 000＋6 500＝246 500(元)

供水成本差异＝246 500－256 000＝－9 500(元)

根据服务费用分配表(计划成本分配法)的分配结果，应编制如下会计分录：

借：制造费用——第一基本生产车间　　125 928.19
　　　　　　——第二基本生产车间　　218 633.08
　　管理费用　　45 438.73
　　辅助生产成本——供电车间　　16 000.00
　　　　　　　　——供水车间　　6 500.00
　贷：辅助生产成本——供电车间　　166 000.00
　　　　　　　　　——供水车间　　246 500.00

在计划成本分配法下，如果成本差异比较小，为了简化起见，也可将其全部计入管理费用，不再进行调整分配。

采用计划成本分配法分配辅助生产费用，核算工作比较及时、简便。同时，通过计划成本和实际成本的比较分析，可及时了解各辅助生产车间费用超支和节约的原因，从而有利于控制和考核各辅助生产车间费用发生情况。但该法比较适用于计划成本基础较好的企业，计划成本的制定不能脱离实际太远，否则将失去其核算的意义。

3. 代数分配法

代数分配法是通过建立多元一次方程组，求出各辅助生产车间提供劳务、作业的单位成本，并据以分配各辅助生产费用的一种方法。这种分配方法的关键是建立多元一次方程组。该方程组是由若干个多元一次方程式组成，有几个辅助生产车间就有几个方程式。该方程式的左边表示该辅助生产车间生产费用的归集额。它包括两个部分：一是各辅助生产车间内所发生的费用；二是交互分配后分进来的费用。该等式的右边表示各辅助生产费用的分配额。

【例 3－10】 现仍以【例 3－6】中的资料为例，采用代数分配法分配辅助生产费用。分配计算如下：

假设供电车间每度电的成本为 X，供水车间每立方米水的成本为 Y。

建立联立方程式如下：

方程式 1：$150\ 000+5\ 000Y=62\ 500X$

方程式 2：$240\ 000+2\ 500X=80\ 000Y$

解上述方程式，求得：

$X=2.646\ 616\ 54$；$Y=3.082\ 706\ 76$

根据以上求得的电和水的单位成本以及各部门的受益量，即可编制服务费用分配表如表 3.17 所示。

表 3.17　辅助生产费用分配表(代数分配法)

20×6 年 5 月　　单位：元

分配部门受益单位	供电车间	供水车间	分配金额
劳务、作业供应总量	62 500	80 000	—

续表

分配部门受益单位		供电车间	供水车间	分配金额
计量单位		千瓦小时	立方米	—
劳务、作业单位成本		2.646 616 54	3.082 706 76	—
供电车间	耗用量	—	5 000	—
	金 额	—	15 413.53	15 413.53
供水车间	耗用量	2 500	—	—
	金 额	6 616.54	—	6 616.54
第一基本生产车间	耗用量	15 000	28 000	—
	金 额	39 699.25	86 315.79	126 015.04
第二基本生产车间	耗用量	36 000	40 000	—
	金 额	95 278.20	123 308.27	218 586.47
行政管理部门	耗用量	9 000	7 000	—
	金 额	23 819.55	21 578.95	45 398.50
合 计		165 413.54	246 616.54	412 030.08

根据表 3.17 的分配结果，可编制会计分录如下：

借：辅助生产成本——供电车间 15 413.53

——供水车间 6 616.54

制造费用——第一基本生产车间 126 015.04

——第二基本生产车间 218 586.47

管理费用 45 398.50

贷：辅助生产成本——供电车间 165 413.54

——供水车间 246 616.54

代数分配法是最精确的一种辅助生产费用分配方法。但在辅助生产车间较多、数据复杂的情况下，解方程组的工作量较大。如果企业能借助于计算机来完成方程组的求解，该法将不失为一种较好的方法。

第五节 制造费用的归集与分配

一、制造费用的归集

制造费用是指企业各个生产单位（事业部、分厂、车间）为生产产品或提供劳务而发生的各项间接费用和没有专设成本项目的直接生产费用（如机器设备的折旧费、动力费、保险费以及工具和模具的摊销费等）。当生产车间生产不止一种产品时，制造费用发生时一般无法直接判断它所归属的成本计算对象，因而不能直接计入所生产的产品成本中，它必须按费用发生的地点先行归集；月终时，再采用一定的方法在各种计算对象之间进行分配，然后才能计入各种成本计算对象的成本中。

制造费用是通过设立费用项目进行归集的。制造费用的明细项目，可按费用的经济性质分类，也可按费用的经济用途设置，但为了便于各企业之间以及企业不同时期之间进行制造费用的分析和考核，应根据制造费用发生的内容，规定统一的明细项目。制造费用的明细项目主要包括职工薪酬、机物料消耗、折旧费、动力费、经营性租赁费、保险费、照明费、取暖费、水电费、办公费、劳动保护费、差旅费、设计制图费、试验检验费，以及在产品盘亏、毁损和报废（减盘盈），季节性和修理期间的停工损失等。

为了总括地反映企业在一定时期内发生的制造费用及其分配情况，应设置“制造费用”总分类账户，其借方归集企业在一定时期内发生的全部制造费用，贷方反映制造费用的分配，月末一般无余额。制造费用还应按不同的车间、部门设立明细账，账内按照费用的明细项目设立专栏或专户，分别反映各车间、部门各项制造费用的支出情况，以便各车间、部门经理能对其车间、部门的制造费用负责，也便于高层管理部门评价车间、部门经理控制成本的业绩。制造费用明细账的格式如表3.18所示。

表3.18　　制造费用明细账

车间：第一生产车间　　20×6年5月

日期	凭证号	摘要	工资薪酬	机物料消耗	折旧费	保险费	办公费	水电费	经营性租赁费	合　计
（略）	（略）	应付职工薪酬等	15 000.00							15 000.00
		领用辅助材料等		2 800.00						2 800.00
		计提折旧			5 000.00					5 000.00
		分摊保险费				2 000.00				2 000.00
		支付办公费					21 000.00			21 000.00
		支付水电费						1 200.00		1 200.00
		应付租赁费用							1 900.00	1 900.00
		合　计	15 000.00	2 800.00	5 000.00	2 000.00	21 000.00	1 200.00	1 900.00	48 900.00

制造费用归集的总分类核算的会计分录如下：

借：制造费用——第一生产车间　　48 900.00
　贷：应付职工薪酬　　15 000.00
　　原材料　　2 800.00
　　累计折旧　　5 000.00
　　预付账款　　2 000.00
　　应付账款　　1 900.00
　　银行存款等　　22 200.00

应该注意的是，无论是基本生产车间还是辅助生产车间所承担的制造费用，在月末最终都必须分配计入产品制造成本中。

二、制造费用的分配

合理分配制造费用的关键在于正确选择分配标准。在选择分配标准时，应考虑的原则是，分配标准的资料必须比较容易取得，并且与制造费用之间存在客观的因果比例关系。

对于制造费用的分配计算，应按照生产单位分别编制制造费用分配明细表，根据该表的分配结果，登记各产品成本计算单，以反映各产品成本应承担的制造费用，同时还应根据制造费用明细表，汇总编制企业制造费用分配汇总表，据以进行制造费用分配的总分类核算。

制造费用的分配方法可分为实际分配率法、预算分配率法和累计分配率法三大类。

(一)实际分配率法

采用实际分配率法，应根据各车间和分厂归集的制造费用和耗用分配标准总量，分别计算出各车间和分厂的制造费用分配率，然后根据制造费用分配率和各产品耗用的分配标准量计算出各产品应负担的制造费用。其分配的计算公式如下：

制造费用分配率＝该生产单位本期归集的制造费用总额÷该生产单位本期分配标准总量

$$\begin{matrix}\text{某种(批、类)产品应}\\\text{负担的制造费用}\end{matrix}=\begin{matrix}\text{该生产单位的}\\\text{制造费用分配率}\end{matrix}\times\begin{matrix}\text{该种(批、类)产品}\\\text{耗用的分配标准}\end{matrix}$$

按实际分配率法分配制造费用，通常以生产工人工时、生产工人工资和机器工时为分配标准。

【例 3－11】 三洋公司 20×6 年 3 月第一生产车间发生的制造费用为 390 000 元，该车间本月生产甲、乙两种产品，甲产品的生产工时为 8 000 小时，乙产品的生产工时为 5 000 小时，以生产工人工时为标准分配制造费用。第一生产车间的制造费用分配详见表 3.19。

表 3.19 **制造费用分配表**

车间：第一生产车间 20×6 年 3 月

对方账户	生产工人工时	分配率	分配金额
基本生产成本			
甲产品	8 000	30	240 000.00
乙产品	5 000	30	150 000.00
合　计	13 000		390 000.00

根据上述制造费用分配表，可作如下会计分录：

借：基本生产成本——甲产品　　240 000.00

　　　　　　　　——乙产品　　150 000.00

　贷：制造费用　　390 000.00

月末在进行制造费用分配后，制造费用账户无余额。

(二)预算分配率法

预算分配率法，也称年度计划分配法，是按照各生产单位年度的制造费用预算和计划产量的定额工时事先确定的预算分配率分配制造费用的方法。其计算公式如下：

$$\text{某生产单位的制造费用预算分配率}=\text{全年制造费用的预算总额}\div\text{全年各种产品计划产量的定额工时之和}$$

$$\text{某种(批、类)产品应负担的制造费用}=\text{该生产单位制造费用预算分配率}\times\text{该种(批、类)产品当月实际产量的定额工时数}$$

采用预算分配率法，不论各月实际发生的制造费用是多少，每月计入各产品制造成本的制造费用都是按预算分配率分配的。对各月按预算分配率分配的制造费用与实际发生的制造费用之间的差额，月末不进行调整分配。这样，年内各月末“制造费用”账户就会有余额，余额可能在借方，也可能在贷方，借方余额表示超过计划的预付费用，贷方余额表示按照计划应付而未付的费用。对于制造费用账户的余额，平时（1～11月）保留在账上不作处理。年终，制造费用全年实际发生数与分配数的差额，除其中属于为下一年开工生产做准备的可留待下一年分配外，其余部分实际发生额与分配额的差额按已分配的比例一次分配计入12月份的各产品制造成本中，调增或调减当年产品的成本。实际发生额大于分配额的差额，借记“基本生产成本”科目，贷记“制造费用”科目；实际发生额小于分配额的差额，做相反的会计分录。年终，除季节性的生产性企业外，“制造费用”账户应无余额。

【例3—12】 三洋公司第一基本生产车间全年制造费用预算额为1 154 600元。全年各种产品的计划产量为：甲产品2 200件，乙产品1 500件；单件产品的工时定额为：甲产品8小时，乙产品5小时。假定第一基本生产车间4月份的实际产量为：甲产品180件，乙产品120件。4月份制造费用分配计算如下：

预算分配率＝1 154 600÷(2 200×8＋1 500×5)＝46

4月份甲产品应负担制造费用＝46×(180×8)＝66 240(元)

4月份乙产品应负担制造费用＝46×(120×5)＝27 600(元)

该车间4月份应分配转出的制造费用＝66 240＋27 600＝93 840(元)

4月份“制造费用”账户借方实际发生额为92 000元，贷方根据预算分配率转出制造费用93 840元，贷方余额1 840元，即多分配数，平时不予调整。

假定到本年末，采用预算分配率法已分配制造费用1 160 000元，其中甲产品已分配760 000元，乙产品已分配400 000元。全年实际发生制造费用1 146 080元，则多分配13 920元。假定该企业为非季节性生产企业，则年末应进行调整冲回，具体计算如下：

调整分配率＝－13 920÷1 160 000＝－0.012

甲产品多分配的制造费用＝(－0.012)×760 000＝－9 120(元)

乙产品多分配的制造费用＝(－0.012)×400 000＝－4 800(元)

调整分配会计分录如下：

借：基本生产成本——甲产品	－9 120.00	
——乙产品	－4 800.00	
贷：制造费用——第一基本生产车间		－13 920.00

采用预算分配率法，制造费用可以不用等到会计期末就能分配到各批次(种、类)产品成本中，在一定程度上简化了分配手续，便于及时计算产品成本。这种方法还特别适用于季节性生产的企业。因为在这种制造企业中，生产旺季和淡季的产量悬殊，而各月制造费用却相差不多，如果按实际费用分配，会导致各月产品制造成本水平波动太大，使淡季成本水平偏

高，而旺季则偏低，从而不利于成本分析工作的进行。

但是，由于预算分配率是在费用实际发生前确定的，因此要求企业必须有较高的计划工作和定额管理的水平，否则年度制造费用的计划数脱离实际太远，就会影响成本计算的正确性。

（三）累计分配率法

累计分配率法是指将发生的各项制造费用先分别累计起来，到产品完工时，再按累计分配率和完工产品的累计工时数（或其他分配标准）分配给完工批别的一种方法。对尚未完工的各产品批别应负担的间接计入费用，仍然留在原成本费用账中，待产品完工后，与新发生的费用一起累计后再分配。假定制造费用按工时进行分配，其计算公式如下：

$$\begin{array}{c}\text{某生产单位制造}\\\text{费用累计分配率}\end{array}=\left(\begin{array}{c}\text{制造费用}\\\text{期初余额}\end{array}+\begin{array}{c}\text{本期制造}\\\text{费用发生额}\end{array}\right)\div\left(\begin{array}{c}\text{期初分配}\\\text{标准累计数}\end{array}+\begin{array}{c}\text{本期发生的}\\\text{分配标准量}\end{array}\right)$$

$$\begin{array}{c}\text{某批已完工产品}\\\text{应负担的制造费用}\end{array}=\begin{array}{c}\text{该生产单位制造费用}\\\text{累计分配率}\end{array}\times\begin{array}{c}\text{该批完工产品分配}\\\text{标准的累计数}\end{array}$$

如果企业生产周期较长（1 个月以上），产品生产批次较多，每月完工产品批次只占全部产品批次的一部分，那么，为了简化制造费用的分配计算和登账工作，可采用累计分配率法分配制造费用。累计分配率法的具体方法将在第五章产品成本计算的分批法中进一步阐述。

应该注意的是，上述制造费用的分配方法都是假定数量是唯一的成本动因，因而过分地简化了成本的产生过程。在过去高度人工密集型的企业里，对成本动因所作的这种假定不会严重地歪曲产品的成本。因为在生产中涉及的主要成本是材料和人工，两者均可直接追溯至生产的单位数，而制造费用作为生产成本中的“杂项集合体”则并不重要（仅有极少的机器需要折旧和极低的服务成本）。然而，随着新制造环境的出现，情况则是大大地不同了。由于自动化意味着更高的折旧费用、动力和其他同机器有关的费用，大多数制造成本均落入制造费用之范畴。在这种情况下再假定人工“驱动”制造费用将导致不准确的产品成本计算。

微信扫码获取
名师精讲

管理会计师官方服务号 管会教育

第四章

生产费用在完工产品与在产品之间的划分

案例：

A火力发电厂是将煤、油、天然气等化学能变成电能的工厂。在生产过程中，要不断将热能转换为机械能，就能周而复始完成装置的循环，将热能转换为电能，同时必须不断供给燃料、空气和循环的工质——水。该生产技术过程不能间断，没有在产品和半成品。该厂根据自身特点采用品种法计算产品成本。

B钢铁厂有炼铁、炼钢、轧钢三个基本生产车间。炼铁车间生产的生铁包括炼钢生铁和锰铁，其中炼钢生铁全部供应本厂炼钢车间耗用，锰铁全部对外销售，成本管理上要求分别计算炼钢生铁和锰铁的成本。炼钢车间以炼钢生铁为原材料，生产高碳钢锭、低碳钢锭，供应本厂轧钢车间轧制钢材。该厂根据管理要求采用分步法计算产品成本。

C飞机制造厂国内外客户较多，为保证质量按期交货，该厂根据客户需求（如种类、型号、交货日期等）和订单，采用分批法组织生产，长期以来保证与客户签订的买卖契约如实履行，成就了业内良好声誉。

D公司是一家食品加工企业，生产产品主要有：肉制品——腌腊肉制品、酱卤肉制品、熏烧烤肉制品、熏煮香肠火腿制品、发酵肉制品；酒类——啤酒、白酒；面粉——全麦粉、标准粉、饺子粉等。各种产品由不同车间进行生产，考虑产品生产周期是否一致、生产步骤是否相同、所用原材料是否一样等因素，该企业采用分类法计算产品成本。

E公司是高档衬衫生产厂商，衬衫厂有800台机器，分成10个组，每组有一套完整工序——从衬衫的第一道工序做到最后一道工序。该厂对每组确定生产定额2 000件，但具体根据情况不同有所调整。该厂每天大约生产12 000件衬衫。其中生产1件衬衫要经过5道工序，每道工序需要10个步骤，结束时半成品需要检验。生产过程中工人带着产品到检验站去检验，如有瑕疵发还给负责人。该厂采用品种法计算产品成本。

思考题：

(1)上述5个厂根据各自的生产特点和管理要求确定的成本计算方法是否合理？

(2)试分析它们的生产特点和管理要求有什么不同，以及对各厂的成本计算方法会产生什么影响。

(3)根据你的看法,结合所学知识,你认为各厂应该采用哪种成本计算方法呢?

第一节　在产品及其数量的核算

一、完工产品与在产品

(一)完工产品的定义

完工产品有广义与狭义之分。狭义的完工产品是指已经完成全部生产过程、随时可供销售的产品,即产成品;广义的完工产品不仅包括产成品,还包括完成某个生产阶段已由生产车间交付半成品仓库,但尚未完成全部生产过程,有待进一步加工的自制半成品。

在产品与完工产品的关系,是指在产品与完工产品在承担费用(划分产品成本)方面的关系。

(二)在产品的定义

企业的在产品也有狭义和广义之分。狭义的在产品是指在生产车间内进行加工制造的在制品,以及正在返修的返工品和虽已完成本车间生产但尚未验收入库的产品。广义的在产品是从整个企业范围来说,它不仅包括狭义的在产品,还包括已经完成部分加工阶段,由中间仓库验收,但还需继续加工的半成品,以及等待返修的废品。对于不准备在本企业继续加工、等待对外销售的自制半成品,应作为商品产品,不应列入在产品。除非特别注明,本章所述及的在产品均为狭义的在产品。

二、在产品数量的核算

(一)在产品控制的核心工作

产品成本是对象化的生产费用,产品成本和计入产品成本的生产费用在经济内容上是完全一致的。

对在产品实物数量的核算,主要包括在产品收发结存的日常核算和在产品的清查两项工作。做好这两项工作,不仅可以从账面上随时掌握在产品的动态,还可以查清在产品的实际数量。这对于正确计算产品成本、加强生产资金管理和保护企业财产的安全,都具有十分重要的意义。

为了加强在产品的控制,做好在产品实物数量的日常管理工作,企业应抓好以下几项主要工作:

1. 建立健全各项原始凭证和原始记录制度

对于产品生产过程中发生的在产品投入、产出、转移、入库、送验和报废等都应该填制原始凭证,如实反映在产品的动态和结存情况。如产品投产,应该根据开出的生产任务书填制限额领料单,并在规定的限额内向仓库领料;在产品在各工序之间转移时,应填制产量凭证,并据此办理在产品的转移手续。在产品在转移过程中如发生短缺、毁损或报废,应填制短缺单或报废单。

2. 建立健全在产品台账制度

为进行在产品收发结存的日常核算,应分别车间按产品品种和在产品的名称(如零件、部件的名称)设立“在产品收发结存账”,以便用来反映各种在产品的收入、发出和结存的数量。在实际工作中,这种账簿也叫在产品台账。根据生产工艺特点与管理需要,在按生产车间设置在产品台账的情况下,可在各台账中按每一道工序分设栏目,反映各工序的收发结存数量。简化的在产品台账格式如表 4.1 所示。

表 4.1　　在产品台账

零件名称:　　　　车间名称:

日　期	摘　要	收　入		发　出		结　存	
		凭证号	数量	合格品	废品	完工	未完工
1月10日		68	100	75	1	—	20
2月10日		101	120	80	1	15	—
		⋮	⋮	⋮	⋮	⋮	⋮
	合　计		600	230	6	102	15

3. 抓好在产品的交接工作

对于在产品的每次转移,都要办理必要的交接手续,做到笔笔填制凭证,道道点数把关,环环交接清楚,以加强在产品的流转控制。

4. 加强半成品仓库的管理

加强半成品管理,是保证各个生产车间、各道工序正常生产的关键。要做好半成品仓库的管理工作,首先,应该严格执行半成品的收入、发出和保管制度,保证在半成品入库、出库时正确清点数量,填制半成品收发凭证,并且根据凭证及时完整地登记半成品明细账,定期进行账实核对。其次,应加强对半成品存货的管理,合理制定最高存货水平和最低存货水平。此外,还应建立半成品成套性检查制度,保证各种零件和部件在产品进行装配时能够配套供应,以提高生产效率,减少不必要的浪费和损失。

5. 加强在产品的盘点工作

为了正确确定在产品的实物数量,在进行在产品收发结存数量核算的同时,还必须对在产品定期或不定期地进行清查盘点,及时发现在产品的盈亏情况,以确保在产品账面数量与实物数量相符合。清查后,应根据盘点结果,编制在产品盈亏报告,查明盈亏原因并及时进行处理。

(二)完工产品和在产品生产费用的分配方法

在产品计价,即在产品成本的计算。合理地划分完工产品与在产品成本是正确计算完工产品成本的前提。

生产费用在完工产品与在产品之间的分配方法,从在产品成本确定的先后顺序上看,主要有两种类型:一是先确定月末在产品成本,然后确定完工产品成本;二是完工产品成本与在产品成本同时确定,也就是将本月生产费用与月初在产品费用之和,按一定比例在完工产品与月末在产品之间进行分配,不分先后地计算出完工产品成本和月末在产品成本。无论采用哪类方法,都必须先取得有关在产品实物数量的核算资料。

(三)在产品盘盈盘亏的账务处理

在产品发生盘盈时,应根据盈亏报告借记"生产成本——基本生产成本"账户,贷记"待处理财产损溢"账户;经报批准核销时,借记"待处理财产损溢"账户,贷记"制造费用"账户。

在产品发生盘亏和毁损时,应借记"待处理财产损溢"账户,贷记"生产成本——基本生产成本"账户。经报批准核销时,应根据不同原因和责任,分别予以处理,从"待处理财产损溢"账户的贷方转入各有关账户的借方。其中,由于意外灾害造成的非常损失,转入"营业外支出"账户的借方;应由过失人或保险公司赔偿的损失,转入"其他应收款"账户的借方;属于车间正常的生产损耗,转入"制造费用"账户的借方。

第二节 生产费用在完工产品与在产品之间分配的方法

生产费用在完工产品与在产品之间的分配,是产品成本计算工作中一个重要而复杂的问题。企业应根据月末结存在产品数量的多少、月末在产品数量变化的大小、月末在产品价值的大小、在产品成本中各项费用比重的大小,以及企业定额管理基础工作的扎实与否等方面的因素,采用适当的分配方法。常用的分配方法有以下几种:

一、定额比例法

当企业各月末在产品数量结存波动比较大时,可以采用定额比例法。定额比例法是按完工产品与在产品的定额耗用量(或定额成本)作为分配标准,求得单位定额耗用量(或定额成本)的实际分配率,然后根据分配率计算完工产品和月末在产品成本的一种方法。它适用于定额管理基础较好、各项消耗定额比较健全且稳定、各月末在产品数量变动较大的产品。在具体按成本项目进行分配时,对于"直接材料"成本项目,如果产品只耗用一种材料,可按直接材料的定额耗用量或定额成本比例进行分配,但如果产品耗用的直接材料不止一种时,由于各种直接材料的单位成本不可能完全相符,就必须按定额成本的比例进行分配。对于"直接人工"与"制造费用"成本项目,按定额耗用量和定额成本比例进行分配的结果是相同的,由于定额耗用量资料容易取得,所以一般均按定额耗用量比例进行分配。

采用定额比例法分配费用与在产品按定额成本计价的区别在于:在产品按定额成本计价,其实际成本与定额成本的差异全部由完工产品成本负担;而在采用定额比例法分配的情况下,产品实际成本脱离定额成本的差异,则按完工产品和月末在产品的定额消耗量或定额成本的比例分摊。因此,按定额比例法划分完工产品与在产品的总成本,可以减少由于月初、月末在产品数量波动对完工产品成本准确性的影响。

各成本项目费用分配率和分配额的计算公式如下:

(一)费用分配率的计算

费用分配率=(月初在产品费用+本月生产费用)÷(本月完工产品定额耗用量或定额成本+月末在产品定额耗用量或定额成本)

(二)完工产品成本的计算

完工产品某项目实际成本=该项目费用分配率×完工产品该项目定额耗用量(成本)

(三)在产品成本的计算

月末在产品某项目实际成本＝该项目费用分配率×月末在产品该项目定额耗用量(成本)

为更清晰地掌握上述公式,请解读以下一道例题:

【例4—1】 胜利公司20×6年4月份生产完工乙产品600件,月末结存在产品100件,加工程度达80%。乙产品有关定额资料如下:

(1)材料在生产开始时一次投入;

(2)单位产品直接材料定额成本:200元;

(3)单位产品工时消耗定额:15小时。

4月初在产品实际成本和本月发生的生产费用如表4.2所示。

表4.2 乙产品月初在产品实际成本和本月生产费用 单位:元

	直接材料	直接人工	制造费用	合　计
月初在产品成本	46 160.00	4 000.00	6 580.00	56 740.00
本月生产费用	107 840.00	18 440.00	28 100.00	154 380.00

根据以上资料,分配完工产品与在产品成本可直接在产品成本计算单中进行,如表4.3所示。

表4.3 产品成本计算单

产品名称:乙产品 20×6年4月 单位:元

摘　要	直接材料	直接人工	制造费用	合　计
月初在产品成本	46 160.00	4 000.00	6 580.00	56 740.00
本月生产费用	107 840.00	18 440.00	28 100.00	154 380.00
合　计	154 000.00	22 440.00	34 680.00	211 120.00
完工产品定额	120 000.00	9 000.00	9 000.00	
月末在产品定额	20 000.00	1 200.00	1 200.00	
小　计	140 000.00	10 200.00	10 200.00	
分配率	1.1	2.2	3.4	
完工产品成本	132 000.00	19 800.00	30 600.00	182 400.00
完工产品单位成本	220.00	33.00	51.00	304.00
月末在产品成本	22 000.00	2 640.00	4 080.00	28 720.00

第一步:计算各项分配率。

直接材料分配率＝154 000÷(600×200＋100×200)＝1.1

直接人工分配率＝22 440÷(600×15＋100×80%×15)＝2.2

制造费用分配率＝34 680÷(600×15＋100×80%×15)＝3.4

第二步:计算完工产品和月末在产品的直接材料成本。

完工产品直接材料成本＝1.1×120 000＝132 000(元)

月末在产品直接材料成本＝1.1×20 000＝22 000(元)

二、约当产量比例法

约当产量比例法是指生产费用按照完工产品数量与月末在产品约当产量的比例分配计算完工产品成本与月末在产品成本的一种方法。所谓约当产量，是指将月末在产品数量按其投料程度和加工程度折算为相当于完工产品的数量(也就是完工程度为100%的约当产量)，本月完工产品产量与月末在产品约当产量之和，称为约当总产量，简称约当产量。约当产量比例法适用范围较广泛，当月末在产品数量较大，而且变化也大，不宜采用其他分配方法时，采用此种方法尤为合适。

采用约当产量比例法计算分配完工产品与在产品成本时，在产品的投料程度和完工程度的测定，对于费用分配的正确性影响很大。在实际工作中，材料投入和产品加工情况千差万别，需要根据具体情况分别计算投料程度和完工程度。下面介绍投料程度和完工程度的确定方法。

(一)投料程度的确定

原材料在生产开始时一次投入，则每件在产品与每件完工产品的原材料消耗相同，其在产品投料程度也为100%，“直接材料”成本项目不需要计算月末在产品约当产量，可按照完工产品数量与在产品数量的比例进行分配。

原材料在生产过程中随生产加工进度陆续投入，在产品的投料程度与完工程度的计算方法相同，参见以下述及的加工程度的计算方法。

原材料分工序投入，并在每道工序开始时一次投入。其计算公式如下：

某道工序上的在产品投料程度＝至本工序为止的累计材料消耗定额÷完工产品材料消耗定额

【例4—2】 胜利公司B产品由两道工序制成，其原材料分工序在每道工序开始时一次投入。有关原材料消耗定额、在产品数量资料，以及投料程度、约当产量的计算如表4.4所示。

表4.4　　**分工序投料约当产量计算表**

工序	原材料消耗定额(千克)	月末在产品数量(件)	在产品投料程度	在产品约当产量(件)
1	30	160	30/50×100%＝60%	160×60%＝96
2	20	100	(30＋20)/50×100%＝100%	100×100%＝100
合　计	50	260		196

如果B产品本月完工534件，月初在产品直接材料成本和本月发生的直接材料费用合计为3 650元。假设月末在产品按加权平均法计价，则直接材料成本分配计算如下：

直接材料约当产量单位成本＝3 650÷(534＋196)＝5.00(元)

完工产品应负担的直接材料成本＝5.00×534＝2 670(元)

月末在产品应负担的直接材料成本＝5.00×196＝980(元)

(二)完工程度的确定

如果企业生产进度比较均衡,月末在产品在各工序加工数量都相差不多的情况下,为简化核算,月末在产品的完工程度均可按 50%计算。后面各工序在产品多加工的程度可以抵补前面各工序少加工的程度。

如果月末在产品各工序加工数量不均衡,则必须根据各工序在产品的累计工时定额占完工产品工时定额数的比率,分别计算各工序在产品的完工程度,其计算公式如下:

某道工序在产品完工程度=(前面各工序工时定额之和+本工序工时定额×50%)÷产品工时定额

上述公式中,对于上一道工序已加工完成,其工时定额都以 100%计入;本道工序工时定额均按 50%计算,是因为该工序中各件在产品的加工程度虽然不同,但为简化起见,对本工序的加工程度一般不逐一测定,都按平均加工 50%计算。

【例 4—3】 兴旺工厂生产的 C 产品,其单件工时定额为 10 小时,经两道工序制成,其各工序工时定额分别为 6 小时和 4 小时。1 月份 C 产品完工 2 000 件,各工序在产品数量为:第 1 道工序 500 件,第 2 道工序 300 件。月初在产品和本月发生的制造费用合计为 23 900 元。其制造费用分配计算如下:

第 1 道工序完工程度=(6×50%)÷10=30%

第 2 道工序完工程度=(6+4×50%)÷10=80%

第 1 道工序在产品约当产量=500×30%=150(件)

第 2 道工序在产品约当产量=300×80%=240(件)

月末在产品约当产量总数=150+240=390(件)

制造费用约当产量单位成本=23 900÷(2 000+390)=10(元)

完工 C 产品负担的制造费用=10×2 000=20 000(元)

月末在产品负担的制造费用=10×390=3 900(元)

(三)完工产品成本的结转

制造企业发生的生产费用,采用前述方法在各成本计算对象之间以及完工产品与月末在产品之间分配后,就可以计算出各种完工产品的实际成本,为完工产品结转的账务处理提供了可靠的依据。

制造业的完工产品,包括产成品、自制材料、自制工具和模具等。根据产品成本计算单所提供的完工产品的实际成本,从“生产成本——基本生产成本”账户的贷方转入各有关账户的借方。其中,完工入库产成品的成本,应转入“库存商品”账户的借方;完工入库自制半成品、自制材料、自制工具和模具的成本,应分别转入“自制半成品”、“原材料”和“低值易耗品”账户的借方。“生产成本——基本生产成本”账户的期末余额,就是基本生产尚未加工完成的各项在产品的成本。

以上是对约当产量比例法的简单介绍,下文将继续给出具体方法。在约当产量比例法下,具体还可采用加权平均法和先进先出法划分完工产品与月末在产品成本。

1. 加权平均法

在加权平均法下,先计算月初在产品成本与本月发生的生产费用之和,然后以月末在产品的约当产量和本月完工产品的产量为权数,求得约当产量的加权平均单位成本,再据以计算出本月完工产品成本和月末在产品成本。

【例4—4】 兴旺工厂生产A产品，1月份结存在产品40件，加工程度60%；本月投产360件；本月完工产量为200件，月末在产品100件，加工程度为50%。A产品所耗直接材料在生产开始时投入全部材料的60%，当加工程度达到80%时，再投入其余的直接材料。A产品月初在产品成本为：直接材料700元，直接人工70元，制造费用160元；本月生产费用为：直接材料8 400元，直接人工1 400元，制造费用2 000元。

根据上述资料，采用约当产量比例法，完工A产品和月末在产品成本计算步骤和公式演示如下：

(1)直接材料成本的分配：

月末在产品约当产量＝100×60%＝60(件)

约当产量单位成本＝(700＋8 400)÷(200＋60)＝35(元)

完工产品应负担的直接材料成本＝200×35＝7 000(元)

月末在产品应负担的直接材料成本＝60×35＝2 100(元)

(2)直接人工成本的分配：

月末在产品约当产量＝100×50%＝50(件)

约当产量单位成本＝(70＋1 400)÷(200＋50)＝5.88(元)

完工产品应负担的直接人工成本＝200×5.88＝1 176(元)

月末在产品应负担的直接人工成本＝50×5.88＝294(元)

(3)制造费用的分配：

月末在产品约当产量＝100×50%＝50(件)

约当产量单位成本＝(160＋2 000)÷(200＋50)＝8.64(元)

完工产品应负担的制造费用＝200×8.64＝1 728(元)

月末在产品应负担的制造费用＝50×8.64＝432(元)

(4)计算完工产品成本和月末在产品成本：

200件完工A产品成本＝7 000＋1 176＋1 728＝9 904(元)

月末在产品成本＝2 100＋294＋432＝2 826(元)

加权平均法的核算手续比较简单，但是在加权平均法下，由于约当产量单位成本是加权平均成本，其实质是一种“混合”成本，不能如实地反映本期的实际成本水平。

(1)加权平均法的约当产量计算

按约当产量比例法分配完工产品与在产品成本的计算公式为：

月末在产品约当产量＝月末在产品结存数量×在产品加工程度(或投料程度)

(2)加权平均法的约当产量单位成本计算

约当产量单位成本＝(月初在产品成本＋本月生产耗费)÷(完工产品数量＋月末在产品约当产量)

(3)加权平均法的完工产品成本计算

完工产品成本＝完工产品产量×约当产量单位成本

(4)加权平均法的在产品成本计算

月末在产品成本＝月末在产品约当产量×约当产量单位成本

2. 先进先出法

约当产量加权平均法计算的成本不能如实反映本期的实际成本水平，所以，当上月与本月成本水平差异较大时，上月产品成本水平就会对本月月末在产品成本产生一定的影响。因此，还可根据企业实际情况，对月末在产品采用先进先出法计价。

先进先出法假设生产的产品按投入生产的时间先后顺序完工。在此假设之下，月初在产品应先于本月投产产品完工。在产品生产周期小于1个月的情况下，月初在产品将在本月全部完工。因此，月初在产品成本应全部计入本月完工产品成本，而本月发生的生产费用只在本月产品与月末在产品之间进行分配，月末在产品成本不再受上月成本水平的影响，也就能够比较客观地反映本月的成本水平。

在先进先出法下，约当产量只包括本月实际加工或投料的生产量，而不包括月初在产品在上月加工或投料的生产量。也就是说，约当产量只与本月发生的生产费用有关，而与月初在产品成本无关。其具体计算公式如下：

(1)先进先出法的约当产量计算

本月完工产品约当产量＝月初在产品在本月加工(或投料)的约当产量＋本月投产本月完工产品数量

其中：

月初在产品在本月加工(或投料)的约当产量＝月初在产品数量×[1－上月加工(或投料)程度]

本月投产本月完工产品数量＝本月投产数量－月末在产品数量

或

本月投产本月完工产品数量＝本月完工产品数量－月初在产品数量

月末在产品约当产量＝月末在产品数量×月末在产品加工(或投料)程度

(2)先进先出法的约当产量单位成本计算

约当产量单位成本＝本月发生的生产费用÷(本月完工产品产量＋月末在产品约当产量)

(3)先进先出法的完工产品成本计算

本月完工产品成本＝月初在产品成本＋本月生产费用－月末在产品成本

或

本月完工产品成本＝月初在产品成本＋约当产量单位成本×本月完工产品产量

(4)先进先出法的在产品成本计算

月末在产品成本＝约当产量单位成本×月末在产品约当产量

三、简易方法

(一)在产品不计价法

这是一种不计算月末在产品成本的方法。虽然企业月末有结存的在产品，但是这些在产品数量很少、价值很低，且各月在产品数量比较稳定。在这种情况下，为简化成本计算工作，可以不计算月末在产品成本，即某种产品每月发生的生产费用全部由该种完工产品成本负担。例如，自来水生产企业、发电企业、采掘企业等都可采用这种方法。采用这种方法是因为月初与月末在产品成本很小，月初在产品成本与月末在产品成本之差就更小，是否计算各月在产品成本对完工产品成本影响不大。其计算公式如下：

本月完工产品成本＝本月发生生产费用

(二)在产品按固定成本计价法

这是一种月末在产品固定按年初在产品成本计价的方法。这种方法适用于各月末在产品数量较少,或者虽然在产品数量较多,但各月末在产品数量稳定、变化不大的情况。由于各月初在产品成本与月末在产品成本之间的差额很小,为简化成本计算工作,各月末在产品按年初在产品成本计价对各月完工产品成本的影响也就不大。这样,各月末在产品成本不变,月初与月末在产品成本相等,那么本月发生的各项生产费用全部由完工产品负担,也就是本月完工产品的总成本。

采用在产品按固定成本计价法,每年到年终时,应根据实际盘点的在产品数量,计算 12 月末在产品的实际成本,并将算出的年末在产品成本作为下一年度各月固定的在产品成本。冶炼企业和化工企业的产品,由于高炉和化学反应装置的容积固定,可以采用这种方法计算在产品成本。在物价变化较大的情况下,采用此法应慎重,以防止成本计算不实。

这种方法计算简单,但只适用于生产周期短、各月末在产品数额变动不大的情况。同时,采用这种方法,不论年末在产品数量变动与否,都应对在产品进行实地盘点,以实际盘存数重新确定年末在产品成本。采用这种方法,1～11 月各月末在产品成本是固定的,大大简化了成本核算工作;而且从全年来看,因为年初和年末的在产品都经过实地盘点,全年完工产品总成本的计算也是准确的。

(三)在产品按定额成本计价法

在产品按定额成本计价法是一种月末在产品以定额成本计价的方法。采用这种方法时,可根据实际结存的在产品数量、投料和加工程度,以及单位产品定额成本计算出月末在产品的定额成本,将其从月初在产品定额成本与本月生产费用之和中扣除,余额即为本月完工产品成本。也就是说,每月生产费用脱离定额的差异,全部计入当月完工产品成本。

在产品按定额成本计价有如下特点:事前制定产品的消耗定额、费用定额和定额成本作为降低成本的目标;在生产费用发生的当时将符合定额的费用和发生的差异分别核算,加强对成本差异的日常核算、分析和控制;月末在定额成本的基础上加减各种成本差异,计算产品的实际成本,为成本的定期分析和考核提供数据。

因此,定额成本法不仅是一种产品成本计算的方法,更重要的还是一种对产品成本进行直接控制、管理的方法。

在产品按定额成本计价法简化了生产费用在月末在产品和本月完工产品之间的分配,但由于将生产费用脱离定额的差异全部计入当月完工产品成本,因此适用于定额管理工作较好,各项消耗定额比较准确、稳定,而且各月末在产品结存数量比较稳定的产品。对于这些企业而言,在产品脱离定额的差异比较小,再由于各月末在产品结存数量波动不大,则月初在产品脱离定额的差异与月末在产品脱离定额的差异也就不会相差太远,对完工产品成本计算的正确性影响比较小。如果企业定额管理基础工作不好,各项消耗定额不够准确,则实际耗费与定额之间的差异就比较大,再将实际生产费用脱离定额的差异全部计入当月完工产品成本,势必影响产品成本计算的准确性。

【例 4－5】提供了该方法的计算思路:

【例 4—5】 胜利公司生产甲产品，月初在产品和本月生产费用合计为 85 600 元，其中直接材料成本为 58 000 元，直接人工成本为 6 600 元，制造费用为 21 000 元。该月完工甲产品 1 000 件，月末在产品盘存 250 件，甲产品所耗直接材料是在生产开始时一次投入的，月末在产品完成定额工时 500 小时。甲产品定额资料：单位产品直接材料费用定额为 30 元，每小时直接人工定额为 2.5 元，每小时制造费用定额为 3.00 元，则甲产品本月完工产品与在产品成本分配计算如表 4.5 所示。

表 4.5 **产品成本计算单**

产品名称：甲产品 20×6 年 5 月 单位：元

	直接材料	直接人工	制造费用	合　计
生产费用合计	58 000.00	6 600.00	21 000.00	85 600.00
月末在产品成本(定额成本)	7 500.00	1 250.00	1 500.00	10 250.00
完工产品成本	50 500.00	5 350.00	19 500.00	75 350.00
完工产品单位成本	50.50	5.35	19.50	75.35

第三节　产品成本计算方法

尽管成本管理中应遵循“不同的成本服务于不同的目的”这一基本原则，但是这一原则并不意味着成本计算方法可以随意增加，因为使用过多的不必要的成本计算方法会造成混乱，而且会损害成本管理信息系统的可信性。

一、生产特点对产品成本计算方法的影响

(一)生产特点

企业生产特点千差万别，在实际工作中，企业不同生产类型特点对选择成本计算方法有重要影响。以下根据影响选择成本计算方法的企业生产类型进行划分，从生产工艺流程的特点和生产组织的特点进行分类：

1. 企业的生产按工艺流程的特点划分

(1)简单生产

简单生产是指生产工艺过程不能间断、不能分散在不同工作地点进行的生产。这种类型的生产，一般是连续式的、不分步的生产，通常也称为单步骤生产。属于简单生产的企业，其产品的生产周期一般比较短，通常没有自制半成品或其他中间产品，而且产品由于工艺过程的特点决定了只能由一个企业独立完成，而不能由几个企业协作进行生产。发电、采掘等企业是简单生产的典型企业。

(2)复杂生产

复杂生产是指生产工艺技术过程是由可以间断的若干生产步骤所组成的生产，它既可以在一个企业或车间内独立进行，也可以由几个企业或车间在不同的工作地点协作进行生产。属于复杂生产的企业，其产品的生产周期一般较长，产品品种不是单一的，有半成品或

中间产品，而且可以由几个企业或车间协作进行生产，因此也称为多步骤生产。复杂生产根据产品生产过程和加工方式不同，分为连续式复杂生产和装配式复杂生产两类。连续式复杂生产是指从原材料投入生产以后，需要经过许多相互联系的加工步骤才能最后生产出产成品，前一个步骤生产出来的半成品是后一个加工步骤的加工对象，直到最后加工步骤才能生产出产成品。属于这种连续式复杂生产的典型企业有钢铁、纺织企业等。而装配式复杂生产是指将原材料投入生产后，在各个步骤进行平行加工，制造成产成品所需的各种零件和部件，最后再将各生产步骤的零部件组装成产成品。属于这种装配式复杂生产的典型企业有机床、汽车企业等。

2. 企业的生产按生产组织的特点划分

(1)大量生产

大量生产是不断地重复生产一种或几种产品。产品品种较多，每种产品产量大，一般采用专用设备重复地进行生产，专业化水平高。大量生产的主要生产组织方式为流水生产，其基础是由设备、工作地和传送装置构成的设施系统，即流水生产线。最典型的流水生产线是汽车装配生产线。流水生产线是为特定的产品和预定的生产大纲所设计的；生产作业计划的主要决策问题在流水生产线的设计阶段就已经做出规定。流水生产是指生产对象按照一定的工艺路线顺序地通过各个工作地，并按照统一的生产速度完成工业作业的生产过程。

(2)成批生产

成批生产是指工业企业(车间、工段、班组、工作地)在一定时期重复轮换制造多种产品的一种生产类型。例如，机床、机车、电动机和纺织机的制造属于成批生产。根据其批量的大小、每个工作地完成的零件工序数目以及各种零件重复生产的程度，成批生产可分为大批生产和小批生产。

(3)单件生产

单件生产是指按照各订货单位要求，生产某种规格、型号、性能的特定产品。单件生产的特点是：产品对象基本上是一次性需求的专用产品，一般不重复生产。因此生产中品种繁多，生产对象不断在变化，而通常生产设备和工艺装备具有通用性，且工作地的专业化程度很低。例如，新产品试制、重型机械和专用设备的制造等均属于单件生产。

(二)生产特点对产品成本计算方法的影响

生产特点对成本计算方法的影响主要表现在成本计算对象的确定、成本计算期的确定以及生产费用在完工产品与在产品之间的分配三个方面。

1. 成本计算对象的确定

从生产工艺过程特点看，单步骤生产由于工艺过程不能间断，必须以产品为成本计算对象；多步骤连续加工式生产，需要以生产步骤为成本计算对象；多步骤装配式加工生产，由于产品的零件、部件可以在不同地点同时进行加工，然后装配成最终产品，而零件、部件等半成品没有独立的核算意义，因此不需要按步骤计算半成品成本，而以产品品种为成本计算对象。

从生产组织特点看，大量大批生产的，按产品品种作为成本计算对象；小批单件生产的，则以产品批别作为成本计算对象。

例如，在大量大批简单生产的企业里，一般产量较大，生产过程不能间断，所以应以产品品种作为成本计算对象；在大量大批复杂生产的企业里，由于其生产过程是可以间断的，因而不仅可以计算出每种产品的成本，而且还可以计算出各步骤半成品的成本，所以它的成本计算对象就是每种产品和该产品的各生产步骤；在单件小批生产的企业里，一般是按客户的订单或批别来组织生产的，在进行成本计算时，要求计算每一订单产品或每批产品的成本，所以它的成本计算对象就是产品的批别。

2. 成本计算期的确定

成本计算期是指计算产品成本的起讫期间，也就是对生产费用计入产品成本所规定的起止日期。实务中，计算产品的期间并不完全与产品的生产周期或会计结算期一致。在大量大批生产的企业中，由于随时都有完工产品，因此，完工产品成本不能随时计算，而是定期地在月末进行计算。此时，产品的成本计算期与会计结算期一致，而与产品的生产周期不一致。在小批单件生产的企业中，当每一订单产品或每批产品未完工时，生产费用全部属于在产品的成本，只有产品全部完工时才能计算完工产品的成本，故其成本计算期是不固定的，与产品的生产周期一致，但与会计结算期不一致。

3. 生产费用在完工产品与在产品之间的分配

企业的生产特点影响月末是否需要在完工产品和在产品之间分配生产费用，即是否需要计算在产品成本。单步骤生产一般没有在产品，所以不存在生产费用在完工产品与在产品之间分配的问题。多步骤生产是否需要在完工产品与在产品之间分配生产费用，很大程度上取决于生产组织的特点。大量大批生产由于生产不间断进行，而且经常有在产品，因而需要采用适当的方法，将生产费用在完工产品与在产品之间分配。在小批单件生产中，由于成本计算期与生产周期一致，因而一般不存在生产费用在完工产品与在产品之间分配的问题。

此外，管理要求对成本计算方法的影响表现在：成本计算方法主要受企业生产特点的制约，但并不完全服从于生产特点。企业成本管理的要求不同，对成本计算方法（主要是成本计算对象）的确定也会产生影响。例如，在大量大批复杂生产的企业里，由于产品需要经过若干个生产步骤，所以，一般情况下都以每种产品及其所经过的加工步骤作为成本计算对象，即采用分步法来计算产品成本。但是，如果企业规模较小，成本管理上不要求计算出各加工步骤的成本，只要求计算出每种产品的成本，这时，可采用品种法计算该种产品成本。

总之，产品成本计算方法的选择不仅取决于产品的生产特点，同时也需要考虑企业成本管理的要求，两者缺一不可。

二、产品成本计算方法

（一）产品成本计算的基本方法

为了适应各种类型的生产特点和管理要求，在产品成本计算工作中有三种不同的成本计算对象，以及以成本计算对象为标志的三种产品成本计算的基本方法。

1. 品种法

产品成本计算的品种法，是以产品品种为成本计算对象来归集生产费用、计算产品成本的一种方法。品种法适用于大量大批单步骤生产，如发电、采掘等生产，以及大量大批多步骤生产、管理上不要求按步骤计算成本的企业。此外，辅助生产的供水、供气、供电等单步骤的大量生产，也采用品种法计算成本。

2. 分批法

分批法是以产品的批别或订单作为成本计算对象来归集生产费用、计算产品成本的一种方法。分批法一般适用于单件小批生产的企业或车间，例如船舶制造、重型机器制造以及精密仪器、专用设备、服装加工的企业，企业新产品的试制和辅助车间的工具及模具制造也可以采用该方法。采用分批法核算的产品或服务往往有很大的差异。例如，会计师事务所的审计业务会随着客户的变化而完全不一样，因而通常将每一个审计项目作为一个批别；又如，飞机制造商所生产的飞机会因每一特定客户的不同要求而有所不同。

分批法有如下特点：

(1)分批法的成本计算对象是产品的批别。由于在单件小批生产类型的企业中，生产多是根据购货单位的订单组织的，因此分批法也称订单法。但严格来说，按批别组织生产并不一定就是按订单组织生产，还要结合企业自身的生产负荷能力来合理组织安排产品生产的批量与批次。如果一张订单中要求生产好几种产品，为了便于考核分析各种产品的成本计划执行情况，加强生产管理，就要将该订单按照产品的品种划分成几个批别组织生产。如果一张订单中只要求生产一种产品，但数量极大，超过企业的生产负荷能力，或者购货单位要求分批交货的，也可将该订单分为几个批别组织生产。如果一张订单中只要求生产一种产品，但该产品属于价值高、生产周期长的大型复杂产品(如万吨轮)，也可将该订单按产品的零部件分为几个批别组织生产。如果在同一时期接到的几张订单要求生产的都是同一种产品，为了更经济合理地组织生产，也可将这几张订单合为一批组织生产。

(2)分批法是以产品的生产周期作为成本计算期。采用分批法计算产品成本的企业，虽然各批产品的成本计算单仍按月归集生产费用，但是只有在该批产品全部完工时才能计算其实际成本。由于各批产品的生产复杂程度不同，质量和数量要求也不同，生产周期就各不相同。有的批次当月投产、当月完工，有的批次要经过数月甚至数年才能完工。可见，完工产品的成本计算因各批次的生产周期而异，是不定期的。所以，分批法的成本计算期与产品的生产周期一致，与会计报告期不一致。

(3)生产费用一般不需要在完工产品和在产品之间分配。在单件或小批生产、购货单位要求一次交货的情况下，每批产品要求同时完工。这样，该批产品完工前的成本明细账上所归集的生产费用，即为在产品成本；完工后的成本明细账上所归集的生产费用，即为完工产品成本。因此在通常情况下，生产费用不需要在完工产品和在产品之间分配。但是，如果产品批量较大、购货单位要求分次交货，就会出现批内产品跨月陆续完工的情况，应采用适当的方法将生产费用在完工产品和月末在产品之间分配。采用的分配方法视批内产品跨月陆续完工的数量占批量的比重大小而定。

3. 分步法

分步法是以每种产品生产步骤的半成品和产成品作为成本计算对象来归集生产费用、计算产品成本的一种方法。分步法适用于大量大批生产且管理上要求分步骤计算成本的多步骤生产企业，例如纺织、冶金、造纸、化工等类型的企业。分步法由于生产的数量大，在某一时间点上往往既有已完工的产成品，又有未完工的在产品和半成品，不可能等全部产品完工后再计算成本，因而分步法一般是按月定期计算成本，并且要把生产费用在产成品和在产品之间进行分配。

分步法有以下特点：

(1)成本计算对象是各种产品的生产步骤。因此，应按照产品的生产步骤设立产品成本明细账。

(2)成本计算一般都是按月定期进行，而与生产周期不一致，因此，需要采用适当的分配方法，将汇集在生产成本明细账中的生产费用在完工产品与在产品之间进行分配。

(3)各步骤之间有成本结转问题，这是分步法的一个重要特点。

上述以不同成本计算对象为主要标志的三种成本计算方法是产品成本计算的基本方法，品种法、分批法和分步法与企业生产特点有直接联系，是计算产品实际成本必不可少的方法。但各种生产类型产品成本的计算，无论采用何种计算方法，品种法都是基本方法中最基本的成本计算方法。

应该注意的是，很多企业所采用的成本计算制度既非分批法，也非分步法，而是分批法与分步法的结合。

(二)产品成本计算的辅助方法

在实际工作中，除了上述三种基本方法外，有的企业基于不同的需要，还广泛采用一些其他的成本计算方法。如在产品(或服务)品种、规格繁多的制造企业中，为了简化成本计算工作，还采用一种简便的成本计算方法——分类法；为了提高成本计算结果的准确性，采用一种将间接生产费用按成本动因进行分配的成本计算方法——作业基础成本法；为了加强定额管理，采用一种将符合定额的费用和脱离定额的差异分别核算的成本计算方法——定额成本法；为了加强企业内部成本控制和分析，采用一种只计算产品(或服务)的标准成本，而将成本差异直接计入当期损益的成本计算方法——标准成本法；为了满足企业经营决策的需要，采用一种只将变动制造成本计入产品(服务)成本，而将固定制造费用作为期间费用处理的成本计算方法——变动成本法。分类法、作业基础成本法、定额成本法、标准成本法和变动成本法，从计算产品(或服务)实际成本的角度来说，都不是必不可少的，因而称为辅助方法。

下面对上述几种方法做简要说明：

1. 分类法

分类法是按产品类别归集生产费用，先计算各类产品的总成本，然后再分别计算出该类各种产品成本的一种方法。

采用分类法计算成本程序如下：第一，以产品类别为成本计算对象，设置成本计算单，归集生产费用，计算出每类产品的总成本；第二，采用合理的分配方法将各类产品的总成本在类内各种产品、产成品和在产品之间进行分配。

2. 作业基础成本法

作业基础成本法把直接成本和间接成本(包括期间费用)作为产品(或服务)消耗作业的成本同等地对待，拓宽了成本的计算范围，使计算出来的产品(或服务)成本更准确、真实。

该种方法的计算过程是：首先，定义业务和成本核算对象(通常是产品，有时也可能是顾客、产品市场等)。这一过程很耗时间。如果两种产品满足的是顾客的同一种需求，那么在定义业务时，选择顾客要比选择单个产品更为恰当。其次，确定每种业务的成本动因(即成本的决定因素，如订单的数量）。最后，将成本分配给每一成本核算对象，对各对象的成本和价格进行比较，从而确定其盈利能力的高低。

3. 定额成本法

定额成本法是企业为了及时地反映和监督生产费用与产品成本脱离定额的差异、加强定额管理和成本控制而采用的一种成本计算方法。

定额成本法的特点：事前制定产品的消耗定额、费用定额和定额成本作为降低成本的目标；在生产费用发生的当时将符合定额的费用和发生的差异分别核算，加强对成本差异的日常核算、分析和控制；月末在定额成本的基础上加减各种成本差异，计算产品的实际成本，为成本的定期分析和考核提供数据。

因此，定额成本法不仅是一种产品成本计算的方法，更重要的还是一种对产品成本进行直接控制、管理的方法。

4. 标准成本法

标准成本法又称标准成本会计，是西方管理会计的重要组成部分。它是指以预先制定的标准成本为基础，将标准成本与实际成本进行比较，来核算和分析成本差异的一种产品成本计算方法。标准成本法是加强成本控制、评价经济业绩的一种成本控制制度。它的核心是按标准成本记录和反映产品成本的形成过程和结果，并借以实现对成本的控制。

标准成本法适用于产品品种较少的大批量生产企业，以及标准管理水平较高而且产品的成本标准比较准确、稳定的企业，而对于单件、批量小和试制性生产的企业比较少用。我国工业企业的产品成本不能采用标准成本法计算，如果平时按标准成本计算，月末必须调整为实际成本。这种方法可以简化存货核算的工作量，对于存货品种变动不大的企业尤为适用。

使用该种方法，关键在于标准成本的制定，标准成本制定的合理性、确实可行性要求有高水平的技术人员和健全的管理制度。

5. 变动成本法

变动成本法也称直线成本法，是变动成本计算法的简称，是指在组织常规的成本计算过程中，以成本性态分析为前提条件，只将变动生产成本作为产品成本的构成内容，而将固定生产成本和非生产成本作为期间成本，并按贡献式损益确定程序计算损益的一种成本计算模式。

变动成本法是将一定时期所发生的成本按照其成本性态分为变动成本和固定成本两大类，其中变动成本又分为变动生产成本和变动非生产成本（即直接材料、直接人工和变动制造费用），而将变动非生产成本和固定成本全部作为期间成本。在变动成本法下，只是将变动生产成本在已售产成品、库存产成品和在产品之间分别负担。因此，变动成本法下的在产品和产成品存货估价必然低于全部成本法下的存货估价。

由于辅助方法与生产特点没有直接的关系，所以，只要具备条件，在任何类型生产企业都能运用。成本计算的辅助方法一般应与基本方法结合起来使用，而不单独使用。

在实际工作中，企业应根据生产规模和管理水平，结合具体的生产特点和管理要求，灵活应用上述各种成本计算方法。由于每个企业、一个企业的各个车间、一个车间的各种产品，它们的生产特点和管理要求并不一定相同，即使是一种产品，由于各个生产步骤、各个半成品和各个成本项目的生产特点和管理要求也并不一样，因此，在一个企业、一个车间、一个产品的生产中，就有可能同时应用几种不同的成本计算方法，还有可能把几种成本计算方法结合起来应用。

总之，制造业的实际情况错综复杂，因而所采用的成本计算方法也是多种多样。在计算产品的成本时，应结合本企业不同的生产特点和管理要求，并考虑到本企业的规模和管理水平等条件，遵循主要产品从细、次要产品从简的原则，选择比较适用的产品成本计算方法。

三、产品成本计算的品种法

无论具备什么特点的企业，无论生产什么类型的产品，也无论管理要求如何，最终都必须按照产品品种计算出产品成本。也就是说，按照产品品种计算产品成本是产品成本计算的最一般、最起码的要求，品种法是最基本的成本计算方法。品种法的成本核算对象是产品品种。如果企业只生产一种产品，这时候可只设置一张产品成本计算单，全部生产成本都是直接成本，可直接记入该产品生产成本明细账的有关成本项目中，不存在在各种成本核算对象之间分配成本的问题。如果生产多种产品，应按照产品品种设置产品成本计算单，间接生产成本则要采用适当的方法，在各成本核算对象之间进行分配。计算产品成本时，需要将生产费用在完工产品和在产品之间进行分配。

品种法主要适用于大量大批单步骤生产的企业。在大量大批多步骤生产的企业中，如果企业规模较小，而且管理上又不要求提供各步骤的成本资料时，也可以采用品种法计算产品成本。企业的辅助生产车间也可以采用品种法计算产品成本。

(一)品种法的特点

(1)按产品品种设置产品成本计算单，并按成本项目设立专栏或专行，归集发生的各项生产费用。

(2)如果只生产一种产品，发生的生产费用全部是直接计入费用，可以直接计入产品成本计算单；如果生产多种产品，发生的直接计入费用应直接计入各产品成本计算单，间接计入费用则要采用适当的分配方法，在各产品成本对象之间进行分配，然后计入各产品成本计算单。

(3)月末计算产品成本时，如果没有在产品，或者在产品数量很少，则不需要计算月末在产品成本。这样，产品成本计算单上所归集的生产费用全部是各产品的产成品成本，除以产品产量，就是各产品的单位成本。如果有在产品，而且数量较多，产品成本计算单上所归集的生产费用就要采用适当的分配方法，在产成品与月末在产品之间进行分配，从而计算出完工产品成本与月末在产品成本。

(4)在生产组织是大量大批生产、工艺过程是单步骤生产的企业或车间中，如果产品单一，没有在产品，或者在产品很少，可以不计算在产品成本，其所采用的品种法也称单一法、简单法或简化的品种法。

(二)品种法的成本计算程序

品种法的具体计算程序如下：

(1)设置有关成本费用明细账和成本计算单。按产品品种设置产品成本明细账或产品成本计算单计算产品成本。

(2)要素费用的分配。对于生产过程中发生的各项要素费用，属于直接计入费用的，应直接记入“基本生产成本”明细账；属于间接计入费用的，应先按发生地点和用途归集在“制造费用”和“辅助生产成本”等明细账，月末采用适当方法进行分配。

(3)辅助生产费用的分配。将归集在“辅助生产成本”明细账中的辅助生产费用，通过编制“辅助生产费用分配表”，采用适当的方法分配记入“基本生产成本”和“制造费用”等明细账。

(4)制造费用的分配。将归集在“制造费用”明细账中的间接计入费用，通过编制“制造费用分配表”，采用适当的方法分配记入“基本生产成本”明细账。

(5)计算各种产品的完工产品成本和在产品成本。月末，根据“基本生产成本”明细账上所归集的生产费用，采用适当的方法，划分各种产品的完工产品成本和月末在产品成本。如果月末没有在产品，则本月生产费用总额全部是完工产品成本。

(6)结转完工产品成本。

【例 4—6】 海盛公司大量大批生产 A、B 两种产品，采用品种法计算产品成本。20×6 年 4 月有关成本计算资料如下：

1. 月初在产品成本

A、B 两种产品的月初在产品成本如表 4.6 所示。

表 4.6　　A、B 产品月初在产品成本资料表

20×6 年 4 月　　单位：元

摘　要	直接材料	直接人工	制造费用	合　计
A 产品月初在产品成本	6 860.00	5 460.00	4 300.00	16 620.00
B 产品月初在产品成本	4 200.00	2 079.00	1 801.74	8 080.74

2. 产品数量及工时记录

A 产品本月完工 1 200 件，月末在产品 200 件，定额消耗量 2 000 千克，定额工时 4 000 小时；B 产品本月完工 850 件，月末在产品 400 件，定额消耗量 800 千克，定额工时 6 000 小时。

A 产品原材料随加工陆续投入，B 产品耗用材料于开始时一次投入，加工费用发生比较均衡，月末在产品完工程度均为 50%。

3. 本月发生生产费用

(1)材料费用汇总如表 4.7“发出材料汇总表”所示。海盛公司领用的周转材料采用一次转销法。

表 4.7　　发出材料汇总表

20×6 年 4 月　　单位：元

领料部门和用途	材料类别		合　计
	原材料	低值易耗品	
基本生产车间耗用			

续表

领料部门和用途	材料类别		合　计
	原材料	低值易耗品	
A 产品耗用	38 000.00		38 000.00
B 产品耗用	26 000.00		26 000.00
A、B 产品共同耗用	28 000.00		28 000.00
车间一般耗用	3 500.00	100.00	3 600.00
辅助生产车间耗用			
供电车间耗用	5 000.00		5 000.00
运输车间耗用	1 800.00		1 800.00
厂部管理部门耗用	1 000.00	400.00	1 400.00
合　计	103 300.00	500.00	103 800.00

(2)人工费用汇总如表 4.8“应付职工薪酬汇总表”所示。

表 4.8　　应付职工薪酬汇总表

20×6 年 4 月　　单位:元

人员类别	工　资
基本生产车间	
产品生产工人	79 800.00
车间管理人员	4 560.00
辅助生产车间	
供电车间	1 000.00
运输车间	1 280.00
厂部管理人员	20 520.00
合　计	107 160.00

(3)本月发生的折旧费用及其他费用如下:

本月应计提固定资产折旧费 9 800 元,其中:基本生产车间折旧 5 600 元,供电车间折旧 1 000 元,运输车间折旧 1 200 元,厂部管理部门折旧 2 000 元。

以银行存款支付的费用为 1 302 元,其中:基本生产车间负担的办公费 200 元,水电费 462 元;辅助生产车间负担的办公费 100 元,水电费 140 元;厂部管理部门负担的办公费 300 元,水电费 100 元。

假设海盛公司本月没有发生应付和预付费用。请根据上述资料,采用品种法计算产品成本。

基本解题步骤和思路:

1. 要素费用的分配

(1)分配材料费用。生产A、B两种产品共同耗用的材料，按A、B两种产品定额消耗量比例进行分配。编制A、B产品共同耗用材料分配表和材料费用分配表如表4.9和表4.10所示。

表4.9　　A、B产品共同耗用材料分配表

20×6年4月　　单位：元

产品名称	直接耗用原材料	分配计入(分配率10)
A产品	38 000.00	20 000.00
B产品	26 000.00	8 000.00
合　计	64 000.00	28 000.00

表4.10　　材料费用分配表

20×6年4月　　单位：元

会计科目	明细科目	原材料
基本生产成本	A产品	58 000.00
	B产品	34 000.00
	小　计	92 000.00
辅助生产成本	供电车间	5 000.00
	运输车间	1 800.00
	小　计	6 800.00
制造费用	基本生产车间	3 600.00
管理费用	修理费	1 400.00
合　计		103 800.00

根据材料费用分配表，编制发出材料的会计分录如下：

借：基本生产成本——A产品　　58 000.00
　　　　　　　　——B产品　　34 000.00
　　辅助生产成本——供电车间　　5 000.00
　　　　　　　　——运输车间　　1 800.00
　　制造费用——基本生产车间　　3 600.00
　　管理费用——修理费　　1 400.00
　贷：原材料　　103 800.00

(2)分配人工费用。产品生产工人工资，按A、B两种产品的定额工时比例进行分配。编制工资费用分配表如表4.11所示。

表 4.11　　**工资费用分配表**

20×6 年 4 月　　单位:元

分配对象		直接计入	分配计入	合　计
会计科目	明细科目			
基本生产成本	A 产品		31 920.00	31 920.00
	B 产品		47 880.00	47 880.00
	小计		79 800.00	79 800.00
辅助生产成本	供电车间	1 000.00		1 000.00
	运输车间	1 280.00		1 280.00
	小计	2 280.00		2 280.00
制造费用	基本生产车间	4 560.00		4 560.00
管理费用		20 520.00		20 520.00
合　计		27 360.00	79 800.00	107 160.00

根据工资费用分配表,编制工资费用分配的会计分录如下:

借:基本生产成本——A 产品　　31 920.00
　　　　　　　——B 产品　　47 880.00
　辅助生产成本——供电车间　　1 000.00
　　　　　　　——运输车间　　1 280.00
　制造费用——基本生产车间　　4 560.00
　管理费用　　20 520.00
　贷:应付职工薪酬　　107 160.00

(3)分配折旧费用。编制折旧费用分配表如表 4.12 所示。

表 4.12　　**折旧费用分配表**

20×6 年 4 月　　单位:元

会计科目	明细科目	费用项目	分配金额
制造费用	基本生产车间	折旧费	5 600.00
辅助生产成本	供电车间	折旧费	1 000.00
	运输车间	折旧费	1 200.00
管理费用		折旧费	2 000.00
合　计			9 800.00

根据折旧费用分配表,编制折旧费用分配的会计分录如下:

借:制造费用——基本生产车间　　5 600.00
　辅助生产成本——供电车间　　1 000.00
　　　　　　　——运输车间　　1 200.00
　管理费用　　2 000.00
　贷:累计折旧　　9 800.00

(4)分配其他费用。编制本月以银行存款支付的其他费用分配表如表 4.13 所示。

表 4.13　其他费用分配表

20×6 年 4 月　　单位:元

会计科目	明细科目	办公费	水电费	合　计
制造费用	基本生产车间	200.00	462.00	662.00
辅助生产成本	供电车间	40.00	100.00	140.00
	运输车间	60.00	40.00	100.00
管理费用		300.00	100.00	400.00
合　计		600.00	702.00	1 302.00

根据其他费用分配表,编制会计分录如下:

借:制造费用——基本生产车间　662.00
　辅助生产成本——供电车间　140.00
　　　　　　——运输车间　100.00
　管理费用　400.00
　贷:银行存款　1 302.00

2. 分配辅助生产费用

根据各项要素费用分配表,归集辅助生产费用,登记辅助生产成本明细账和辅助生产费用分配表如表 4.14 和表 4.15 所示。

表 4.14　辅助生产成本明细账

20×6 年 4 月　　单位:元

日期	凭证号	摘要	材料	工资薪酬	折旧费	其他费用	合　计
(略)	(略)	材料费用分配表	6 800.00				6 800.00
		工资费用分配表		2 280.00			2 280.00
		折旧费用分配表			2 200.00		2 200.00
		其他费用分配表				240.00	240.00
		合　计	6 800.00	2 280.00	2 200.00	240.00	11 520.00

表 4.15　辅助生产费用分配表　　单位:元

账户	工时	分配额(分配率 1.152)
制造费用	8 800.00	10 137.60
管理费用	1 200.00	1 382.40
合　计	10 000.00	11 520.00

3. 分配制造费用

根据各项要素费用分配表和辅助生产费用分配表，归集制造费用，登记制造费用明细账如表4.16所示。

表4.16 **制造费用明细账**

车间：基本生产车间 20×6年4月 单位：元

日期	凭证号	摘　要	机物料消耗	职工薪酬	折旧费	办公费	水电费	其他费用	合　计
（略）	（略）	材料费用分配表	3 600.00						3 600.00
		工资费用分配表		4 560.00					4 560.00
		折旧费用分配表			5 600.00				5 600.00
		其他费用分配表				200.00	462.00		662.00
		辅助生产费用分配表						10 137.60	10 137.60
		合　计	3 600.00	4 560.00	5 600.00	200.00	462.00	10 137.60	24 559.60

海盛公司按照A、B产品生产工人定额比例分配制造费用。编制制造费用分配表如表4.17所示。

表4.17 **制造费用分配表**

车间名称：基本生产车间 20×6年4月 单位：元

产　品	定额工时	分配率	分配金额
A产品	4 000.00	2.455 96	9 823.84
B产品	6 000.00	2.455 96	14 735.76
合　计	10 000.00		24 559.60

根据制造费用分配表，编制会计分录如下：

借：基本生产成本——A产品 9 823.84

——B产品 14 735.76

贷：制造费用——基本生产车间 24 559.60

4. 计算A、B产品成本

根据各项要素费用分配表、辅助生产费用分配表及制造费用分配表，登记A、B产品的基本生产成本明细账，并采用约当产量比例法划分完工产品成本和月末在产品成本。A、B产品成本明细账如表4.18和表4.19所示。

表4.18 **基本生产成本明细账**

产品名称：A产品 20×6年4月 单位：元

20×6年		凭证字号	摘　要	直接材料	直接人工	制造费用	合　计
月	日						
3	31	（略）	月末在产品成本	6 860.00	5 460.00	4 300.00	16 620.00
4	30		材料费用分配表	58 000.00			58 000.00
	30		工资费用分配表		31 920.00		31 920.00

续表

20×6年		凭证字号	摘　要	直接材料	直接人工	制造费用	合　计
月	日						
	30		制造费用分配表			9 823.84	9 823.84
	30		生产费用合计	64 860.00	37 380.00	14 123.84	116 363.84
	30		约当产量	1 300.00	1 300.00	1 300.00	
	30		分配率	49.89	28.75	10.86	
	30		结转完工入库产品成本	59 868.00	34 500.00	13 032.00	107 400.00
	30		月末在产品成本	4 992.00	2 880.00	1 091.84	8 963.84

表 4.19　　**基本生产成本明细账**

产品名称:B产品　　20×6年4月　　单位:元

20×6年		凭证字号	摘　要	直接材料	直接人工	制造费用	合　计
月	日						
3	31	(略)	月末在产品成本	4 200.00	2 079.00	1 801.74	8 080.74
4	30		材料费用分配表	34 000.00			34 000.00
	30		工资费用分配表		47 880.00		47 880.00
	30		制造费用分配表			14 735.76	14 735.76
	30		生产费用合计	38 200.00	49 959.00	16 537.50	104 696.50
	30		约当产量	1 250.00	1 050.00	1 050.00	
	30		分配率	30.56	47.58	15.75	
	30		结转完工入库产品成本	25 976.00	40 443.00	13 387.50	79 806.50
	30		月末在产品成本	12 224.00	9 516.00	3 150.00	24 890.00

根据上述计算结果结转完工入库产品的生产成本,编制会计分录如下:

借:库存商品——A产品　　107 400.00
　　　　　——B产品　　79 806.50
　贷:基本生产成本——A产品　　107 400.00
　　　　　　　　——B产品　　79 806.50

微信扫码获取
名师精讲

管理会计师官方服务号　　管会教育

第五章

分批成本法

案例：

戴尔公司是一家总部位于得克萨斯州朗德罗克的世界五百强企业，戴尔以生产、设计、销售家用以及办公电脑而闻名，不过它同时也涉足高端电脑市场，生产与销售服务器、数据储存设备、网络设备等。其下设的一家分公司只生产和销售电脑，该分公司的电脑制造流程包括装配、功能测试以及公司电脑系统的质量控制。公司根据顾客订单完成制造流程，并迅速给顾客发货。每个客户订单有不同的需求，比如硬件配置、软件安装都具有个性化需求。生产过程中，各阶段的元件和配件的测试都有质量控制检测。一般情况下，企业接受的订单较多，每批产品的数量不多。电脑的生产周期较短，一般24小时或48小时交货。

思考题：

(1)戴尔公司应选择哪种分批成本法来核算其生产的电脑成本？

(2)对戴尔公司来说，一份“订单”指什么？

(3)元件、装配、测试、质量控制的成本是如何分配至各“订单”的？

第一节　分批成本法的基本原理

一、分批成本法的意义

分批成本法，简称分批法或订单法，它是按照产品的批别来归集生产费用、计算产品成本的一种方法。它主要适用于单件小批生产的机械、船舶、服装等制造企业，也适用于咨询公司、会计师事务所等服务性企业。

在单件小批生产的企业里，生产一般是根据购买单位的订单来组织的。由于各张订单所订购的产品往往种类不同或者规格不一，所用的材料和加工程序也各不相同，因此，各张订单的成本必须分别计算。尤其对订货合同价格需根据成本决定，并在向订货者报告该批订货的成本时，就更应按订单计算成本。有些小批量生产企业根据其确定的计划组织生产，各批产品种类、规格不同，也必须分批计算成本。

采用分批法的企业，有些是根据购买单位的要求生产特殊规格、规定数量的产品，它们可能是单件的大型产品，也可能是几件同样规格的产品，如船舶、重型机器设备、特种仪器等；有些是根据市场的需求不断改变产品的种类和数量，如门锁、插销、高档时装等；有些则是从事修理业务，由于修理业务多种多样，各种不同的修理业务的成本不尽相同，需要根据承接的各项修理业务分别计算成本。另外，分批法还适用于咨询公司、建筑公司、会计师事务所以及开发、试制新产品项目的成本计算。如会计师事务所审计项目的定价，可根据以往可比项目的实际成本进行计算。因此，分批成本法可为管理部门提供所需要的信息，以评价项目（批别）的获利能力，并利用其历史成本的数据资料确定委托项目的价格。

总之，采用分批法核算成本的企业的共同特点是，产品通常不重复生产，即使重复，也是不定期的。企业的生产安排和成本核算一般是以订货单位的订货为依据的。如果订货单位所订购的是一件大型产品，且价值较大、生产周期很长，可按产品的组成部分开立生产通知单，分别组织生产和核算成本。如果订货单位的一张订单包括几种不同规格的产品，为了便于分析和考核各种产品成本计划的执行情况，并适应生产管理的需要，则应按产品规格开立生产通知单，分别组织生产和核算成本。如果同一时期内，几张外来订单订购的是相同产品，也可将相同产品合并起来，开立一张生产通知单，合并为一批组织生产和核算成本。有的企业并不是直接按外来订单，而是按照本企业确定的计划按批组织生产和核算成本。

按照产品批别组织生产时，应由企业生产计划部门开出生产通知单（也称内部订单），通知车间组织生产。生产通知单按生产任务编号，即为产品批号，或称订单号、工作令号。财务部门以生产通知单的产品批别作为成本计算对象，设置生产成本明细账（或称产品成本计算单），归集生产费用，计算产品成本。

二、分批成本法的特点

分批法的特点主要表现在成本计算对象、成本计算期和生产费用的分配三个方面。

（一）成本计算对象

分批法以不同批别或订单的产品作为成本计算对象，按生产批号或订单号设置生产成本明细账，归集生产费用，计算完工产品总成本和单位成本。对各批产品发生的直接计入费用，直接记入各批产品生产成本明细账的有关成本项目；对各批产品共同发生的间接计入费用，先按发生地点归集，然后按一定的标准在各批产品之间进行分配。

（二）成本计算期

在按批别组织生产的情况下，各批产品的生产周期是各不相同的。有的为一个月，更多的则为几个月或者更长，而各批产品的成本要在其完工后才能计算，因此，在分批法下，成本计算期是不定期的，与会计核算的报告期不一致。它是从各批产品的生产开工开始，到完工检验合格入库结束，与产品的生产周期是一致的。

（三）生产费用的分配

在分批法下，要按月归集和分配各批产品的成本费用。由于成本计算期与产品的生产周期一致，在某批产品完工前，该批产品生产成本明细账上所归集的成本费用，就是在产品成本；当该批产品完工后，在该批产品生产成本明细账上所归集的成本费用，就是产成品成本。所以，一般不存在将成本费用在完工产品与在产品之间划分的问题。但如果批内产品跨月陆续完工，则应采用适当的方法，对当月完工产品的成本进行估算，以便结转当月完工产品成本。

第二节　分批成本法的一般计算程序

一、分批法的成本计算程序

采用分批法计算产品成本时，一般可按照以下几个步骤进行：

第一，在产品投产时，会计部门根据生产计划部门签发的生产通知单，为每批产品开设一张基本生产成本明细账（或称产品成本计算单），并注明生产通知单号（或称订单号、批号、工作令号）。

第二，当领用材料及发生其他各项直接计入费用时，在有关的原始凭证上都应填明生产通知单号，以便将这些直接计入费用直接记入各批产品生产成本明细账内。发生的间接计入费用则应按其用途和发生地点予以归集，然后按一定的标准，分配记入有关各批产品的生产成本明细账内。在选择分配标准时应考虑的原则是：分配标准与费用的发生存在一定的因果比例关系，且分配标准的数据又比较容易取得。常用的分配标准有生产工人工时、机器工时等。

间接计入费用的分配方法，主要有当月分配法和累计分配法。

（一）当月分配法

当月分配法是将企业当月发生的实际间接计入费用，全部分配给当月生产的各批产品，并记入有关批次产品的生产成本明细账的一种分配方法。现以制造费用为例，假定制造费用按工时进行分配，则可按下列公式进行计算：

制造费用分配率＝本月制造费用实际发生额÷本月发生的工时合计数

某批产品应负担的制造费用＝该批产品本月发生的工时数×制造费用分配率

制造费用的实际分配率法与预定分配率法都属于当月分配法。当月分配法一般适用于生产周期比较短的单件小批生产的企业。

（二）累计分配法

累计分配法又称累计分配率法，是将发生的各项间接计入费用先分别累计起来，到产品完工时再按累计分配率和完工产品的累计分配标准数（如累计工时数）分配给完工产品，并记入完工批次产品的生产成本明细账的一种分配方法。对尚未完工的各批产品应负担的间接计入费用，可设置待分配间接费用账予以归集，不对其进行分配。待产品完工后，与新发生的费用累计后再予以分配。现还以制造费用为例，假定制造费用按工时进行分配，其计算公式如下：

制造费用累计分配率＝各批产品累计制造费用总额÷各批产品累计工时总数

完工批次产品应负担的制造费用＝该批次产品累计工时数×制造费用累计分配率

如果间接计入费用采用累计分配法进行分配，则这种分批法又称为简化的分批法。有关简化分批法的进一步说明，请见本章第四节。

单件小批生产类型的企业一般不单独计算废品和返工品的损失。若要计算的话，废品成本需从有关生产成本明细账的各成本项目中扣除，转入废品损失明细账；返工品的返修费用，可根据费用分配表记入废品损失明细账。在废品损失明细账上归集的废品损失，还需按生产通知单号转入各批产品生产成本明细账的“废品损失”成本项目内。但在结转废品损失时需注意，应由产品负担的是扣除废品残料价值、责任者赔偿款等后的废品净损失。

当某批产品完工、经检验合格后，应由质量检验部门填写一式多联的产品合格单，其中一联送会计部门。会计部门根据收到的产品合格单，即可进行成本计算，将生产成本明细账上所归集的成本费用加总，求得完工产品实际总成本，将完工产品总成本除以完工产品数量，就是产成品单位成本。月末未完工批别的生产成本明细账内所归集的成本费用，即为月末在产品成本。从理论上讲，采用分批法一般不存在将生产费用在完工产品与月末在产品之间划分的问题。

二、批内产品跨月完工的成本结转

有些按批别组织生产、核算成本的企业，有时会发生批内产品一部分在这个月完工，另一部分在下个月完工的情况，也就是所谓批内产品跨月完工的情况。这部分先完工的产品一般由生产车间转入成品仓库，其成本也要从“基本生产成本”账户结转至“库存商品”账户。如果这部分产品先发售给订货人的话，还需将其成本从“产成品”账户转入“主营业务成本”账户。由于该批产品尚未完全完工，无法计算该批产品的总成本和单位成本，所以需要对这部分先完工产品的成本进行估计。部分完工产品成本的估算有以下几种方法：

(1)以计划成本或定额成本作为实际成本，从生产成本明细账转出。

(2)以近期生产同类产品的实际成本进行估计。在估算时，应考虑产品结构、生产条件等变化因素，并结合本批产品实际生产情况，加以适当调整。

(3)按约当产量计算。对尚未完工产品，“直接材料”成本项目要对还需投料的成本作出估计，“直接人工”和“制造费用”等成本项目则按照完工程度折算约当产量进行分配。

【例5—1】 恒生企业A106订单生产甲仪器30台，其中18台已完工，12台尚未完工，完工程度为70%。已发生的直接材料、直接人工和制造费用分别为40 000元、23 760元、18 480元，估计还有8 000元材料尚未投入。其计算如下：

每台甲仪器的直接材料成本＝(40 000＋8 000)÷30＝1 600(元)

每台甲仪器的直接人工成本＝23 760÷(18＋12×70%)＝900(元)

每台甲仪器的制造费用＝18 480÷(18＋12×70%)＝700(元)

完工18台甲仪器成本＝(1 600＋900＋700)×18＝57 600(元)

12台在产品成本＝(40 000＋23 760＋18 480)－57 600＝24 640(元)

据此可编制以下部分产品完工入库的会计分录：

借：库存商品　　57 600.00

　　贷：生产成本　　57 600.00

不论采用上述哪种方法计算部分完工产品的成本，都带有估计性质。因此，当该批产品全部完工时，还应重新计算全部产品的实际成本和单位成本。但是，对已经转账的完工产品成本，可不作账面调整。也就是说，当该批产品全部完工时，只需将生产成本明细账上的余额转出即可。为了减少部分完工产品成本估算的困难，在合理组织生产的前提下，可适当缩小产品的批量，以使同一批产品尽量在同一个月内完工。

第三节　一般分批成本法的应用

如前所述，间接计入费用的分配有当月分配法和累计分配法两种。人们通常将采用累计分配法的分批法称为简化的分批法。为了加以区分，就将采用当月分配法的分批法称为一般分批法。本节主要说明一般分批法在制造业与服务业中的具体应用。

一、一般分批成本法在制造业中的应用

【例5—2】 恒大工厂属于单件小批生产类型的企业，采用分批法计算产品成本。该厂设有一个基本生产车间。生产成本明细账设“直接材料”、“直接人工”、“制造费用”成本项目，直接人工和制造费用按生产工时的比例分配。20×6年5月尚有三批产品在同时生产，批号分别为1015、1016、1017。其中，1015为甲产品10台，3月投产，5月完工；1016为乙产品20台，3月投产，4月完工12台，5月完工8台，4月完工时按计划成本结转；1017为甲产品15台，5月投产，预计6月完工。表5.1、表5.2分别为批号1015、1016的基本生产成本明细账，因20×6年5月份的数据尚未登记，账上反映的是截至4月底的记录；表5.3、表5.4分别为20×6年5月编制的材料费用分配表和工资费用分配表；表5.5、表5.6为20×6年5月的制造费用明细账和制造费用分配表（以下金额单位未特别指出，以元计算费用）。

表5.1　　**基本生产成本明细账**

产品批号：1015　　开工日期：20×6年3月

产品名称：甲产品　　产量：10台　　预计完工日期：20×6年5月31日

月　份	摘　要	直接材料	直接人工	制造费用	合　计
3月	本月生产费用	46 000.00	6 700.00	5 370.00	58 070.00
4月	本月生产费用	70 000.00	9 000.00	7 100.00	86 100.00
4月	生产费用合计	116 000.00	15 700.00	12 470.00	144 170.00

表5.2　　**基本生产成本明细账**

开工日期：20×6年3月

产品批号：1016　　完工日期：20×6年4月完工12台

产品名称：乙产品　　产量：20台　　20×6年5月完工8台

月　份	摘　要	直接材料	直接人工	制造费用	合　计
3月	本月生产费用	120 000.00	27 000.00	21 640.00	168 640.00
4月	本月生产费用	60 000.00	12 000.00	9 460.00	81 460.00
4月	生产费用合计	180 000.00	39 000.00	31 100.00	250 100.00
4月	转出完工产品12台成本	−138 000.00	−38 400.00	−27 600.00	−204 000.00
4月	在产品成本	42 000.00	600.00	3 500.00	46 100.00

表 5.3　　**材料费用分配表**

20×6 年 5 月

应借账户	原料及主要材料	辅助材料	合　计
生产成本			
1015	82 000.00	8 000.00	90 000.00
1016	48 000.00	6 000.00	54 000.00
1017	94 000.00	6 000.00	100 000.00
小　计	224 000.00	20 000.00	244 000.00
制造费用			
物料消耗		6 200.00	6 200.00
小　计		6 200.00	6 200.00
合　计	224 000.00	26 200.00	250 200.00

表 5.4　　**工资费用分配表**

20×6 年 5 月

应借账户	生产工时	分配率	金　额
生产成本			
1015	9 000	3.5	31 500.00
1016	8 000	3.5	28 000.00
1017	6 000	3.5	21 000.00
小　计	23 000	3.5	80 500.00
制造费用			8 500.00
合　计			89 000.00

表 5.5　　**制造费用明细账**

20×6 年 5 月

车间名称:基本生产车间

日期	摘要	物料消耗	工资	折旧费	水电费	办公费	修理费	其他费用	合　计
5 月 31 日	材料费用分配表	6 200.00							6 200.00
5 月 31 日	工资费用分配表		8 500.00						8 500.00
5 月 31 日	有关费用分配表			12 000.00	8 000.00	5 000.00	5 600.00	14 500.00	45 100.00
	合　计	6 200.00	8 500.00	12 000.00	8 000.00	5 000.00	5 600.00	14 500.00	59 800.00

结算制造费用明细账,按生产工人工时比例,制造费用分配率=59 800÷23 000=2.6,编制制造费用分配表,如表 5.6 所示。

表 5.6

制造费用分配表

20×6 年 5 月

应借账户	生产工时	分配率	分配金额
生产成本			
1015	9 000	2.6	23 400.00
1016	8 000	2.6	20 800.00
1017	6 000	2.6	15 600.00
合　计	23 000	2.6	59 800.00

根据 5 月份的材料费用分配表、工资费用分配表、制造费用分配表等资料，登记各批产品生产成本明细账。1015 批号的甲产品于 5 月一次全部完工，需将其全部成本转出并计算单位成本。1016 批号是 20 台乙产品，在 4 月完工 12 台，已按计划成本结转了 12 台的成本；现在 5 月剩下的 8 台完工了，所以要将这 8 台的成本转出，只需将账面上余额转出即可。由于这一批号的产品已全部完工，还需计算完工产品总成本和单位成本。1017 批号的甲产品尚未完工，只需将当月发生的成本记入生产成本明细账即可。5 月数据登记后各批产品生产成本明细账如表 5.7、表 5.8、表 5.9 所示。

表 5.7

基本生产成本明细账

产品批号：1015　　　　开工日期：20×6 年 3 月

产品名称：甲产品　　　　产量：10 台　　　　完工日期：20×6 年 5 月 31 日

月份	摘要	直接材料	直接人工	制造费用	合　计
3	本月生产费用	46 000.00	6 700.00	5 370.00	58 070.00
4	本月生产费用	70 000.00	9 000.00	7 100.00	86 100.00
4	生产费用合计	116 000.00	15 700.00	12 470.00	144 170.00
5	本月生产费用	90 000.00	31 500.00	23 400.00	144 900.00
5	生产费用合计	206 000.00	47 200.00	35 870.00	289 070.00
5	完工产品成本转出	−206 000.00	−47 200.00	−35 870.00	−289 070.00
5	完工产品单位成本	20 600.00	4 720.00	3 587.00	28 907.00

表 5.8

基本生产成本明细账

开工日期：20×6 年 3 月

产品批号：1016　　　　完工日期：20×6 年 4 月完工 12 台

产品名称：乙产品　　　　产量：20 台　　　　20×6 年 5 月完工 8 台

月份	摘要	直接材料	直接人工	制造费用	合　计
3	本月生产费用	120 000.00	27 000.00	21 640.00	168 640.00
4	本月生产费用	60 000.00	12 000.00	9 460.00	81 460.00

续表

月份	摘要	直接材料	直接人工	制造费用	合　计
4	生产费用合计	180 000.00	39 000.00	31 100.00	250 100.00
4	转出完工产品 12 台成本	−138 000.00	−38 400.00	−27 600.00	−204 000.00
4	在产品成本	42 000.00	600.00	3 500.00	46 100.00
5	本月生产费用	54 000.00	28 000.00	20 800.00	102 800.00
5	生产费用合计	96 000.00	28 600.00	24 300.00	148 900.00
5	转出完工产品 8 台成本	−96 000.00	−28 600.00	−24 300.00	−148 900.00
5	完工产品总成本	234 000.00	67 000.00	51 900.00	352 900.00
5	完工产品单位成本	11 700.00	3 350.00	2 595.00	17 645.00

表 5.9　　**基本生产成本明细账**

产品批号:1017　　开工日期:20×6 年 5 月

产品名称:甲产品　　产量:15 台　　预计完工日期:20×6 年 6 月

月份	摘要	直接材料	直接人工	制造费用	合　计
5	本月生产费用	100 000.00	21 000.00	15 600.00	136 600.00

根据生产成本明细账上计算的完工产品成本,做完工产品入库的会计分录如下:

借:库存商品——甲产品　　289 070.00

　　　　　　——乙产品　　148 900.00

　贷:生产成本——1015　　289 070.00

　　　　　　——1016　　148 900.00

二、一般分批成本法在服务业中的应用

服务性企业为客户提供的是服务或无形产品。在服务业中,各个批别在耗用的资源、花费的时间以及所用技术的复杂性方面往往有着较大的差异,如法律咨询服务、审计服务、冰箱维修等服务。这些差异应引起我们的关注。

服务性企业一般比制造企业耗用的直接材料少,有的甚至不消耗直接材料。在这两类性质的企业中,分批成本计算程序基本上是相同的。由于我们已具备较为复杂的制造企业的分批成本计算的基础,因而对分批法在服务性企业中的具体应用仅以下例作简单说明。

【例 5—3】 20×6 年 2 月诚信会计师事务所的专业审计人员对兴隆公司、吉顺公司等单位的 20×5 年度报表提供审计服务。诚信会计师事务所采用分批法计算各审计项目的成本,具体成本计算步骤如下:

1. 确定成本计算对象

诚信会计师事务所是以各公司年度报表审计业务为工作批次(可称作一项委托或项目),在本例中,工作批次是兴隆公司、吉顺公司等单位的年度报表审计业务。

2. 确定成本项目

诚信会计师事务所设置两个成本项目:直接成本和间接成本。专业人工成本作为直接成本;水电费、折旧费、保险费等计入间接成本。直接成本和间接成本都按专业人员的实际工作小时进行分配。

3. 分别归集直接成本和间接成本

假定诚信会计师事务所当月归集的直接成本和间接成本分别为385 000元和280 000元。

4. 按工作批次统计专业审计人员的实际工作小时,并对直接成本和间接成本进行分配

假定诚信会计师事务所当月发生的审计小时为3 500小时,其中对兴隆公司的审计业务耗用了200小时,则:

直接成本分配率=385 000/3 500=110(元/小时)

间接成本分配率=280 000/3 500=80(元/小时)

对兴隆公司审计批次的直接成本=110×200=22 000(元)

对兴隆公司审计批次的间接成本=80×200=16 000(元)

5. 计算对兴隆公司审计业务的总成本

对兴隆公司审计业务的总成本=22 000+16 000=38 000(元)

从以上诚信会计师事务所对兴隆公司审计业务的成本计算程序中我们可以发现,服务性企业的分批成本计算与制造企业基本相同,只要将成本分配结果登记到各审计批次的成本计算单中,就可以反映出各审计批次的总成本。对其他公司审计业务的成本计算与兴隆公司相同,此处省略。

第四节　简化分批法及其应用

在某些单件小批生产的企业中,各月投产的产品批数很多,而每月完工的批数则较少,为简化计算工作,可用累计分配法来分配间接计入费用,即不按月分配、登记间接计入费用,而是将其累计起来,到产品完工时再按累计分配标准的比例,在各完工批次产品之间进行分配。这种方法称作简化分批法。

一、简化分批法的特点

在简化分批法下,仍应按照产品批别设立产品成本明细账,但在各批产品完工之前,账内只需按月登记直接计入费用(如直接材料费用)和生产工时。每月发生的间接计入费用,不是按月在各批产品之间进行分配,而是先将其在基本生产成本二级账中按成本项目分别累计起来,只有在有产品完工的那个月份,才对完工产品按照其累计工时的比例,分配间接计入费用,计算完工产品成本;而全部产品的在产品应负担的间接计入费用,则以总数反映在基本生产成本二级账中,不进行分配,不分批计算在产品成本。因此,这种方法可称为不分批计算在产品成本的分批法。

各批完工产品应负担的间接计入费用,一般是按照全部产品累计间接计入费用分配率和各批完工产品累计生产工时的比例进行计算分配的。有关计算公式说明如下:

全部产品累计间接计入费用分配率[①]＝全部产品累计间接计入费用÷全部产品累计工时

某批完工产品应负担的间接计入费用＝该批完工产品累计工时×累计分配率

二、简化分批法的具体应用

【例 5—4】 某企业属于单件小批生产，产品成本采用分批法核算。由于该企业产品批数多、生产周期长，月末经常有许多批数的产品未完工，为了简化核算工作，工费采用累计分配法分配，直接人工和制造费用按生产工时的比例分配。该企业 20×6 年无期初在产品，1 月份的生产和成本资料分别如表 5.10 和表 5.11 所示。

表 5.10　　生产情况表

产品批号	产品名称及数量	投产月份	完工月份
1001	A 产品 10 件	1 月	
1002	B 产品 8 件	1 月	2 月
1003	C 产品 12 件	1 月	
1004	D 产品 5 件	1 月	

表 5.11　　费用成本及工时汇总表

20×6 年 1 月

产品批号	直接材料	工时	直接人工	制造费用
1001	37 100.00	3 200.00		
1002	22 300.00	2 800.00		
1003	14 600.00	1 900.00		
1004	19 100.00	2 700.00		
合　计	93 100.00	10 600.00	29 680.00	38 160.00

根据以上资料，该企业 20×6 年 1 月有四个批号的产品投产，所以要设置四个基本生产成本明细账。由于 1 月份这四个批号的产品都没有完工，所以只需要在明细账中登记直接材料和工时，不需要对直接人工和制造费用进行分配和登记。但需设置基本生产成本二级账，并将直接材料、直接人工、制造费用和工时的总数登记在基本生产成本二级账中。1 月数据登记后的各基本生产成本明细账和基本生产成本二级账分别见表 5.12、表 5.13、表 5.14、表 5.15 和表 5.16。

① 全部产品累计间接计入费用分配率，以下简称累计分配率。

表 5.12　　基本生产成本明细账

产品批号:1001　　开工日期:20×6 年 1 月

产品名称:A 产品　　产量:10 件　　完工日期:

月份	摘要	直接材料	工时	直接人工	制造费用	合　计
1	本月发生	37 100.00	3 200.00			37 100.00

表 5.13　　基本生产成本明细账

产品批号:1002　　开工日期:20×6 年 1 月

产品名称:B 产品　　产量:8 件　　完工日期:20×6 年 2 月

月份	摘要	直接材料	工时	直接人工	制造费用	合　计
1	本月发生	22 300.00	2 800.00			22 300.00

表 5.14　　基本生产成本明细账

产品批号:1003　　开工日期:20×6 年 1 月

产品名称:C 产品　　产量:12 件　　完工日期:

月份	摘要	直接材料	工时	直接人工	制造费用	合　计
1	本月发生	14 600.00	1 900.00			14 600.00

表 5.15　　基本生产成本明细账

产品批号:1004　　开工日期:20×6 年 1 月

产品名称:D 产品　　产量:5 件　　完工日期:

月份	摘要	直接材料	工时	直接人工	制造费用	合　计
1	本月发生	19 100.00	2 700.00			19 100.00

表 5.16　　基本生产成本二级账

(各批产品总成本)

月份	摘要	直接材料	工时	直接人工	制造费用	合　计
1	本月发生	93 100.00	10 600.00	29 680.00	38 160.00	160 940.00

由于 1 月份各批号产品都没有完工,所以各批号产品明细账只需登记直接材料和耗用工时,基本生产成本二级账登记各批产品直接材料、直接人工、制造费用以及总工时。此时基本生产成本明细账的余额合计数与基本生产成本二级账对应成本项目的余额核对相符。2 月份的费用成本及工时汇总表如表 5.17 所示。

表 5.17　　费用成本及工时汇总表

20×6 年 2 月

产品批号	直接材料	工时	直接人工	制造费用
1001	31 000.00	2 500.00		

续表

产品批号	直接材料	工时	直接人工	制造费用
1002	25 100.00	3 500.00		
1003	13 000.00	2 100.00		
1004	18 000.00	2 200.00		
合　计	87 100.00	10 300.00	28 840.00	37 080.00

如果该企业2月没有新的产品投产，2月发生的成本及工时如表5.17所示，则2月数据登记后的各基本生产成本明细账和基本生产成本二级账见表5.18、表5.19、表5.20、表5.21和表5.22。

表5.18　　　　　　　　　　**基本生产成本明细账**

产品批号：1001　　　　　　　　　　开工日期：20×6年1月

产品名称：A产品　　　　　产量：10件　　　　　完工日期：

月份	摘要	直接材料	工时	直接人工	制造费用	合　计
1	本月发生	37 100.00	3 200.00			37 100.00
2	本月发生	31 000.00	2 500.00			31 000.00
2	累计数	68 100.00	5 700.00			68 100.00

表5.19　　　　　　　　　　**基本生产成本明细账**

产品批号：1002　　　　　　　　　　开工日期：20×6年1月

产品名称：B产品　　　　　产量：8件　　　　　完工日期：20×6年2月

月份	摘要	直接材料	工时	直接人工	制造费用	合　计
1	本月发生	22 300.00	2 800.00			22 300.00
2	本月发生	25 100.00	3 500.00			25 100.00
2	累计数及累计分配率	47 400.00	6 300.00	2.8	3.6	47 400.00
2	分配间接费用		6 300.00	17 640.00	22 680.00	40 320.00
2	本月完工产品转出	−47 400.00	−6 300.00	−17 640.00	−22 680.00	−87 720.00
2	完工产品单位成本	5 925.00	787.50	2 205.00	2 835.00	10 965.00

表5.20　　　　　　　　　　**基本生产成本明细账**

产品批号：1003　　　　　　　　　　开工日期：20×6年1月

产品名称：C产品　　　　　产量：12件　　　　　完工日期：

月份	摘要	直接材料	工时	直接人工	制造费用	合　计
1	本月发生	14 600.00	1 900.00			14 600.00
2	本月发生	13 000.00	2 100.00			13 000.00
2	累计数	27 600.00	4 000.00			27 600.00

表 5.21 **基本生产成本明细账**

产品批号:1004 开工日期:20×6 年 1 月

产品名称:D 产品 产量:5 件 完工日期:

月份	摘要	直接材料	工时	直接人工	制造费用	合 计
1	本月发生	19 100.00	2 700.00			19 100.00
2	本月发生	18 000.00	2 200.00			18 000.00
2	累计数	37 100.00	4 900.00			37 100.00

表 5.22 **基本生产成本二级账**

(各批产品总成本)

月份	摘要	直接材料	工时	直接人工	制造费用	合 计
1	本月发生	93 100.00	10 600.00	29 680.00	38 160.00	160 940.00
2	本月发生	87 100.00	10 300.00	28 840.00	37 080.00	153 020.00
2	累计数	180 200.00	20 900.00	58 520.00	75 240.00	313 960.00
2	累计分配率			2.8①	3.6②	
2	本月完工产品转出	−47 400.00	−6 300.00	−17 640.00	−22 680.00	−87 720.00
2	月末结余	132 800.00	14 600.00	40 880.00	52 560.00	226 240.00

注:①直接人工累计分配率=58 520/20 900=2.8

②制造费用累计分配率=75 240/20 900=3.6

由于 2 月 1001、1003 和 1004 批号的产品仍未完工,故在 1001、1003 和 1004 批号产品的生产成本明细账上仍只需登记直接材料和工时,并结出累计数。但 1002 批号的产品已完工,所以在 1002 批号的生产成本明细账上除了要登记直接材料和工时外,还要计算其应分配的直接人工和制造费用,根据基本生产成本二级账中全部产品的累计分配率和 1002 批号产品的累计工时计算得出。此时,1002 批号产品的基本生产成本明细账上就能反映这批产品的全部成本,就可将此账上归集的全部成本转出,并计算完工产品单位成本。

同样,由于 2 月有完工产品,所以在基本生产成本二级账上除了要登记 2 月发生的直接材料、直接人工、制造费用和工时的总数外,还需计算累计分配率,按此累计分配率和完工产品的累计工时计算完工产品应负担的间接计入费用。所有完工产品的成本要从基本生产成本二级账上转出,此时基本生产成本二级账上的月末结余是所有未完工批号产品的在产品总成本。

三、简化分批法的优缺点及适用范围

采用简化的分批法,可以减少间接计入费用分配和登记的工作量,月末未完工产品的批数越多,减少的工作量就越多。但由于各批未完工产品基本生产成本明细账内不反映间接计入费用,也就不能完整地反映各批产品的在产品成本。同时,由于累计分配率实际上是一种加权平均分配率,如各月间接计入费用水平相差悬殊,则分配的间接计入费用与实际情况不相符，必然会影响各月产品成本的准确性。这种方法适用于各月完工批数较少、未完工批数较多，且间接计入费用水平及其分配标准水平大致均衡的企业。

第五节　分批法在大批量生产的制造业中的应用

一、分批零件法的意义

某些企业单件小批的装配式复杂生产会逐步发展为大批量生产，这时，前述的分批法就显得不能适应，就可用分批零件法来进行核算。分批零件法是以零件、部件、产品的生产批别为成本计算对象来归集生产费用和计算产品成本的一种方法。它是分批法的延伸，属于分批法类型的成本计算方法。

采用分批零件法的企业一般具有下列特点：

(1)企业的生产不再按客户的订单组织，而是按照自己所确定的品种、规格、数量分批生产，各种品种、规格的生产是成批交叉重复进行。

(2)产品中的标准件、通用件比较多，这些标准件、通用件可以用于不同的产品，还可以单独对外出售，因此应根据需要确定其合理的库存储备。所以标准件、通用件往往是单独成批生产，其批量和产品的批量往往不一致。

在这种情况下，为了正确计算不同批别产品的成本，就需要计算不同批次的标准件、通用件的成本，计算不同批次的零件、部件的成本。

二、分批零件法的成本计算程序

(一)生产成本明细账的设置

在分批零件法下，不仅要按产品的生产批次设置基本生产成本明细账，而且还要按零件、部件(或主要零件、主要部件，下同)的生产批次设置生产成本明细账。各基本生产成本明细账按成本项目设置专栏登记生产费用。

(二)费用的归集和分配

直接生产费用发生时，在原始凭证上要填明生产批别号，经过汇总整理后，编制费用分配表，如材料分配表、工资分配表等，据以记入各生产成本明细账；间接费用则按发生地点归集，记入辅助生产成本明细账、制造费用明细账等，通过编制辅助生产成本分配表、制造费用分配表分配后记入各基本生产成本明细账。

(三)零件、部件成本的计算和结转

各零件、部件完工时，该零件、部件基本生产成本明细账上记录的生产成本即为各批零件、部件的总成本，将总成本除以各批零件、部件的数量即为各批零件、部件的单位成本。零件、部件随同交库单送交自制半成品仓库，仓库应设置自制半成品明细账，登记零件、部件收发、结存的数量和金额，以进行零件、部件的核算和管理。自制半成品明细账中发出零件、部件的计价，可以与材料核算一样采用先进先出法、加权平均法和个别认定法等方法来确定。有的企业为了简化核算工作，用计划成本法来核算自制半成品的成本，月终计算自制半成品的差异分摊率以及应负担的差异数，将其转入各批部件或产品的基本生产成本明细账内，也

可将差异额直接转入制造费用，随制造费用一起分配。

（四）产品成本的计算

某批产品完工时，将该批产品成本明细账上归集的生产费用加总，即为完工产品的总成本。将完工产品总成本除以该产品的产量，就求得该批产品的单位成本。

三、分批零件法与一般分批法的比较

分批零件法与一般分批法相比较，有以下的异同点：

（1）分批零件法和一般分批法都是以生产批别作为成本计算对象，按照批别来计算成本。但分批零件法以零件、部件和产品的批别为成本计算对象；而一般分批法则以产品的批别为成本计算对象。

（2）分批零件法要分别计算零件、部件的成本和产品的成本，一般先计算完工零件的成本，再计算完工部件的成本，最后计算完工产品的成本；而一般分批法只计算产品的成本，不单独计算零件、部件的成本。

（3）分批零件法与一般分批法的成本计算期都是非定期的，与生产周期一致。它们都是在一批产品或零件、部件完工后才计算成本。

（4）在分批零件法下，在产品是狭义的，它仅指车间内没有完工的零件、部件、产品，不包括已完工入库的零件、部件，已完工入库的零件、部件称为自制半成品；而在一般分批法下，在产品是广义的，它不仅包括正在车间加工的零件、部件、产品，还包括已生产完工的零件、部件。

（5）分批零件法适用于零件、部件数量不多，有一些通用件、标准件的大批生产的装配式复杂生产企业，如仪器、仪表生产企业等；一般分批法则适用于单件小批生产企业，如船舶制造业等。

四、分批零件法的应用

【例5—5】 假定利兴工厂设有金工、装配两个基本生产车间，生产各种产品。产品生产过程是先由金工车间生产各种零件，零件完工交自制半成品库；然后将零件组装成各种部件，部件完工也交自制半成品库；最后将零件、部件总装成产品。该厂采用分批零件法计算各批零件、部件、产品的成本，所以要按零件、部件、产品的生产批次分设基本生产成本明细账。现列示20×6年5月部分零件、部件、产品的生产批号和名称，如表5.23所示。

表5.23　利兴工厂部分零件、部件、产品的生产批号和名称

生产批号	零件、部件、产品名称	投产数量	开工日期	完工日期
AH—2—3	零件—AH—2	300只	20×6年3月	20×6年5月
AH—3—1	零件—AH—3	100只	20×6年4月	20×6年5月
AH—6—2	零件—AH—6	200只	20×6年5月	
B—10—2	部件—B—10	100台	20×6年4月	20×6年5月
B—20—5	部件—B—20	50台	20×6年5月	

续表

生产批号	零件、部件、产品名称	投产数量	开工日期	完工日期
04—甲	产品—甲	40 台	20×6 年 5 月	20×6 年 5 月
04—乙	产品—乙	30 台	20×6 年 5 月	

该厂按零件、部件、产品的生产批号开设基本生产成本明细账。完工零件、部件以实际成本转入自制半成品明细账，领用的自制半成品按先进先出法计价。本例中只列举零件 AH—2、AH—3 和部件 B—10 自制半成品明细账，其余从略。

5 月发生的直接人工为：金工车间 17 600 元，装配车间 30 000 元；发生的制造费用为：金工车间 32 000 元，装配车间 57 600 元。直接人工和制造费用均按生产工时比例进行分配。

5 月部分零件、部件、产品耗用原材料、自制半成品、直接人工、制造费用所编制的分配表如表 5.24～表 5.27 所示。

根据分配表登记各生产批号的基本生产成本明细账，归集、计算各批零件、部件、产品的成本，当月完工的零件、部件的成本要从基本生产成本明细账转入自制半成品明细账。部分生产批号的生产成本明细账和自制半成品明细账如表 5.28～表 5.37 所示。

表 5.24　　**直接材料分配表**

20×6 年 5 月

应借账户	金工车间	装配车间	合　计
基本生产成本			
零件：AH—3—1	3 200.00		3 200.00
AH—6—2	2 600.00		2 600.00
⋮	⋮		⋮
⋮	⋮		⋮
部件：B—10—2		1 500.00	1 500.00
B—20—5		1 600.00	1 600.00
⋮		⋮	⋮
⋮		⋮	⋮
产成品：04—甲		1 800.00	1 800.00
04—乙		2 800.00	2 800.00
⋮		⋮	⋮
⋮		⋮	⋮
合　计	32 800.00	52 500.00	85 300.00

表 5.25

领用自制半成品分配表

20×6 年 5 月

应借账户	金额
基本生产成本	
部件:B—10—2	6 000.00
B—20—5	8 000.00
⋮	⋮
⋮	⋮
小计	153 000.00
产成品:04—甲	126 000.00
04—乙	80 500.00
⋮	⋮
⋮	⋮
小计	668 000.00
合计	821 000.00

表 5.26

工资分配表

20×6 年 5 月

应借账户	金工车间		装配车间		合计
	生产工时	分配金额(分配率 2.2 元/小时)	生产工时	分配金额(分配率 2.5 元/小时)	
基本生产成本					
零件:AH—2—3	50.00	110.00			110.00
AH—3—1	80.00	176.00			176.00
AH—6—2	120.00	264.00			264.00
⋮		⋮			⋮
⋮		⋮			⋮
部件:B—10—2			200.00	500.00	500.00
B—20—5			480.00	1 200.00	1 200.00
⋮				⋮	⋮
⋮				⋮	⋮
产成品:04—甲			600.00	1 500.00	1 500.00
04—乙			1 000.00	2 500.00	2 500.00
⋮				⋮	⋮
⋮				⋮	⋮
合计	8 000.00	17 600.00	12 000.00	30 000.00	47 600.00

表 5.27

制造费用分配表

20×6 年 5 月

应借账户	金工车间		装配车间	
	生产工时	分配金额（分配率 4 元/小时）	生产工时	分配金额（分配率 4.8 元/小时）
基本生产成本				
零件:AH—2—3	50.00	200.00		
AH—3—1	80.00	320.00		
AH—6—2	120.00	480.00		
⋮		⋮		
⋮		⋮		
部件:B—10—2			200.00	960.00
B—20—5			480.00	2 304.00
⋮				⋮
⋮				⋮
产成品:04—甲			600.00	2 880.00
04—乙			1 000.00	4 800.00
⋮				⋮
⋮				⋮
合　计	8 000.00	32 000.00	12 000.00	57 600.00

表 5.28

基本生产成本明细账

生产批号:AH—2—3　　开工日期:20×6 年 3 月 5 日

零件名称:AH—2　　产量:300 只　　完工日期:20×6 年 5 月 15 日

月份	直接材料	生产工时	直接人工	制造费用	合　计
3	2 800.00	60.00	143.00	251.00	3 194.00
4	800.00	80.00	188.00	344.00	1 332.00
5		50.00	110.00	200.00	310.00
完工总成本	3 600.00		441.00	795.00	4 836.00
单位成本	12.00		1.47	2.65	16.12

表 5.29　　基本生产成本明细账

生产批号:AH—3—1　　开工日期:20×6 年 4 月 15 日

零件名称:AH—3　　产量:100 只　　完工日期:20×6 年 5 月 30 日

月份	直接材料	生产工时	直接人工	制造费用	合　计
4	2 600.00	66.00	148.50	280.50	3 029.00
5	3 200.00	80.00	176.00	320.00	3 696.00
完工总成本	5 800.00		324.50	600.50	6 725.00
单位成本	58.00		3.245	6.005	67.25

表 5.30　　基本生产成本明细账

生产批号:AH—6—2　　开工日期:20×6 年 5 月 18 日

零件名称:AH—6　　产量:200 只　　完工日期:

月份	直接材料	生产工时	直接人工	制造费用	合　计
5	2 600.00	120.00	264.00	480.00	3 344.00

表 5.31　　基本生产成本明细账

生产批号:B—10—2　　开工日期:20×6 年 4 月 8 日

部件名称:B—10　　产量:100 台　　完工日期:20×6 年 5 月 12 日

月份	直接材料	自制半成品	生产工时	直接人工	制造费用	合　计
4	7 500.00	8 600.00	380.00	912.00	1 786.00	18 798.00
5	1 500.00	6 000.00	200.00	500.00	960.00	8 960.00
完工总成本	9 000.00	14 600.00		1 412.00	2 746.00	27 758.00
单位成本	90.00	146.00		14.12	27.46	277.58

表 5.32　　基本生产成本明细账

生产批号:B—20—5　　开工日期:20×6 年 5 月 20 日

部件名称:B—20　　产量:50 台　　完工日期:

月份	直接材料	自制半成品	生产工时	直接人工	制造费用	合　计
5	1 600.00	8 000.00	480.00	1 200.00	2 304.00	13 104.00

表 5.33　　基本生产成本明细账

生产批号:04—甲　　开工日期:20×6 年 5 月 5 日

产品名称:甲产品　　产量:40 台　　完工日期:20×6 年 5 月 25 日

月份	直接材料	自制半成品	生产工时	直接人工	制造费用	合　计
5	1 800.00	126 000.00	600.00	1 500.00	2 880.00	132 180.00
完工总成本	1 800.00	126 000.00		1 500.00	2 880.00	132 180.00
单位成本	45.00	3 150.00		37.50	72.00	3 304.50

表 5.34　　**基本生产成本明细账**

生产批号:04—乙　　开工日期:20×6 年 5 月 20 日

产品名称:乙产品　　产量:30 台　　完工日期:

月份	直接材料	自制半成品	生产工时	直接人工	制造费用	合　计
5	2 800.00	80 500.00	1 000.00	2 500.00	4 800.00	90 600.00

表 5.35　　**自制半成品明细账**

零件名称:AH—2—3

日期	摘　要	收　入			发　出			结　存		
		数量	单价	金额	数量	单价	金额	数量	单价	金额
5 月 1 日	期初结存							100	16.50	1 650.00
5 月 15 日	完工入库	300	16.12	4 836.00				400		6 486.00
5 月 21 日	领用				100	16.50	1 650.00			
					200	16.12	3 224.00	100	16.12	1 612.00

表 5.36　　**自制半成品明细账**

零件名称:AH—3—1

日期	摘　要	收　入			发　出			结　存		
		数量	单价	金额	数量	单价	金额	数量	单价	金额
5 月 1 日	期初结存							200	67.80	13 560.00
5 月 10 日	领用				150	67.80	10 170.00	50	67.80	3 390.00
5 月 30 日	完工入库	100	67.25	6 725.00				50	67.80	3 390.00
								100	67.25	6 725.00

表 5.37　　**自制半成品明细账**

部件名称:B—10—2

日期	摘　要	收　入			发　出			结　存		
		数量	单价	金额	数量	单价	金额	数量	单价	金额
5 月 1 日	期初结存							50	278.00	13 900.00
5 月 12 日	完工入库	100	277.58	27 758.00				50	278.00	13 900.00
								100	277.58	27 758.00
5 月 19 日	领用				50	278.00	13 900.00	100	277.58	27 758.00

微信扫码获取
名师精讲

管理会计师官方服务号　管会教育

第六章

分步成本法

案例：

一般的纺织企业从原棉到棉纱的加工需要经过以下几道工序：

1. 清棉工序

开清棉：将紧压的原棉松解成较小的棉块或棉束，以利于混合、除杂作用的顺利进行以及清除原棉中的大部分杂质、疵点及不宜纺纱的短纤维。混棉：将不同成分的原棉进行充分而均匀的混合，以利于棉纱质量的稳定。成卷：制成一定重量和长度、厚薄均匀、外形良好的棉卷。

2. 梳棉工序

分梳：将棉块分解成单纤维状态，改善纤维伸直平行状态。除杂：清除棉卷中的细小杂质及短绒。混合：使纤维进一步充分均匀混合。成条：制成符合要求的棉条。

3. 条卷工序

并合与牵伸：一般采用 21 根棉条进行并合、牵伸，提高小卷中纤维的伸直平行程度。成卷：制成规定长度和重量的小卷，要求边缘平整，退解时层次清晰。

4. 精梳工序

除杂：清除纤维中的棉结、杂质和纤维疵点。梳理：进一步分离纤维，排除一定长度以下的短纤维，提高纤维的长度、整齐度和伸直度。牵伸：将棉条拉细到一定粗细，并提高纤维平行伸直度。成条：制成符合要求的棉条。

5. 并条工序

并合：一般用 6～8 根棉条进行并合，改善棉条长片段不匀。牵伸：把棉条拉长抽细到规定重量，并进一步提高纤维的伸直平行程度。混合：利用并合与牵伸，使纤维进一步均匀混合，不同工艺处理的棉条，以及棉与化纤混纺等均可采用棉条混纺方式，在并条机上进行混合。成条：做成圈条成型良好的熟条，有规则地盘放在棉条桶内，供后道工序使用。

6. 粗纱工序

牵伸：将熟条均匀地拉长抽细，并使纤维进一步伸直平行。加捻：将牵伸后的须条加以适当的捻回，使纱条具有一定的强力，以利于粗纱卷绕和细纱机上的退绕。

7. 细纱工序

牵伸：将粗纱拉细到所需细度，使纤维伸直平行。加捻：将须条加以捻回，成为具有一定捻度、一定强力的细纱。卷绕：将加捻后的细纱卷绕在筒管上。成型：制成一定大小和形状的管纱，便于搬运及后道工序加工。

8. 络筒工序

卷绕和成型：将管纱（线）卷绕成容量大、成型好并具有一定密度的筒子。除杂：清除纱线上部分疵点和杂质，以提高纱线的品质。

9. 捻线工序

加捻：用两根或多根单纱，经过并合，加捻制成强力高、结构良好的股线。卷绕：将加捻后的股线卷绕在筒管上。成型：做成一定大小和形状的管线，便于搬运和后道工序加工。

10. 摇纱工序

将络好筒子的纱（线）按规定长度摇成绞纱（线），便于包装、运输及后道工序加工等。

11. 成包工序

将绞纱（线）、筒子纱（线）按规定重量、团数、包数、只数等打成一定体积的小包、中包、大包、筒子包，便于储藏搬运。

思考题：

(1)你觉得以上的生产加工过程有什么特点?

(2)这样的企业应该如何确定产品成本计算对象?

(3)如何计算出每一步骤的产品成本?

第一节　分步成本法的基本原理

一、分步成本法的意义

分步成本法简称分步法，它是以产品生产过程中各个加工步骤为成本计算对象来归集生产费用、计算产品成本的一种成本计算方法。这种方法一般适用于大量大批的连续式生产，生产的同质产品往往按同样的方式分步加工，因此可以假定这些产品所耗费的直接材料、直接人工和制造费用是相同的，诸如冶金、纺织、造纸等行业的企业产品的生产。

在这些企业里，生产的工艺过程是由一系列连续加工步骤所构成，从原材料投入生产，每经过一个加工步骤都形成一种半成品，而这些半成品则是下一步骤的加工对象，直到最后步骤生产出产成品。其中，中间步骤生产的半成品有时可直接对外销售。这种连续加工式的生产组织方式通常是大批或大量生产，即产品在生产线上是川流不息地往下移动的。各种产品生产的程序、生产方法都是相同的，一般没有特殊规格的产品和特定的生产方法。

此外，一些大量大批装配式流水线生产的企业，如生产电视机、电冰箱的企业等，其产品成本计算方法也可采用分步法。

二、分步成本法的特点和分类

(一)分步法的特点

1. 成本计算对象

以各个加工步骤的各种或各类产品作为成本计算对象,按每个加工步骤的各种或各类产品设置成本明细账进行成本核算。

2. 生产费用的归集

生产过程中所发生的生产费用是按加工步骤进行归集的。各步骤所发生的直接费用直接计入各步骤的各产品成本,各步骤的间接费用先按各步骤归集,然后按一定的标准在该步骤的各产品间进行分配。

3. 成本计算期

由于是在大量大批连续式生产的情况下,各步骤每月都有一部分产品完工结转下一步骤或供销售,所以成本计算是定期的,每月月底进行成本计算,成本计算期与生产周期不一致,而与会计报告期一致。

4. 在产品的计价

在大量大批连续式生产的情况下,产品生产是按规定的品种或类别周期地或不断地进行,在计算完工产品成本时,每一步骤一般总有若干在产品存在。因此,必须按照一定的标准将产品成本在完工产品与在产品之间进行划分,即存在在产品的计价问题。常用的计价方法有下列几种:

(1)约当产量法。它是指将月末结存的在产品数量按其完工程度折算为相当于完工产品的数量。如果月末在产品的投料程度与加工程度不相一致,则应分别成本项目计算在产品的约当产量。这是最常用的方法。

(2)在原材料占全部成本比重较大的企业里,第一步骤的在产品可按原材料成本计价,以后各步骤的在产品则按上一步骤的半成品成本计价。也就是说,各步骤的加工费用仅由各步骤已完工半成品或产成品来负担,在产品不负担。

(3)在产品按完工半成品或产成品计价。这种方法适用于已基本上接近完工的在产品,例如未经技术检验部门验收的各种已经加工完成的产品可视同产成品一样计算成本。

(二)分步法的分类

分步法按半成品成本结转方式不同,可分为逐步结转分步法和平行结转分步法。逐步结转分步法是计算并结转各步骤半成品成本的计算方法。平行结转分步法是不计算、不结转各步骤半成品成本的计算方法。

按结转半成品成本时下一步骤生产成本明细账是否反映上一步骤半成品各成本项目的成本,逐步结转分步法又可分为综合结转分步法和分项结转分步法。采用综合结转分步法,上一步骤半成品成本结转至下一步骤时,在下一步骤生产成本明细账上是以“自制半成品”成本项目综合反映上一步骤的半成品成本,不具体反映上一步骤半成品各成本项目的成本。采用分项结转分步法,上一步骤半成品成本结转至下一步骤时,在下一步骤生产成本明细账上需要分别按成本项目登记上一步骤的半成品成本。

三、逐步结转分步法的产品成本结转流程

逐步结转分步法是按照产品连续加工的先后顺序，首先计算第一步骤完工的半成品成本，随着半成品实物由第一步骤转到第二步骤加工，半成品成本也从第一步骤成本明细账结转到第二步骤成本明细账上，然后加上第二步骤加工投入的费用，计算出第二步骤完工的半成品成本。如此按步骤顺序结转，直到最后步骤计算出产成品成本为止。由于此方法在每一步骤的成本明细账上反映了半成品成本的信息，因此又称为计列半成品法，它为半成品的销售定价提供了决策信息。具体的成本结转流程如图 6.1 所示。

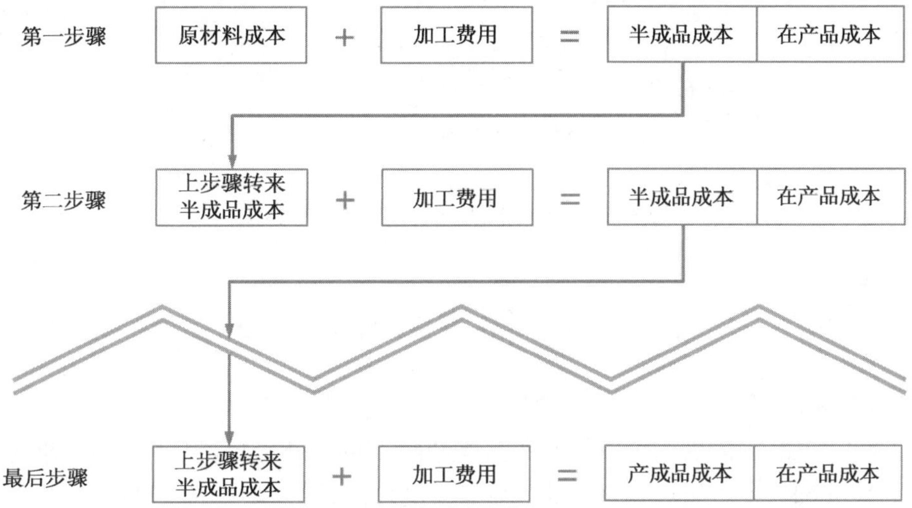

图 6.1　逐步结转分步法的成本计算程序

四、平行结转分步法的产品成本结转流程

在平行结转分步法下，各步骤只计算在本步骤所发生的生产成本，一般不计算各步骤完工半成品的成本。也就是说，虽然各步骤所生产的半成品实物按生产加工的顺序转移到下一步骤继续加工生产，但其成本却依然留在该步骤生产成本明细账上，并不随其实物结转至下一步骤的生产成本明细账。各步骤生产成本明细账上归集的生产费用总额要计算出最后完工的产成品应负担的成本份额，并将其平行地计入产成品成本内。由于这种方法在每一步骤的生产成本明细账上不反映半成品成本的信息，因此又称为不计列半成品法。具体的成本结转流程如图 6.2 所示。

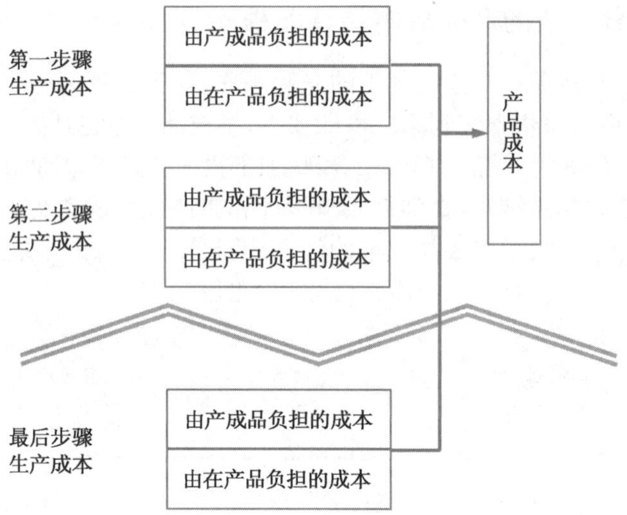

图 6.2　平行结转分步法的成本计算程序

第二节　逐步结转分步法

在采用分步法的大量大批连续加工生产的企业中，各生产步骤所生产出的半成品不仅由本企业进一步加工，而且还可以作为商品或产品直接对外销售，例如钢铁企业的生铁、钢锭，纺织企业的棉纱等产品，在这种情况下，就必须计算各步骤半成品的成本。另外，有些企业的半成品虽然不对外销售，但是为本企业几种产品所耗用，为了分别计算各种产品的成本，也要计算这些半成品的成本，例如机械制造企业所生产的铸件等产品，这些半成品成本的计算就可以采用逐步结转分步法。

一、逐步结转分步法的计算程序

(一)设置成本明细账

在连续加工方式的企业里，一般是按步骤来划分车间的，各车间应按产品的品种来设置成本明细账。但是，如果企业生产规模很小，管理上不要求分车间计算成本，也可以将几个车间合并为一个步骤计算成本；相反，如果企业生产规模很大，车间内还可以分成几个生产步骤，管理上又要求分步计算成本，这时也可以在车间内分步骤计算成本。各步骤成本明细账按成本项目设置专栏，第一步骤的成本明细账可以设“直接材料”、“直接人工”和“制造费用”等栏目，第二步骤及以后步骤的成本明细账要增加“自制半成品”项目，记录上一步骤转入半成品成本。

(二)归集生产费用

成本明细账要按月设置，分别成本项目登记。每月月初，先根据上月资料登记月初在产品成本。然后，根据各要素费用和其他费用分配表登记本月费用。对于能直接归集于各步骤各产品的费用，应直接记入各产品的成本明细账；对于不能直接归集于各步骤各产品的费用，则按一定的标准，分配计入各产品的产品成本中。月末，将月初在产品成本和本月发生费用加总计算出本月生产成本总额。

(三)计算在产品成本

每月月末，如果既有完工半成品(最后步骤是产成品)，又有加工中的在产品，那么，各步骤生产成本明细账上所归集的生产成本总额要在各步骤完工的半成品(最后步骤是产成品)和在产品之间进行分配，以便计算各步骤的完工产品成本。在产品计价通常采用约当产量法，也可采用其他方法。若产品的原材料成本占总成本的比重很大，在产品的计价可简化为：第一步骤只计算原材料成本，其他步骤则只计算自制半成品成本。若在产品的完工程度很高，接近于完工产品，在产品成本的计算可视同完工半成品成本或产成品成本的计算。

(四)计算半成品成本

各生产成本明细账上所归集的生产成本总额，扣除在产品成本后，即为半成品成本(最后步骤为产成品成本)。半成品成本除以半成品数量，即为半成品单位成本。各步骤完工转出的半成品成本应该从各步骤的产品成本明细账中转出；各步骤领用的半成品成本构成了下一步骤的一项费用，在“自制半成品”成本项目中反映。如果半成品完工后，不直接为下一步骤所领用，则转入半成品仓库，应借记“自制半成品”科目，贷记“生产成本”科目。在逐步结转分步法下，半成品成本的计算和结转，具体又可分为两种方法：加权平均法和先进先出法。

(五)计算产成品成本

在逐步结转分步法下，最后步骤生产成本明细账上所归集的生产成本总额扣除期末在产品成本后，即为产成品总成本。产成品总成本除以产成品数量，即为产成品单位成本。

二、逐步结转分步法——加权平均法

为满足成本计算的要求，各生产步骤每月都必须提供下列资料：

(1)期初在产品数量及其完工程度；

(2)本月投产的数量或从上一生产步骤转入的数量；

(3)本生产步骤已完工并转出的数量；

(4)期末在产品数量及其完工程度。

这四个数量资料的关系一般是：

$$\begin{matrix}\text{期初在}\\\text{产品数量}\end{matrix}+\begin{matrix}\text{本月投入数量}\\\text{(或上一步骤转入数量)}\end{matrix}=\begin{matrix}\text{已完工转下一步骤数量}\\\text{(或最后步骤完工产成品数量)}\end{matrix}+\begin{matrix}\text{期末在}\\\text{产品数量}\end{matrix}$$

加权平均法是将月初在产品成本和本期发生的生产成本加在一起，除以月初在产品和本月投入产品的约当总产量，求得一个加权平均的半成品单位成本，然后将这个加权平均的单位成本乘以半成品数量，得出半成品总成本，转入下一步骤成本明细账中。根据上述的产量关系的等式，在计算约当总产量时，实务上一般是以本月完工产品数量加月末在产品约当产量来代替月初在产品和本月投入产品的约当总产量，求得加权平均单位成本。

【例6—1】 假定某企业的产品生产分两个步骤进行，第一步骤在第一车间生产，第二步骤在第二车间生产。其20×6年8月的产量资料和成本资料如表6.1、表6.2和表6.3所示。

表 6.1　**产量资料**　单位:件

	第一车间	第二车间
期初在产品	5 000	4 000
本月投入产品	14 000	—
转下车间半成品或完工产成品	16 000	18 000
期末在产品	—	2 000

第一车间期末在产品完工程度为40%,第一车间的原材料在生产开始时一次投入;第二车间期末在产品完工程度为30%。

表 6.2　**第一车间成本**　单位:元

期初在产品的成本	
直接材料	6 000.00
直接人工	8 000.00
制造费用	10 000.00
小　计	24 000.00
本月发生	
直接材料	17 750.00
直接人工	16 080.00
制造费用	15 800.00
小　计	49 630.00

表 6.3　**第二车间成本**　单位:元

期初在产品的成本	
上车间半成品	7 000.00
直接材料	
直接人工	4 000.00
制造费用	6 000.00
小　计	17 000.00
本月发生	
直接材料	
直接人工	8 648.00
制造费用	9 996.00
小　计	18 644.00

根据以上产量资料和成本资料，两个车间产品成本的计算过程如下：

1. 第一车间的产品成本计算

第一步：第一车间的约当产量如表 6.4 所示。

表 6.4　　约当产量计算表　　单位：件

	实际产量	约当产量		
		直接材料	直接人工	制造费用
月初在产品	5 000	—	—	—
本月投入产品	14 000	—	—	—
小　计	19 000	—	—	—
转第二车间半成品	16 000	16 000	16 000	16 000
月末在产品	3 000	3 000	1 200	1 200
合　计	19 000	19 000	17 200	17 200

第二步：第一车间产品成本明细账如表 6.5 所示。

表 6.5　　产品成本明细账　　单位：元

摘　要	直接材料	直接人工	制造费用	合　计
月初在产品成本	6 000.00	8 000.00	10 000.00	24 000.00
本月生产成本	17 750.00	16 080.00	15 800.00	49 630.00
合　计	23 750.00	24 080.00	25 800.00	73 630.00
约当总产量	19 000.00	17 200.00	17 200.00	—
约当产量单位成本	1.25	1.40	1.50	—
完工半成品成本	20 000.00	22 400.00	24 000.00	66 400.00
完工半成品单位成本	1.25	1.40	1.50	4.15
月末在产品成本	3 750.00	1 680.00	1 800.00	7 230.00

2. 第二车间的产品成本计算

第一步：第二车间的约当产量如表 6.6 所示。

表 6.6　　约当产量计算表　　单位：件

	实际产量	约当产量		
		自制半成品	直接人工	制造费用
月初在产品	4 000	—	—	—
本月投入产品	16 000	—	—	—
小　计	20 000	—	—	—

续表

	实际产量	约当产量		
		自制半成品	直接人工	制造费用
完工产成品	18 000	18 000	18 000	18 000
月末在产品	2 000	2 000	600	600
合　计	20 000	20 000	18 600	18 600

第二步：第二车间产品成本明细账如表6.7所示。

表6.7　　产品成本明细账　　单位：元

摘　要	自制半成品	直接人工	制造费用	合　计
月初在产品成本	7 000.00	4 000.00	6 000.00	17 000.00
本月生产成本	66 400.00	8 648.00	9 996.00	85 044.00
合 计	73 400.00	12 648.00	15 996.00	102 044.00
约当总产量	20 000.00	18 600.00	18 600.00	—
约当产量单位成本	3.67	0.68	0.86	—
完工产成品成本	66 060.00	12 240.00	15 480.00	93 780.00
完工产成品单位成本	3.67	0.68	0.86	5.21
月末在产品成本	7 340.00	408.00	516.00	8 264.00

三、逐步结转分步法——先进先出法

先进先出法是假定企业的生产加工流程是有先后顺序的，通常每月开始生产时先对上月留下的期初在产品进行加工，等这些产品加工完成后，再对本月投入产品进行加工。所以，如果产品的生产周期小于一个月，那么，月初在产品应该包含在本月完工产品中，它的成本由两部分组成：一是上月结余的成本，二是本月投入的成本。这就要求在进行成本计算和完工半成品成本结转时，将上月结转、本月完工的产品成本和本月投产、本月完工的产品成本区别开来，以分别反映前后两个月的成本水平。

为了计算本月的成本水平，就需计算本月产品的约当产量。本月产品的约当产量不包括期初在产品在上月的生产量，也就是说，它只与本月发生的生产耗费有关，而与月初在产品成本无关。计算方法有下面两种：

方法一：

本月约当产量＝全部约当产量－月初在产品约当产量

＝本月完工产品产量＋月末在产品约当产量－月初在产品约当产量

方法二：

本月约当产量＝月初在产品在本月加工的约当产量＋本月投产、本月完工产品数量＋月末在产品约当产量

＝月初在产品数量×(1－上月完工百分比)＋本月投产、本月完工产品数量＋月末在产品数量×本月完工百分比

将本月发生的产品成本除以本月约当产量，即为本月约当产量单位成本。在产品生产周期小于一个月的情况下，月初在产品将在本月全部加工完毕，故月初在产品成本应全部由本月完工产品负担。月末在产品全部由当月投入，月末在产品成本反映的是当月成本水平，与月初成本水平无关。所以，将本月约当产量单位成本乘以月末在产品约当产量即为月末在产品成本，将月初和本月发生的生产费用合计数减去月末在产品成本即为本月完工产品成本。当然，本月完工产品成本也可按以下方法求得：

本月完工产品成本＝月初结转、本月完工的产品成本＋本月投产、本月完工的产品成本

＝月初在产品成本＋本月约当产量单位成本×月初在产品在本月加工的约当产量＋本月约当产量单位成本×本月投产、本月完工的产品数量

由此可见，在先进先出法下，月末在产品反映的是当月的成本水平，而本月完工产品成本则既受上月成本水平的影响，又受本月成本水平的影响。

【例6—2】　下面仍以【例6—1】的资料为例，假定第一车间期初在产品的完工程度为40％，第二车间期初在产品的完工程度为60％。

1. 第一车间的产品成本计算

表6.8　　**约当产量计算表**　　单位：件

		实际产量	约当产量		
			直接材料	直接人工	制造费用
期初在产品		5 000	—	—	—
本月投入产品		14 000	—	—	—
小　计		19 000	—	—	—
转第二车间半成品(16 000件)	期初在产品	5 000	0	3 000	3 000
	本月投入、本月完工	11 000	11 000	11 000	11 000
期末在产品		3 000	3 000	1 200	1 200
合　计		19 000	14 000	15 200	15 200

表6.9　　**产品成本明细账**　　单位：元

摘　要	直接材料	直接人工	制造费用	合　计
月初在产品成本	6 000.00	8 000.00	10 000.00	24 000.00
本月生产成本	17 750.00	16 080.00	15 800.00	49 630.00
合　计	23 750.00	24 080.00	25 800.00	73 630.00

续表

摘 要		直接材料	直接人工	制造费用	合 计
约当总产量		14 000.00	15 200.00	15 200.00	—
约当产量单位成本*		1.27	1.06	1.04	—
完工半成品成本	月初在产品成本	6 000.00	8 000.00	10 000.00	24 000.00
	月初在产品本月完工成本	0.00	3 180.00	3 120.00	6 300.00
	本月投入、本月完工成本	13 970.00	11 660.00	11 440.00	37 070.00
	小 计	19 970.00	22 840.00	24 560.00	67 370.00
月末在产品成本		3 780.00	1 240.00	1 240.00	6 260.00

* 直接材料约当产量单位成本＝17 750.00÷14 000.00＝1.27

直接人工约当产量单位成本＝16 080.00÷15 200.00＝1.06

制造费用约当产量单位成本＝15 800.00÷15 200.00＝1.04

注：保留2位小数。

以上生产成本明细账中，完工半成品成本分解为三个部分：月初在产品成本、月初在产品在本月的加工成本和本月投产且本月完工的半成品成本。其中，月初在产品成本即为上月末在产品成本，反映上月的成本水平；月初在产品在本月的加工成本反映的是本月的成本水平，由本月约当产量单位成本乘以月初在产品在本月加工的约当产量求得；本月投产且本月完工的半成品成本反映的也是本月的成本水平，由本月约当产量单位成本乘以本月投产且本月完工的半成品数量求得。

2. 第二车间的产品成本计算

第二车间的约当产量和生产成本的计算与第一车间基本相同，只是在计算自制半成品的约当产量时，不需考虑期初、期末在产品的完工程度，或者说期初、期末在产品的完工程度均为100%。实际上，先进先出法下自制半成品的约当产量就是本步骤的投入量，无须作专门的计算。

表 6.10　　约当产量计算表　　单位：件

		实际产量	约当产量		
			自制半成品	直接人工	制造费用
期初在产品		4 000	—	—	—
本月投入产品		16 000	—	—	—
小 计		20 000	—	—	—
完工产成品（18 000件）	期初在产品	4 000	0	1 600	1 600
	本月投入、本月完工	14 000	14 000	14 000	14 000
期末在产品		2 000	2 000	600	600
合 计		20 000	16 000	16 200	16 200

表 6.11 **产品成本明细账** 单位:元

摘　要		自制半成品	直接人工	制造费用	合　计
月初在产品成本		7 000.00	4 000.00	6 000.00	17 000.00
本月生产成本		67 370.00	8 648.00	9 996.00	86 014.00
合　计		74 370.00	12 648.00	15 996.00	103 014.00
约当总产量		16 000.00	16 200.00	16 200.00	—
约当产量单位成本*		4.21	0.53	0.62	—
完工产品成本	月初在产品成本	7 000.00	4 000.00	6 000.00	17 000.00
	月初在产品本月完工成本	0.00	848.00	992.00	1 840.00
	本月投入、本月完工成本	58 940.00	7 420.00	8 680.00	75 040.00
	小　计	65 940.00	12 268.00	15 672.00	93 880.00
月末在产品成本		8 430.00	380.00	324.00	9 134.00

* 自制半成品约当产量单位成本＝67 370.00÷16 000.00＝4.21

直接人工约当产量单位成本＝8 648.00÷16 200.00＝0.53

制造费用约当产量单位成本＝9 996.00÷16 200.00＝0.62

注:保留 2 位小数。

记入下步骤本月“自制半成品”项目的成本,是上步骤完工半成品的单位成本和下步骤投入产量的乘积。在此例中,由于下步骤投入的数量等于上步骤产出的数量,所以不管是加权平均法还是先进先出法,记入下步骤本月“自制半成品”项目的成本就是上步骤完工半成品成本。但是,如果下步骤投入的数量与上步骤产出的数量不等,则需根据实际情况进行计算。如果在两个步骤之间有自制半成品仓库,上步骤的自制半成品完工后要入库,下步骤生产时要从自制半成品仓库领用,那么应设置自制半成品明细账对自制半成品的收入、发出、结存进行核算,按照先进先出法、加权平均法或其他方法对下步骤耗用的自制半成品计价。

四、加权平均法与先进先出法的比较

表 6.12 汇总了前例中加权平均法和先进先出法计算的产品成本的差异。

表 6.12 **成本差异表** 单位:元

	加权平均法	先进先出法	差　异
第一步骤完工半成品成本	66 400.00	67 370.00	−970.00
第一步骤月末在产品成本	7 230.00	6 260.00	970.00
合　计	73 630.00	73 630.00	0.00
第二步骤完工产品成本	93 780.00	93 880.00	−100.00
第二步骤月末在产品成本	8 264.00	9 134.00	−870.00
合　计	102 044.00	103 014.00	−970.00

根据表 6.12 的计算结果,两种方法的成本差异不是很大。加权平均法的计算过程比较

简单，但是要具备的条件有：一是期末在产品数量占总产量的百分比不大；二是每月在产品数量比较稳定，且各月成本也比较稳定，否则产品成本计算结果的精确性会有所影响。

先进先出法的优点是把月初在产品加工而成的完工产品与由本月投产完工产品的单位成本分别计算，有利于成本分析和成本控制。但是，此法的产品成本计算工作量比较大。

五、成本还原

逐步结转分步法是按加工步骤顺序计算半成品成本，并逐步累计结转，在最后一个步骤成本明细账中，完工产成品成本构成中有“自制半成品”成本项目，该项目综合反映了以前步骤累计转入的成本，其他成本项目只包含最后生产步骤发生的成本。这样计算出的产成品成本就不能按原始成本项目反映产品成本的构成情况，也就不利于产品的成本分析和成本考核。因此，就有必要进行成本还原，即对产成品成本中“自制半成品”成本项目的成本按原始成本项目进行分解还原，以求得按原始成本项目反映的产成品成本的构成情况。还原的方法通常采用逆序法，即从最后一个生产步骤开始，把各步骤所耗上步骤自制半成品的综合成本，按上一生产步骤各成本项目成本的构成比重逐步分解还原，直至分解到第一生产步骤，还原成“直接材料”、“直接人工”和“制造费用”等原始成本项目，然后将还原前的产成品成本和各步骤的还原数按成本项目相加，即可求得按原始成本项目反映的产品成本。

【例 6—3】 某企业甲产成品经过三个步骤加工而成，采用逐步结转分步法计算产品成本。本月完工甲产成品成本构成为：自制半成品 30 000 元、直接人工 1 250 元、制造费用 1 500 元。本月第一步骤、第二步骤成本资料如表 6.13 所示。

表 6.13　完工产品成本及其构成比重

	自制半成品	直接材料	直接人工	制造费用	合　计
第一步骤半成品成本(元)	—	15 000.00	2 000.00	3 000.00	20 000.00
第一步骤成本构成比重	—	75%	10%	15%	100%
第二步骤半成品成本(元)	20 400.00	—	1 440.00	2 160.00	24 000.00
第二步骤成本构成比重	85%	—	6%	9%	100%

甲产成品的成本还原计算过程如表 6.14 所示。

表 6.14　成本还原计算表　单位：元

	自制半成品	直接材料	直接人工	制造费用	合　计
甲产成品成本	30 000.00	—	1 250.00	1 500.00	32 750.00
半成品成本 30 000 元还原到第二步骤	25 500.00	—	1 800.00	2 700.00	30 000.00
半成品成本 25 500 元还原到第一步骤	—	19 125.00	2 550.00	3 825.00	25 500.00
合　计	—	19 125.00	5 600.00	8 025.00	32 750.00

在以上成本还原计算表中，先将第三步骤甲产成品中的自制半成品成本 30 000 元，按第二步骤半成品成本构成比重，还原为第二步骤各成本项目；再将第二步骤半成品成本

25 500 元进一步按第一步骤半成品成本构成比重，还原为第一步骤各成本项目；最后，按成本项目相加，即可得到还原后的甲产成品成本的原始构成。此法也可称为成本项目比重法。

在实际工作中，通常采用还原分配率法来进行还原。所谓还原分配率法，是先计算出还原分配率，然后将还原分配率分别乘以上步骤完工产品各成本项目的成本来求得成本还原额，最后将还原前的产品成本和成本还原额按成本项目相加，即可得到还原后的产品成本。具体计算公式如下：

还原分配率＝本步骤完工产品成本中的自制半成品成本÷上步骤完工产品总成本

成本还原额＝上步骤完工产品各成本项目的成本×还原分配率

【例 6—4】 依【例 6—3】的资料按还原分配率法进行成本还原，还原计算表如表 6.15 所示。

表 6.15　　**成本还原计算表**　　单位：元

		还原分配率	自制半成品	直接材料	直接人工	制造费用	合　计
还原前甲产成品成本			30 000.00		1 250.00	1 500.00	32 750.00
成本还原	第二步骤完工产品成本		20 400.00		1 440.00	2 160.00	24 000.00
	第二步骤半成品成本还原	30 000÷24 000＝1.25	−30 000.00 25 500.00		1 800.00	2 700.00	0.00
	第一步骤半成品成本			15 000.00	2 000.00	3 000.00	20 000.00
	甲半成品成本还原	25 500÷20 000＝1.275	−25 500.00	19 125.00	2 550.00	3 825.00	0.00
还原后甲产成品总成本				19 125.00	5 600.00	8 025.00	32 750.00

上述两种方法都是按自制半成品的实际成本比例还原的，其最后还原结果是相同的，但是计算过程比较复杂。实际中，企业为简化成本还原的计算工作，往往采用计划成本比例法来进行还原。具体的做法是，根据各步骤(除最后步骤外)按计划成本计算的成本项目构成比例，逆序还原，算出最后步骤自制半成品的成本项目构成比例，以后就按这个比例，把最后步骤“自制半成品”这一综合成本项目一次还原为原始成本项目。

【例 6—5】 假定【例 6—3】中第一步骤和第二步骤的成本构成比重为计划成本的成本项目构成比例，则甲产成品中“自制半成品”项目计划成本比例的计算如表 6.16 所示。

表 6.16　　**计划成本比例计算表**

项　目	行次	自制半成品	直接材料	直接人工	制造费用	合　计
第二步骤计划成本项目构成比例	(1)	85%		6%	9%	100%
第一步骤计划成本项目构成比例	(2)		75%	10%	15%	100%
对第二步骤“自制半成品”项目按第一步骤半成品比例还原	(3)	−85%	63.75%	8.50%	12.75%	0
还原后第二步骤半成品计划成本项目构成比例	(4)	0	63.75%	14.50%	21.75%	100%

在表6.16中，第(3)行的63.75%、8.50%和12.75%，是由第(1)行“自制半成品”项目比例85%分别乘以第(2)行半成品计划成本项目构成比例75%、10%和15%后取得的；第(4)行还原后第二步骤半成品计划成本项目构成比例，是由第(1)行中有关数字加上第(3)行的相应数字后取得的。这样，在对甲产成品中“自制半成品”项目进行还原时，只需将甲产成品中自制半成品30 000元分别乘以第(4)行的相应数字即可。

有些半成品在国民经济中具有独立的意义，如棉纱、坯布、生铁、钢锭等，这些半成品在编制成本报表时也可不进行成本还原。

第三节　平行结转分步法

在采用分步法的大量大批连续加工式生产的企业中，有些企业各步骤生产完工的半成品主要是供本企业下步骤继续加工所用，很少出售或根本不出售。在这种情况下，可以不计算各步骤完工半成品的成本，也不计算各步骤所耗上一步骤的半成品成本，而是只计算本步骤发生的各项生产费用以及这些费用中应计入最终完工产成品的成本“份额”，将相同产品的各步骤产品成本明细账中的这些份额平行结转、汇总，得到产成品成本。这种结转各步骤成本的方法就是平行结转分步法，也称为不计列半成品成本分步法。

与逐步结转分步法一样，准确、及时的产量记录对正确、及时地采用平行结转分步法作成本核算同样是十分重要的。产量记录应包括各步骤月初在产品数量及其完工程度、本月投入数量或上步骤转入数量、本月已完工转出数量、月末在产品数量及其完工程度等。由于平行结转分步法不进行各步骤完工半成品成本的计算和结转，完工产成品的计算是通过将各步骤成本中应计入产成品的份额平行地加总后求得，所以各步骤在进行成本核算时，不仅要有本步骤的产量记录，而且还必须有以后各步骤的产量记录。

一、平行结转分步法成本计算的具体程序

(一)设置成本明细账

各个生产步骤按产品的品种或类别设置成本明细账，成本明细账按成本项目设置专栏。与逐步结转分步法不同，平行结转分步法下各步骤成本明细账都不必增设“自制半成品”成本项目。

(二)归集生产费用

成本明细账中费用的归集应分别成本项目进行登记。月初在产品成本根据上月末结余的成本资料登记，本月生产费用根据本月各费用分配表资料登记。与逐步结转分步法不同，平行结转分步法下各步骤成本明细账中所登记的本月生产费用都只是在本步骤发生的生产费用，不包含由上步骤转入本步骤的半成品成本，即半成品成本是不随着半成品实物的转移而结转的，而是反映在发生费用的某步骤成本明细账中。

(三)各步骤分配率的计算

报告期末，各步骤生产成本明细账上期初在产品成本与本月发生费用的合计数应该在本步骤完工产品与在产品之间进行分配，以计算单位产品的加工费用。其中，在产品计价与逐步结转分步法一样，可采用约当产量法或其他方法进行，但是，通常采用约当产量法计价。

各步骤成本明细账上的成本合计数除以各步骤约当产量，就可得到各步骤的单位约当产量分配率。由于半成品成本是不随着其实物的转移而结转的，各步骤生产成本明细账上的成本，不仅包括本步骤的完工半成品和月末在产品在本步骤所发生的成本，而且还包括已转入以后步骤的完工半成品在本步骤所发生的成本。因此，各步骤在进行约当产量的计算时，不仅要考虑本步骤的产量情况，而且还要考虑以后步骤的产量情况。各步骤单位约当产量成本计算公式如下：

本步骤单位约当产量成本＝(本步骤月初在产品成本＋本步骤本月投入费用)÷本步骤约当产量

(四)产成品成本份额的计算

将最后步骤完工产成品数量分别乘以各步骤单位约当产量成本就可得到各步骤计入完工产成品成本的份额。

(五)各步骤在产品成本的计算

各步骤生产成本明细账上所归集的费用总额，减去各步骤应计入产成品成本份额后的余额，就是在产品成本。显然，这里的在产品成本不仅包括尚在本步骤加工的在产品应负担的生产成本，而且还包括本步骤已经加工生产完成，但尚未最后制成产成品的半成品应负担的生产成本。

(六)完工产成品成本的汇总

将各步骤计算出的应计入产成品成本的生产成本，按成本项目进行汇总，即可得到完工产成品成本，也就是产成品总成本。将产成品总成本除以完工产品产量，即可求得产成品单位成本。

二、平行结转分步法下约当产量的计算

在平行结转分步法下，半成品成本不随着半成品实物的转移而结转。各步骤生产成本明细账中反映的在产品成本，不仅包括正在本步骤加工的在产品所发生的生产成本，而且还包括已完成本步骤生产加工并转移到以后各步骤，但尚未最后制成产成品的半成品(即以后各步骤的在产品)在本步骤所发生的生产成本。与此成本内容相对应，平行结转分步法下各步骤约当产量的计算，不仅要计算最终完工产品的数量和正在本步骤加工的月末在产品的约当产量，而且还要计算在本步骤生产加工完工并已转移到以后各步骤，但尚未最后制成产成品的那些半成品(即以后各步骤的在产品)的数量。约当产量计算公式如下：

公式一：

某步骤约当产量＝本步骤月末在产品折合本步骤半成品数量＋以后各步骤月末在产品数量＋最后步骤完工产成品数量

此公式是从产出角度考虑的。若从投入角度考虑，约当产量还可用以下公式计算：

公式二：

某步骤约当产量＝本步骤月末在产品折合本步骤半成品数量＋本步骤完工半成品数量＋以后各步骤月初在产品数量

这是因为，在平行结转分步法下，各步骤生产成本明细账中生产成本的内容由以下三个部分构成：

(1)本步骤月初在产品在本步骤发生的生产成本；

(2)以后各步骤月初在产品在本步骤发生的生产成本；

(3)本步骤本月投入的生产成本。

各步骤生产成本明细账中的月初在产品成本即为以上第(1)项与第(2)项之和，本月发生成本即为以上第(3)项内容。相应地，在进行约当产量计算时，也应包括以上三项内容。由于以上第(1)项与第(3)项内容之和，又可分解为本步骤本月完工半成品在本步骤发生的成本和本步骤月末在产品在本步骤发生的成本，故约当产量的计算公式也可由以上公式二表示。

将以上公式二与逐步结转分步法的约当产量计算公式比较后可知，逐步结转分步法与平行结转分步法在约当产量计算上的区别在于：逐步结转分步法只需计算本步骤的约当产量即可；而在平行结转分步法下，不仅要计算本步骤的约当产量，而且还要计算以后步骤月初在产品的数量。

【例 6—6】 假定某企业的产量资料如表 6.17 所示。

表 6.17 **产量汇总表** 单位：件

项　目	第一步骤	第二步骤	第三步骤
月初在产品	40	60	20
本月投入或上步骤转入	100	110	100
本月完工转出	110	100	90
月末在产品	30	70	30

假定在产品的完工程度均为 50%，原材料在月初一次性投入。根据这些资料，可进行约当产量的计算如下：

第一步骤约当产量：

直接材料：30×100%+70+30+90=220(件)

工费：30×50%+70+30+90=205(件)

第二步骤约当产量：

直接材料：70×100%+30+90=190(件)

工费：70×50%+30+90=155(件)

第三步骤约当产量：

直接材料：30×100%+90=120(件)

工费：30×50%+90=105(件)

需要注意的是，如果上步骤的产出不等于下步骤的投入，则可理解为除了生产车间外另有自制半成品的库存，所以若用公式一计算要加上这自制半成品的期末库存，若用公式二计算则应加上这自制半成品的期初库存。

如果将第一步骤的本月投入数和完工转出数分别改为 120 件和 130 件，如表 6.18 所示。

表 6.18　　产量汇总表

项　目	第一步骤
月初在产品	40
本月投入或上步骤转入	120
本月完工转出	130
月末在产品	30

则第一步骤的自制半成品就会产生另外 20 件库存（130 件减 110 件，假定期初无库存），则第一步骤的约当产量可计算如下：

直接材料：30×100%＋70＋30＋90＋20＝240（件）

工费：30×50%＋70＋30＋90＋20＝225（件）

如果将第一步骤的本月投入数和完工转出数分别改为 70 件和 80 件，如表 6.19 所示。

表 6.19　　产量汇总表

项　目	第一步骤
月初在产品	40
本月投入或上步骤转入	70
本月完工转出	80
月末在产品	30

则第一步骤的自制半成品至少另有 30 件库存，否则不可能有第二步骤 110 件的投入。若期初半成品库存为 100 件，则期末半成品库存为 70 件（100 件减 30 件），第一步骤的约当产量可计算如下：

直接材料：30×100%＋70＋30＋90＋70＝290（件）

工费：30×50%＋70＋30＋90＋70＝275（件）

或者：

直接材料：30×100%＋80＋60＋20＋100＝290（件）

工费：30×50%＋80＋60＋20＋100＝275（件）

三、平行结转分步法的具体应用

【例 6—7】 假设某企业设有三个基本生产车间。第一车间生产甲半成品，第二车间将甲半成品加工为乙半成品，第三车间将乙半成品加工为丙产成品。原材料在生产开始时一次投入。月末在产品完工程度：第一车间为 50%，第二车间为 20%，第三车间为 80%。由于该企业甲半成品和乙半成品不对外销售，所以不需要计算各步骤完工半成品的成本，可采用平行结转分步法计算产品成本，各车间成本明细账设“直接材料”、“直接人工”和“制造费用”三个成本项目。该企业 20×6 年 9 月份各车间的产量记录和成本资料如表 6.20 和表 6.21 所示。

表 6.20　　产量记录

20×6 年 9 月　　单位:件

	第一车间	第二车间	第三车间
月初在产品数量	1 200	800	1 000
本月投入或上步骤转入数量	5 800	6 000	5 500
本月完工转出数量	6 000	5 500	5 000
月末在产品数量	1 000(50%)	1 300(20%)	1 500(80%)

表 6.21　　月初在产品成本和本月发生费用

20×6 年 9 月　　单位:元

项　目		直接材料	直接人工	制造费用	合　计
月初在产品成本	第一车间	452 000.00	149 000.00	224 000.00	825 000.00
	第二车间	178 000.00	102 880.00	127 200.00	408 080.00
	第三车间	48 000.00	188 400.00	283 600.00	520 000.00
本月发生成本	第一车间	868 000.00	349 000.00	523 000.00	1 740 000.00
	第二车间	680 000.00	830 000.00	1 022 000.00	2 532 000.00
	第三车间	290 000.00	1 312 000.00	1 948 400.00	3 550 400.00

(1)根据实际产量资料,各车间约当产量计算如表 6.22、表 6.23 和表 6.24 所示。

表 6.22　　第一车间约当产量计算表

20×6 年 9 月　　单位:件

项　目	实际产量	约当产量		
		直接材料	直接人工	制造费用
产成品	5 000	5 000	5 000	5 000
第一车间期末在产品	1 000	1 000	500	500
第二车间期末在产品	1 300	1 300	1 300	1 300
第三车间期末在产品	1 500	1 500	1 500	1 500
合　计	8 800	8 800	8 300	8 300

表 6.23　　第二车间约当产量计算表

20×6 年 9 月　　单位:件

项　目	实际产量	约当产量		
		直接材料	直接人工	制造费用
产成品	5 000	5 000	5 000	5 000

续表

项　目	实际产量	约当产量		
		直接材料	直接人工	制造费用
第二车间期末在产品	1 300	1 300	260	260
第三车间期末在产品	1 500	1 500	1 500	1 500
合　计	7 800	7 800	6 760	6 760

表 6.24　　第三车间约当产量计算表

20×6 年 9 月　　单位:件

项　目	实际产量	约当产量		
		直接材料	直接人工	制造费用
产成品	5 000	5 000	5 000	5 000
第三车间期末在产品	1 500	1 500	1 200	1 200
合　计	6 500	6 500	6 200	6 200

(2)根据月初在产品成本和本月发生费用,以及各车间的约当产量计算表登记各车间生产成本明细账,分别计算各车间单位约当产量应负担的直接材料、直接人工和制造费用,计算产成品和月末在产品成本。具体计算结果如表 6.25、表 6.26 和表 6.27 所示。

表 6.25　　生产成本明细账

第一车间　　20×6 年 9 月　　单位:元

	直接材料	直接人工	制造费用	合　计
月初在产品成本	452 000.00	149 000.00	224 000.00	825 000.00
本月生产费用	868 000.00	349 000.00	523 000.00	1 740 000.00
生产费用合计	1 320 000.00	498 000.00	747 000.00	2 565 000.00
约当产量	8 800.00	8 300.00	8 300.00	—
分配率	150.00	60.00	90.00	—
产成品负担的份额(5 000 件)	750 000.00	300 000.00	450 000.00	1 500 000.00
月末在产品成本	570 000.00	198 000.00	297 000.00	1 065 000.00

表 6.26　　生产成本明细账

第二车间　　20×6 年 9 月　　单位:元

	直接材料	直接人工	制造费用	合　计
月初在产品成本	178 000.00	102 880.00	127 200.00	408 080.00
本月生产费用	680 000.00	830 000.00	1 022 000.00	2 532 000.00

续表

	直接材料	直接人工	制造费用	合　计
生产费用合计	858 000.00	932 880.00	1 149 200.00	2 940 080.00
约当产量	7 800.00	6 760.00	6 760.00	—
分配率	110.00	138.00	170.00	—
产成品负担的份额(5 000 件)	550 000.00	690 000.00	850 000.00	2 090 000.00
月末在产品成本	308 000.00	242 880.00	299 200.00	850 080.00

表 6.27　　生产成本明细账

第三车间　　20×6 年 9 月　　单位:元

	直接材料	直接人工	制造费用	合　计
月初在产品成本	48 000.00	188 400.00	283 600.00	520 000.00
本月生产费用	290 000.00	1 312 000.00	1 948 400.00	3 550 400.00
生产费用合计	338 000.00	1 500 400.00	2 232 000.00	4 070 400.00
约当产量	6 500.00	6 200.00	6 200.00	—
分配率	52.00	242.00	360.00	—
产成品负担的份额(5 000 件)	260 000.00	1 210 000.00	1 800 000.00	3 270 000.00
月末在产品成本	78 000.00	290 400.00	432 000.00	800 400.00

(3)本月完工产成品的成本汇总表如表 6.28 所示。

表 6.28　　产成品成本计算表

20×6 年 9 月　　单位:元

	直接材料	直接人工	制造费用	合　计
第一车间	750 000.00	300 000.00	450 000.00	1 500 000.00
第二车间	550 000.00	690 000.00	850 000.00	2 090 000.00
第三车间	260 000.00	1 210 000.00	1 800 000.00	3 270 000.00
总成本	1 560 000.00	2 200 000.00	3 100 000.00	6 860 000.00
单位成本	312.00	440.00	620.00	1 372.00

在本例中,第二车间投入的数量等于第一车间产出的数量,第三车间投入的数量等于第二车间产出的数量。如果投入的数量与产出的数量不等,则约当产量计算时应考虑自制半成品的期末库存量,或自制半成品的期初库存量。此外,这里的在产品与逐步结转分步法下的在产品不同,它不仅包括各步骤正在加工的在产品,还包括本步骤已经加工完成并转入下一步骤进一步加工,或已由半成品库验收,还需要进一步加工的自制半成品,这是就整个企业而言的广义在产品。

四、平行结转分步法与逐步结转分步法的比较

平行结转分步法与逐步结转分步法就计算方法来比较，两者有以下不同之处：

（一）在产品的含义不同

逐步结转分步法下的在产品，仅指正在本步骤加工的在产品，所以是狭义的在产品。它的成本是按在产品所在地反映的，故有利于在产品资金的管理。平行结转分步法下的在产品，不仅包括正在本步骤加工的在产品，而且还包括经本步骤加工完毕，并已转入以后步骤但尚未最后成为产成品的一切半成品，所以是广义的在产品。它的成本是留在成本发生地的成本明细账内，也就是按在产品成本发生地反映。

（二）半成品成本处理方法不同

在逐步结转分步法下，各步骤要计算完工半成品成本，并且半成品成本是随着半成品实物的转移而逐步结转的。若有半成品直接对外销售，可及时提供成本资料。在平行结转分步法下，一般不计算半成品成本。半成品实物按生产工艺过程向下一步骤转移时，它的成本仍留在发生地的成本明细账内，故不便于半成品资金的管理。而且，如果半成品需要出售，需另行计算半成品成本。

（三）产成品成本计算方法不同

在逐步结转分步法下，产成品成本即最后步骤的完工产品成本，它包括由以前步骤逐步转入的自制半成品成本和最后步骤的加工费用，如采用综合结转方式，通常要对自制半成品成本进行还原。在平行结转分步法下，产成品成本是由各步骤应计入最终产成品的份额平行加总而得，可以反映原始的成本项目，所以没有成本还原问题。

（四）成本计算的及时程度不同

在逐步结转分步法下，需按加工步骤的先后顺序逐个进行各步骤的产品成本计算，后一步骤的成本计算有待于前一步骤成本计算的完毕才能计算出来，有时还要进行成本还原。在平行结转分步法下，各步骤可以同时结算成本，平行计入产成品成本，计算工作比较及时。

虽然两种计算方法有以上这些不同点，但最终计算出来的产成品成本仅稍有差异。故企业可根据自身的特点及管理上的要求，选择合适的成本计算方法。比如，自制半成品直接出售较多的企业，可采用逐步结转分步法；反之，则可采用平行结转分步法。

第四节　分步法与废品的核算方法

一、废品和返工品的核算意义

在企业的生产加工过程中，由于各种原因不可避免会出现废品和返工品，而这些废品和返工品的出现必然会增加企业的成本，影响企业的经济效益和社会效益。在当下全球竞争的环境中，提高产品质量成为企业管理的重点之一。

生产中的废品是指由于生产原因而造成的不符合规定的技术标准、不能按原定用途使用的产品。由于这些产品技术上已不存在修复的可能性，或者技术上虽然可以修复，但所需支付的修复费用在经济上是不合算的，因而只能被废弃，或作为残料出售，因此，它又可称为

不可修复废品。例如,由于电脑芯片等高新技术产品生产的复杂性和精密性,在其生产过程中出现废品在所难免,而且这些废品往往是不可返工处理的。废品可能是在生产过程中被发现的,也可能是在完成全部生产过程后才被发现,甚至销售以后才被发现。生产过程中产生废品的原因主要有两种情况:一是由于原料不符合质量要求造成的废品;二是由于加工原因,如工人操作不当等造成的废品。分析废品产生的原因是为了分清责任,更加客观地考核相关部门和人员的责任。

返工品是指在生产过程中,由于不合格而返工修理后才能作为合格品出售的产品。与废品不同,返工品往往是技术上可修复的,并且所需修复费用在经济上是合算的,因而又可称其为可修复废品。例如,生产过程中发生的不合格的零件,通过返工修理后又能作为合格品装配使用。

区分废品和返工品是进行废品核算的前提,因为两者造成的损失的组成内容是不同的。

二、废品和返工品核算账户的设置

在产品质量检验过程中,一旦发现废品,都应该填制“废品通知单”,记录废品的名称和数量、废损部分、废品原因和相关的责任人等内容。如按规定,废品由责任人负责赔偿时,还应在“废品通知单”中注明索赔的金额。对于在产品生产过程中发现的废品,同时还要在有关的产量和工时记录中加以记录。当废品送交废品仓库时,还要填写“废品交库单”,注明废品残料的价值。

对于在返工品送回车间的返修过程中领用的各种材料和所耗的工时,应另填“领料单”和“工作通知单”,并在单内注明“返修废品用”,以便归集返工品的费用。

为了核算生产过程中发生的废品及返工品带来的损失,应设置“废品损失”账户进行废品损失的归集和分配。该账户借方登记废品已耗的生产成本、返工品的返修费用以及退回废品而支付的运杂费等;贷方登记废品的残值和责任人的赔偿款等。该账户借贷双方上述内容相抵后的差额,即为本月发生的废品净损失。对于正常原因产生的废品损失应由本期完工的产成品负担,月终,将正常废品净损失从“废品损失”账户的贷方转至“生产成本”账户的借方,并由当月完工的产成品负担。对于非正常原因产生的废品损失,应作为损失冲减当月的损益。“废品损失”账户月末一般无余额。在“废品损失”账户下,可按正常废品和非正常废品设置二级科目进行明细核算。

废品损失是生产过程中产生的废品所带来的损失,所以,不需返修而降价出售的不合格品的降价损失,应在计算销售损益时体现,不应作为废品损失处理。产成品入库后,由于保管不善等原因而损坏变质的损失,属管理上的问题,应作为管理费用处理,也不作为废品损失处理。出售后发现的废品,退回废品所支付的运杂费应包括在废品损失内,但对预计产品质量保证的企业,由于已经通过“销售费用”账户预计了相应的损失,因此,在约定质量保证期间由于产品质量问题所发生的一切损失,应冲减“预计负债”账户,不包括在废品损失内。

三、废品和返工品的核算

(一)废品的核算

废品损失核算的目的不仅是为了正确计算产品成本,更重要的是控制废品发生,减少废品损失，降低成本，提高质量，获得更大的经济效益。为了加强对废品的控制，应区分正常废品和非正常废品。

正常废品是指在有效的经营条件下所产生的废品，它是特定的生产流程中不可避免的结果。由于正常废品都被视为不可避免和不可控制的，因而当废品伴随着合格产品的产出而出现时，正常废品的成本被视为完工合格品成本的一部分。为了进行有效的成本控制，管理人员往往会根据工艺过程的特点规定正常废品的比例。一般而言，正常废品率是以完工合格品数量为基础计算的，而不是以实际投入的数量为基础计算的。

非正常废品是指在正常有效的生产条件下不应该产生的废品，它不是特定生产流程中固有的结果。由于大多数非正常废品被视为可避免和可控制的，因而非正常废品的成本在产品成本计算单上应作为一个单独的项目（如非正常废品损失）列示，并作为发现当期的损失转销。

（1）归集非正常废品损失时，编制如下会计分录：

借：废品损失——非正常废品损失（废品）

　　贷：生产成本

（2）残值入库时，编制如下会计分录：

借：原材料

　　贷：废品损失——非正常废品损失（废品）

（3）确认应收的赔款时，编制如下会计分录：

借：其他应收款

　　贷：废品损失——非正常废品损失（废品）

（4）月末，非正常废品的净损失全部作为损失冲减当月的利润，应编制如下会计分录：

借：营业外支出

　　贷：废品损失——非正常废品损失（废品）

应该注意的是，在实施全面质量管理的企业中，由于其管理的目标是追求零缺陷，因此，所有的废品，不论是正常的还是非正常的，都按非正常废品进行处理。

对于正常废品的处理有两种方法：一是单独计算废品成本；二是不单独计算废品成本。

【例6—8】 某公司专门生产电器配件，所有材料均在生产开始时一次投入。20×6年9月，投入原材料259 200元，投入生产数量为1 000单位，月末完工产品600单位，其中合格品500单位、废品100单位（全部为正常废品），期末在产品400单位。假定没有期初在产品。为简化起见，本例中只考虑原材料成本。

正常废品两种方法的计算过程和结果如表6.29所示。

表6.29　　废品计算方法比较表　　单位：元

项　目	方法一	方法二
材料费用	259 200.00	259 200.00
产品数量（单位）	1 000.00	900.00
单位成本	259.20	288.00

续表

项　目	方法一	方法二
合格品成本	129 600.00	144 000.00
加:正常废品成本	25 920.00	0.00
完工产品成本	155 520.00	144 000.00
期末在产品成本	103 680.00	115 200.00

从表 6.29 的计算结果可以看出,由于方法二不单独计算废品成本,因而忽略了废品的数量,降低了总产量。其结果是完工产品成本被低估了 11 520 元(155 520－144 000),而期末在产品成本中又包含了 11 520 元(115 200－103 680)的废品成本。实际上,这些废品成本与在产品无关,应属于完工产品。这是因为,期末在产品在下一个会计期间还要继续加工,还会产生新的废品,这样,如果采用方法二,400 单位的在产品就承担了两次废品成本,这个结果显然是不合理的。而方法一由于单独计算废品成本,在计算约当产量时也考虑了废品的约当产量,因而成本扭曲的情况就不会出现。此外,方法一还有助于向管理当局提供废品成本,从而使得管理当局将降低成本的重点放在减少废品数量上。

需要指出的是,如果企业在生产过程中经常发生废品,且废品成本在产品成本中所占的比重较大,对产品成本的影响也较大,则废品成本就需单独进行核算,即可通过"废品损失——正常废品损失(废品)"账户单独归集正常废品成本,必要时还可设置"正常废品成本"的成本项目,在产品成本组成中单独列示。为了满足管理当局的需要,一般应单独计算废品成本。

在单独计算废品损失的情况下,根据所计算的废品成本,应编制如下会计分录:

借:废品损失——正常废品损失(废品)　　25 920.00

　　贷:基本生产成本　　25 920.00

月末,将正常废品损失转入生产成本时,应编制如下会计分录:

借:生产成本　　25 920.00

　　贷:废品损失——正常废品损失(废品)　　25 920.00

需要注意的是,如果废品有残值和应收的赔款时,应将所归集的废品损失扣除残值后的净损失结转至"生产成本"账户。

(二)返工品的核算

对于那些没有通过质量检验而随后被重新加工的返工品,会计上要解决的问题是如何计量返工品的返修成本。

在单独核算废品损失的企业中,对返工品的核算要求区分正常返工品和非正常返工品。对正常返工品和非正常返工品所发生的返修成本都应先通过"废品损失"账户归集,正常返工品所发生的返修成本最终与正常废品成本一起作为正常废品损失转入"生产成本"账户,并由当月完工产品成本负担,非正常返工品所发生的返修成本最终与非正常废品成本一起作为非正常废品损失冲减当月利润。

(1)发生返工品返修成本时,应编制如下会计分录:

借：废品损失——正常废品损失（返工品）

　　　　　——非正常废品损失（返工品）

　　贷：原材料

　　　　应付职工薪酬

　　　　制造费用

（2）月末，结转正常返工品的返修成本时，应编制如下会计分录：

借：生产成本

　　贷：废品损失——正常废品损失（返工品）

（3）结转非正常废品的返修成本时，应编制如下会计分录：

借：营业外支出

　　贷：废品损失——非正常废品损失（返工品）

需要指出的是，返工品损失的归集是指当月实际发生的修复费用，它与返工品被发现的时间无关。即凡是本月发生的返修费用，不论返工品是本月发现的，还是以前月份发现的，都作为本月废品损失进行归集；同样，即使是本月发现的废品，如果未在本月进行返修，则其以后返工时发生的返工费用不再计入本月的废品损失。如果返工品的返修周期要跨月进行，则各月发生的修复费用计入各月的废品损失。

四、分步法与废品的核算

在分步成本法核算系统中，对于生产过程中检测出的废品通常要单独核算废品损失。那么，在分步法的成本计算过程中要计算正常废品和非正常废品的数量及相应的约当产量，从而确定废品损失以及损失的结转。

总废品数量＝（月初在产品数量＋本月投入数量）－（完工合格品数量＋月末在产品数量）

正常废品数量＝合格品数量×正常废品率

非正常废品数量＝总废品数量－正常废品数量

【例6—9】 宝能公司生产的甲产品需经过两个生产车间加工，采用逐步结转分步法计算成本。直接材料在生产开始时一次投入，加工成本随加工进度逐渐地发生。产品质量的检验是只对完工产品进行，正常废品率是合格产品的10％。宝能公司采用加权平均法划分完工产品成本与在产品成本。20×6年9月份有关的数据汇总如表6.30和表6.31所示。

表6.30　　　　　　　　　　　　**产量记录**　　　　　　　　　　　　单位：件

项　目	第一车间	第二车间
月初在产品	3 000（完工程度60％）	2 000（完工程度50％）
本月投入	16 000	15 000
本月完工	15 000	10 000
月末在产品	2 000（完工程度50％）	1 600（完工程度40％）

表 6.31　　**成本资料**　　单位：元

项　目	第一车间	第二车间
月初在产品成本：		
直接材料	25 000.00	
自制半成品		39 925.00
直接人工	10 000.00	22 250.00
制造费用	8 000.00	18 075.00
本月生产费用：		
直接材料	120 350.00	
直接人工	80 000.00	69 980.00
制造费用	100 000.00	34 857.00

根据上述资料，产品成本的计算过程如下：

第一步：废品数量计算如表 6.32 所示。

表 6.32　　**废品计算表**　　单位：件

项　目	第一车间	第二车间
月初在产品	3 000	2 000
加：本月投入	16 000	15 000
减：本月完工	15 000	10 000
减：月末在产品	2 000	1 600
废品总数	2 000	5 400
正常废品	1 500	1 000
非正常废品	500	4 400

第二步：约当产量的计算如表 6.33、表 6.34 所示。

表 6.33　　**第一车间约当产量计算表**

20×6 年 9 月　　单位：件

项　目	实际产量	约当产量		
		直接材料	直接人工	制造费用
月初在产品	3 000			
本月投入	16 000			
小　计	19 000			
本月完工合格品	15 000	15 000	15 000	15 000
正常废品	1 500	1 500	1 500	1 500

续表

项　目	实际产量	约当产量		
		直接材料	直接人工	制造费用
非正常废品	500	500	500	500
月末在产品	2 000	2 000	1 000	1 000
小　计	19 000	19 000	18 000	18 000

表 6.34　　**第二车间约当产量计算表**

20×6 年 9 月　　单位:件

项　目	实际产量	约当产量		
		自制半成品	直接人工	制造费用
月初在产品	2 000			
本月投入	15 000			
小　计	17 000			
本月完工合格品	10 000	10 000	10 000	10 000
正常废品	1 000	1 000	1 000	1 000
非正常废品	4 400	4 400	4 400	4 400
月末在产品	1 600	1 600	640	640
小　计	17 000	17 000	16 040	16 040

第三步:第一车间和第二车间的成本计算表如表 6.35、表 6.36 所示。

表 6.35　　**第一车间成本计算表**

20×6 年 9 月　　单位:元

项　目	直接材料	直接人工	制造费用	正常废品损失	合　计
月初在产品成本	25 000.00	10 000.00	8 000.00		43 000.00
本月生产费用	120 350.00	80 000.00	100 000.00		300 350.00
合　计	145 350.00	90 000.00	108 000.00		343 350.00
约当总产量	19 000.00	18 000.00	18 000.00		
约当产量单位成本	7.65	5.00	6.00		
结转正常废品成本	−11 475.00	−7 500.00	−9 000.00		−27 975.00
转入正常废品净损失				27 975.00	27 975.00
完工产品成本	114 750.00	75 000.00	90 000.00	27 975.00	307 725.00
非正常废品成本	3 825.00	2 500.00	3 000.00		9 325.00
月末在产品成本	15 300.00	5 000.00	6 000.00		26 300.00

表 6.36　　第二车间成本计算表

20×6 年 9 月　　单位:元

项　目	自制半成品	直接人工	制造费用	正常废品损失	合　计
月初在产品成本	39 925.00	22 250.00	18 075.00		80 250.00
本月生产费用	307 725.00	69 980.00	34 857.00		412 562.00
合 计	347 650.00	92 230.00	52 932.00		492 812.00
约当总产量	17 000.00	16 040.00	16 040.00		
约当产量单位成本	20.45	5.75	3.30		
结转正常废品成本	−20 450.00	−5 750.00	−3 300.00		−29 500.00
转入正常废品净损失				29 500.00	29 500.00
完工产品成本	204 500.00	57 500.00	33 000.00	29 500.00	324 500.00
非正常废品成本	89 980.00	25 300.00	14 520.00		129 800.00
月末在产品成本	32 720.00	3 680.00	2 112.00		38 512.00

在【例 6−9】中,宝能公司甲产品检验时间是在产品完工以后,实际上,许多公司为了加强产品质量控制,往往会在生产过程中的不同阶段进行产品质量的检验。不同的检验时间会影响到废品数量的计算以及约当产量的确定,从而影响到废品成本和完工产品成本。

【例 6−10】 东风公司是一家汽车零部件制造商,其铸造车间的正常废品率为检验时合格产品数量的 10%。假定铸造车间的直接材料是在生产开始时一次投入的,加工成本是随加工进度逐渐发生的。再假定该车间对其生产的产品分别在完工率为 20%、50%和 100%时进行检验。20×6 年 9 月该车间的月初在产品为 22 000 件,完工率为 25%,当月投入生产 148 000 件,月末在产品为 32 000 件,完工率为 75%,假定每次检验时发现的废品数量均为 16 000 件。下面分别三个不同检验时点,计算正常废品和非正常废品的数量。

(1)在以完工率 20%为检验点时,由于月初在产品的完工率为 25%,已经通过检验,因而只有当月投产的产品完工率为 20%进行检验时,才可能发现废品。此时,正常废品和非正常废品的数量可计算如下:

正常废品数量=(投入生产数量−废品数量)×正常废品率

=(148 000−16 000)×10%=13 200(件)

非正常废品数量=废品数量−正常废品数量

=16 000−13 200=2 800(件)

(2)在以完工率 50%为检验点时,由于月初在产品的完工率为 25%,还未经过检验,因而当月初在产品和本月投产产品的完工率达到 50%的检验点时,都有可能发现废品。此时,正常废品和非正常废品的数量可计算如下:

正常废品数量=(月初在产品数量+本月投产数量−废品数量)×正常废品率

=(22 000+148 000−16 000)×10%=15 400(件)

非正常废品数量=废品数量−正常废品数量

=16 000−15 400=600(件)

(3)在以完工率 100%为检验点时,只有月末完工产品的完工率达到 100%并经过检验,才有可能发现废品。此时,正常废品和非正常废品的数量可计算如下:

正常废品数量=(月初在产品数量+本月投产数量-废品数量-月末在产品数量)×正常废品率

=(22 000+148 000-16 000-32 000)×10%=12 200(件)

非正常废品数量=废品数量-正常废品数量

=16 000-12 200=3 800(件)

从上述的计算结果可以看出,不同的质量检验时间所得到的正常废品和非正常废品数量是不一样的。在生产过程中尽早地发现废品,可为企业节约相关的质量成本。因此,合理选择产品质量的检验时间是分步成本计算法下进行废品管理的关键。

微信扫码获取
名师精讲

管理会计师官方服务号　　管会教育

第七章

作业基础成本法

案例:

MC 公司是一家国有中型电器制造厂,技术力量雄厚,产品质量过硬,生产过程及生产成本管理严格,多年来一直是行业中的领先者。但是,近年来 MC 公司的主导产品 A 产品的市场竞争日趋激烈。为使企业产品在市场上取得强大的竞争力,MC 公司跳出传统的以生产制造过程为重点的成本管理范围,应用战略成本管理原理指导成本管理工作,其基础即作业成本管理。企业对 A 产品开展市场需求分析、相关技术发展分析,并在此基础上研究 A 产品设计成本、供应商成本、顾客使用成本和售后服务成本。

首先,MC 公司对 A 产品使用作业成本法进行计算后,发现 A 产品成本是原来在制造成本法下该产品成本的 1.8 倍,达 501 元/只,而目前该产品的市场售价为 480 元/只。利用作业成本法提供的详细资料在同质作业中对比分析,立刻发现 A 产品的单位及其动力成本和生产设备折旧成本明显偏高,要降低产品成本,必须抓住这两个关键作业。

其次,进一步分析作业成本法计算过程,发现这两个作业成本高的原因由一个共同因素引起,即 A 产品的单位机器占用小时数多,是国内同类产品厂家的 4 倍,有一部分是不增加价值的作业,因此,降低 A 产品的单位机器小时数、减少不增加价值的作业,则是降低 A 产品成本的关键。MC 公司成立了以技术和设备人员为主的项目组,就如何降低 A 产品的单位机器小时数作为突破口开展工作。经分析和研究发现,A 产品单位机器小时数偏高是由两个因素造成的:一是 A 产品的每批工艺耗时为 40 分钟,是国内同类产品厂家的 2 倍;二是每批 A 产品的出产数量,MC 公司为 1 只,而国内同类产品厂家为 2 只。针对这个特点,工艺技术人员通过采用新材料和新工艺使 A 产品的工艺耗时降到 30 分钟/批;同时,设备人员通过工艺改进力争每批 A 产品产量提高到 3 只。耗时和产量变动使 A 产品的生产能力提高了 4 倍,其中单位机器小时数为原来的 1/4,成本大大降低。在 A 产品需求没有较大增长的情况下,所节约的工时每月可多生产 B 产品 3 000 只,更好地满足了市场对 B 产品的需求。

再次,MC 公司结合市场情况对定价重新决策,A 产品由原来的 480 元/只调整为 475 元/只,使利润信息更加真实,并增强了其市场竞争力。

最后,MC公司运用作业成本法原理对A产品进行长期跟踪与监控,从市场需求、产品设计到生产和售后服务各个环节,密切关注竞争对手的成本和战略,随时调整产品价格和投产决策,并把各个环节都纳入作业成本管理之中,运用价值链观念进行长期的全面管理,有效控制了成本,提高了产品质量,改善了企业形象,更好地推行了成本领先型市场经营战略,增加了市场份额。MC公司还对作业成本管理系统不断探索并进行改进,建立了一系列配套制度,使之与企业"成本领先"战略有机结合,如选取更实用的成本库把作业中心与责任会计中心相结合,对成本动因选取的合理性进行持续改进等,使该公司逐步形成了适合自己的、独具特色的作业成本管理系统。

思考题:

(1)如何实施作业成本管理?

(2)请说明作业成本计算原理。

(3)请说明作业成本计算步骤。

第一节　作业基础成本法概述

一、作业基础成本法的基本概念

作业基础成本法(activity-based costing,ABC),是以作业为基础,通过对作业成本动因的分析来计算产品生产成本,并为企业作业管理提供更为相关、相对准确的成本信息的一种成本计算方法。由此可见,作业基础成本法的实质就是在资源耗费和产品耗费之间借助作业来分离、归纳、组合,然后形成各种产品成本。

(一)资源

资源是指企业生产经营过程中消耗的人力、物力、财力。具体而言,一个企业的资源包括直接人工、直接材料、生产维持成本(如采购人员的工资成本)、间接制造费用以及生产过程以外的成本(如销售推广费用)。在作业基础成本法中的资源是指为了产出作业或产品而进行的费用支出,是指各项费用总体。

(二)作业、作业链和价值链

作业是作业基础成本法计算模式和作业管理的核心,是企业为提供一定量的产品或劳务所消耗的原材料、人力、技术、方法和环境等的集合体。它也是与产成品的独特性无关的、重复执行的标准化方法或技术。"作业"一词在使用上比较广泛,它可以是一个部门或一个生产流程的同义词。比如,有些企业把它们的精加工部门称为精加工流程或精加工作业。从不同的角度出发,可对作业进行不同的分类。常见的分类方法是将作业按产出或消耗方式,分为单位水平作业、批次水平作业、产品维持作业和工厂维持作业。

1. 单位水平作业

它是指能使每一单位产品都受益的作业,如直接材料、直接人工等。这类作业在生产过程中不断发生,并与产品产量成比例变动。

2. 批次水平作业

它是指与产品批次相关并能使一批产品受益的作业,如为生产某批产品而进行的设备调整、材料处理、订单处理、检验等。

3. 产品维持作业

它是指为生产特定产品而进行，并能使该产品每一单位都受益的作业，如编制产品生产流程、产品数控规划、材料清单等。这种作业与产量和批次无关，仅与产品品种相关。

4. 工厂维持作业

它是指为使各项生产条件保持正常工作状态而发生的作业，如企业管理、设备和场地的维护与保养等。这类作业与产品种类、产品批次和产品产量都无关。

如何确定企业的作业类型，每个企业可根据自身作业的特点进行设计。设计作业时应考虑生产的类型、组成、多样性和复杂性，而不能仅考虑生产的业务量。在作业基础成本法下，将制造费用看成一系列作业的结果。这些作业消耗资源，并确定了制造费用的成本水平，而不是由产品直接消耗资源。也就是说，是作业驱动了制造费用成本。所以要反映产品真实的资源消耗，它们的制造费用份额必须以这种作业为基础来分配，同时，它要求管理者分清导致成本发生的原因，在正确的层次上加以控制。

与“作业”相关联的概念是“作业链”和“价值链”。实质上，现代企业是为满足顾客需要而设计的作业的集合体，因为从产品设计到产品销售过程的整个生产经营过程，都是由一系列前后有序的作业构成，这些作业由此及彼、由内到外相连接，就形成了一条“作业链”。作业消耗资源，产品消耗作业，每一项作业的完成都需要消耗一定的资源，同时又有一定的价值量和产出转移到下一个作业。价值沿“作业链”在各作业之间转移，就构成了一条“价值链”。因此，“作业链”的形成过程其实就是“价值链”的形成过程。作业的推移，同时也表现为价值在企业内部顾客间的逐步积累和转移，最后形成转移给外部顾客的总价值，这个总价值就是产品的总成本。

(三)成本动因

成本动因是指驱动或产生成本、费用的各种因素，它是作业基础成本体系中非常重要的一个概念。在作业成本会计中，成本动因可分为两种：一是资源动因；二是作业动因。

资源动因是指将资源成本分配到作业中心的标准。它反映了作业中心对资源的耗用情况。例如，如果人工费用的耗用主要与从事各项作业的人数有关，那么，就可以按照人数向各作业中心分配人工方面的费用，这里的人数就是资源动因。将资源一项一项分配到作业中心的成本要素进行加计汇总，就形成了作业成本库。通过对成本要素和成本库的分析，可以揭示哪些资源需要减少、哪些资源需要重新配置，最终确定如何改进和降低作业成本。

作业动因是指将作业中心的成本分配到产品或劳务的标准。它反映了产品消耗作业的情况。例如，各种产品或劳务所发生的设备维修费与维修小时有关，那么，维修小时就是作业动因。通过分析作业动因，可以揭示哪些作业是多余的，应予以消除，而哪些作业应予以改进，以及整体成本应该如何改善、如何降低等。

确定合理恰当的成本动因是作业基础成本法计算的关键。在选择成本动因时，往往需要考虑以下因素：

1. 相关程度

在分配过程中，假设待分配的成本与成本动因的数量线性相关。在实际中，存在多个成本动因，成本动因数量与待分配总成本线性相关，最好的成本动因是最恰当的成本动因，这样能保证成本信息的准确性。

2. 实施成本

一次分配需要针对每个分配目标采集成本动因数据，无法采集数据则无法分配。在确定成本动因时，必须考虑成本动因数据采集成本，保证相关数据的易获取。如果数据采集成本太大，则可能使得作业基础成本法无法实施。

3. 行为导向

不同的成本动因有不同的分配结果，不同的成本分配结果以及基于分配结果的管理决策（如奖金）会对组织和员工的行为产生导向作用。因此，必须仔细分析成本动因的行为导向作用。企业可以利用成本动因的行为导向功能，将员工的行为导向有利于降低成本的方向。

二、作业基础成本法的基本原理

作业基础成本法的基本指导思想是“作业消耗资源，产品消耗作业”。根据这一指导思想，作业基础成本法把成本计算过程划分为两个阶段。第一阶段，将作业执行中耗费的资源追溯到作业，计算作业的成本并根据作业动因计算作业成本分配率；第二阶段，根据第一阶段计算的作业成本分配率和产品所耗费作业的数量，将作业成本追溯到各有关产品。

三、作业基础成本法的一般计算程序

作业基础成本法是以“作业消耗资源，产品消耗作业”的概念为基础的。所以，作业成本计算的基本程序就是：先将各类资源价值分配到各作业成本库，然后再把各作业成本库所归集的成本分配给各种产品。具体步骤如下：

（1）确定成本计算对象，如以产品的品种、批次或步骤作为成本计算对象。

（2）确定直接生产成本类别，如直接材料、直接人工等。

（3）确认作业类别，建立作业中心，如可将制造企业的作业确认为订单作业、采购作业、进货作业、生产作业、质量检验作业、销售作业、发货作业、售后服务作业等。

（4）将资源分配到各作业中心，计算各作业成本。在将资源分配到各作业中心时，如果对某资源能分清是哪一作业所耗，可将该资源直接分配到该作业中心，如某作业中心发生的办公用品费；如果某资源由几个作业中心共同耗费，不能分清是哪一作业所耗，则必须采用一定的资源动因，将该资源在共同耗费该资源的作业中心之间进行分配。

（5）分配作业成本。选择成本分配基础，即作业动因，计算间接成本动因率，用成本动因率乘以产品或批次耗用的成本动因量，即得该产品或批次所分得的该项间接成本。成本动因的选择，应遵循因果关系或受益性或合理性等原则。

（6）计算各产品成本。将各产品发生的直接生产成本和各成本库中作业成本分别汇总，即得该产品总成本或单位成本。

第二节 作业基础成本管理

一、作业基础成本管理概述

(一)作业基础成本管理的实质

作业基础成本法的核心在于确定了“成本动因”概念，主张以成本动因作为分配间接成本的基础，利用成本动因来解释成本性态。这样，作业基础成本法就将间接成本与隐藏其后的推动力相联系，通过确定较为合适的成本动因，不仅能够合理地分配间接成本，有效地提高成本的归属性、计算的准确性、定价决策的科学性和灵活性，而且对帮助企业进行管理决策也非常有用。

为了提高企业的经济效益，管理者总希望能从成本动因中找出增值作业和不增值作业，从而从价值链中消除不增值活动而不增加过多的成本。这种利用作业成本动因减少或消除非增值活动的过程称为作业基础成本管理(activity-based costing management，ABCM)。作业基础成本管理是以提高客户价值、增加企业利润为目的，基于作业基础成本法的新型集中化管理方法。它通过对作业及作业成本的确认、计量，最终计算产品成本，同时对企业所有作业活动作追踪(动因分析)并动态反映，进行作业分析，为企业决策提供准确信息;指导企业有效地执行必要的作业，消除和精简不能创造价值的作业，从而达到降低成本、提高效率的目的。所以，作业基础成本管理的核心是尽可能消除“不增值作业”，改进“增值作业”，优化“作业链”和“价值链”，最终增加“顾客价值”和“企业价值”。企业可通过改变生产布局、获取高质量的原材料、购买新设备、对某些企业难以完成的作业实施外包、提高生产技术等方法达到减少或消除某些作业的目的，而企业为此付出的代价也应是最经济、最合算的。

作业基础成本管理涉及的不仅仅是生产成本，而且还包括期间费用，如研发费用、销售管理费用、客户服务费用等。这些费用对企业利润的影响有时会超过产品生产成本对利润的影响。

(二)作业基础成本管理的二维观念

作业基础成本管理这个提法来自美国波特兰州立大学的成本管理教授彼得·B. B. 特尼(Peter B. B. Turney)。他认为作业基础成本管理是一个“二维”的观念，是由两个相互关联的过程组成的:(1)作业成本的计算(分配)过程，即成本分配观;(2)作业的控制过程，即过程观。其具体如图 7.1 所示。

图 7.1 中的纵轴代表的是成本分配观，它以“成本对象引起作业需求，而作业需求引起资源需求”为基本依据，将资源成本追溯到作业，再将作业成本追溯到成本对象。这一过程提供了资源、作业及成本对象的有关信息，可用于成本战略及战术分析，支持定价及多种产品生产的决策。

图 7.1 中的横轴代表的是过程观，反映的是作业产生的原因、执行的是什么作业及作业完成效果。企业可以利用这些信息优化价值链，改善经营过程，最终实现降低成本、提高客户价值、增加企业盈利的目标。

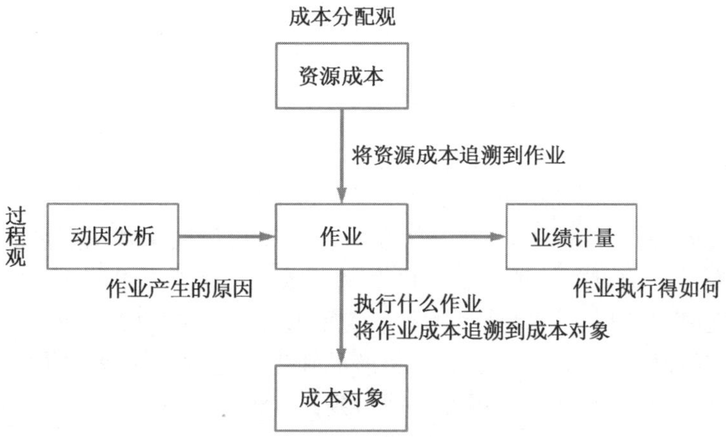

图 7.1　作业基础成本管理的二维观念

(三)作业基础成本管理的意义

1. 作业基础成本管理能够很好地适应高新经济技术环境对成本管理的客观要求

作业基础成本管理与传统成本管理的显著区别在于,其将企业视作为满足顾客需要而设计的一系列作业的集合体,企业商品凝聚了在各个作业上形成而最终转移给顾客的价值,作业链同时表现为价值链,成本管理的着眼点与重点从传统的“产品”转移到了“作业”,以作业为成本分配对象,这样不仅能够合理地分配各种制造费用,提供较为客观的成本信息,而且能够通过作业分析,追根溯源,不断改进作业方式,合理地进行资源配置,实现持续降低成本的目标。因此,作业基础成本管理能够很好地适应高新经济技术环境对成本管理的客观要求。

2. 作业基础成本管理有利于加强成本控制

自 20 世纪 80 年代以来,现代企业间的市场竞争进入白热化。与此相适应,企业商品通常采用多品种、个性化、小批量的生产经营模式,以适应顾客日新月异的多样化需求。传统的以“产品”为管理的核心与起点、以标准成本与实际成本的差异分析及控制为重点的成本管理日益难以适应这种新的、动态的、不稳定的生产经营环境。而作业基础成本管理则以作业成本为对象,以每一作业的完成及其所耗资源为重点,以成本动因为基础,及时、有效地提供成本控制所需的相关信息。这样,可极大地增强管理人员的成本意识,并以作业中心为基础设置成本控制责任中心,将作业员工的奖惩与其作业责任成本控制直接挂钩,充分发挥企业员工的积极性、创造性与合作精神,进而达到有效地控制成本的目的。

3. 作业基础成本管理有利于提高商品的市场竞争能力

随着社会生产的发展和世界经济的一体化,现代企业间的市场竞争也逐渐趋于激烈化和国际化。而我国传统的成本管理模式只注重商品投产后与生产过程相关的成本管理,而忽视了投产前商品开发与设计的成本管理,导致越来越难适应当代社会经济发展的需要,极大地阻碍了企业商品市场竞争能力的提高。作业基础成本管理能很好地适应现代企业在激烈的市场竞争中的发展需要,从一开始就特别重视商品设计、研究开发和质量成本管理,力求按照技术与经济相统一的原则，科学合理地配置相对有限的企业资源，不断改进商品设计、工艺设计以及企业价值链的构成，从而提高企业商品的市场竞争能力。

二、作业基础成本管理的实施及应用

（一）产品盈利分析

随着市场竞争的日趋激烈，企业的产品成本越来越逼近售价，使得企业的获利空间越来越小。同时，在新的制造环境下，高新技术的广泛应用使得间接费用在产品成本中所占的比重大大增加。而传统的成本计算方法往往容易导致成本信息的扭曲与失真。很显然，扭曲的成本必然不能真实地反映各种产品的盈利与亏损情况，这就很可能会导致决策失败。根据作业基础成本管理的“成本分配观”，分析产品在生产过程中耗费了哪些作业，这些作业又是如何耗用企业资源的，从而可以帮助企业得到真实的产品成本和盈亏信息，有效地解决成本扭曲和产品利润不真实的问题，避免因盲目扩大那些实际成本较高的产品的销售市场而形成亏损，或者因拒绝价格合理的订单使企业丢掉实际成本较低的产品的市场份额。

（二）生产分析

对于企业而言，生产过程是其经营过程的关键环节。而生产过程又是由一系列作业来实现的。从作业基础成本管理的过程观角度而言，生产分析是对作业产生的原因、作业执行情况以及作业执行的结果进行分析，从而消除非增值作业、降低非增值作业成本，提高增值作业的效率，实现价值链的优化，提高客户价值，增加企业盈利。其内容主要包括成本动因分析、作业分析、价值链分析以及在此基础上的业绩评价。

1. 成本动因分析

要管理作业，必须找出导致作业成本发生的驱动因素，以便对症下药，保证作业基础成本管理的有效性。而成本动因分析能够将影响企业成本的因素很好地揭示出来，同时指出企业应采取什么方法来控制这些因素，以更好地为作业基础成本管理服务，实现企业战略成本管理的目标。从广义上说，成本动因分析既包括战术层面的成本动因分析，又包括战略层面的成本动因分析，但是能够与企业战略相匹配的是战略成本动因分析。战略成本动因分析超出了传统成本管理的狭隘范围，而代之以更宽广的视野、与战略相结合的方式来分析成本是否应该发生。由于战略成本动因可以分为结构性成本动因和执行性成本动因，因此，成本动因分析也是从这两个方面展开的。结构性成本动因分析要求从战略成本管理的视角来选择企业的规模、业务范围、经验、技术、多样性和厂址等，它针对的是如何通过企业的基础经济结构的合理安排，从而有利于企业竞争优势的形成。执行性成本动因分析要求从战略成本管理的视角来强化企业的劳动力参与、全面质量管理、生产能力利用、工厂布局的效率性、产品外观、联系等方面的作业程序安排，为战略成本管理目标的实现提供效率保证。

2. 作业分析

作业分析是生产分析的核心。要实现作业基础成本管理的基本思想，就必须借助于作业分析。进行作业分析时，成本分配就不能仅限于“产品”这一层次，而是要深入每一作业。要降低成本，首要的是消除不必要的作业，而不考虑提高该类作业的效率；对于那些能为最终商品或劳务增加价值的作业，要进一步分析该类作业是否有改进的可能及其所消耗的资源能否节约。

从作业管理的实质来看，作业管理的主要目标有两个：一是从外部顾客的角度出发，尽量通过作业为顾客提供更多的价值（价值指顾客就企业提供给他们的产品或服务所愿意支付的金额）；二是从企业自身角度出发，尽量从顾客提供的价值来获取更多的利润。为实现上述两个目标，企业管理也必须深入作业水平，进行作业分析。作业分析具体包括如下步骤：

(1)分析哪些作业是增值的、哪些作业是不增值的。企业的作业通常可分为增值作业与不增值作业两大类。若某项作业对顾客或组织而言是必要的，能为企业最终商品增加价值，则为必要作业或增值作业；若某项作业对顾客或组织而言无多大作用，不能为企业最终商品增加价值，则为不必要作业或不增值作业。由此可见，企业要实行作业基础成本管理，首先就要明确作业的耗费，而要达到这一点，就必须以作业基础成本法计算为基础。作业基础成本法作为追踪作业、动态反映作业成本的信息系统，可以为旨在改进企业作业链而进行的作业基础成本管理提供所需信息。生产工艺流程中的各项作业一般都是增值作业，比如机械厂生产工艺流程中的制模、浇铸、下料、冲压、成型、装机、调试等作业。不增值作业指对增加顾客价值没有贡献，或者凡经消除而不会降低产品价值的作业，比如储存、移动、等待、检测等作业。管理者应尽可能减少这部分作业。

(2)分析重要性作业。企业的作业通常多达几十种，甚至上百种、上千种，对这些作业一一进行分析是不必要的，因为不符合成本效益原则。根据重要性原则，只能对那些相对于顾客价值和企业价值而言比较重要的作业进行分析。

(3)把企业的作业同其他企业类似的作业进行对比。因为增值的作业并不意味着有效和最佳，通过与其他企业先进水平的作业进行比较，可以判断某项作业或企业整个价值链是否有效，以便寻求改进的机会。例如，产品设计作业应是一种增值作业，但是，如果某企业采用手工方式进行图纸设计，而其他企业却采用能快速提供服务的计算机辅助设计，在采用多品种、少批量生产方式和要求快捷供货的情况下，用计算机辅助设计替代人工设计应是必要的。

(4)分析作业之间的联系。作业成本计算法下的各种作业相互联系，形成作业链。理想的作业链应该使作业完成的时间最短和重复次数最少。由此可知，作业管理不仅仅是一项管理工作，更为重要的是，它还是不断改进企业作业活动的动态过程。

3. 价值链分析

价值链分析是作业基础成本管理的基本方法。作业基础成本管理将成本看作“增值作业”和“不增值作业”的函数，并以“顾客价值”作为衡量增值与否的最高标准。这样，一方面，将顾客的需求与企业的作业发生、资源的消耗、成本的形成等联系起来；另一方面，通过顾客价值将企业的收入与顾客的需求联系起来。这有利于从作业的角度权衡成本和顾客价值，保证企业经营决策与企业价值最大化目标一致。价值链分析包括企业内部价值链分析、竞争对手价值链分析和行业价值链分析三个方面的内容。通过对企业内部价值链的分析，可以确认企业的价值活动有哪些、处于什么样的分布状态以及在整个行业价值链中的位置，并将本企业价值活动的所耗成本与其对产品价值的贡献进行比较，确定其发生的合理性，进而决定对其是消除还是改进。通过对竞争对手价值链的分析，能够发现竞争力取决于企业相对于其竞争对手的价值链的合理程度，谁拥有多大的竞争优势或劣势，以及是哪些价值活动或成本因素导致了这种状况的出现。利用行业价值链分析,企业可以决定是否需要实施纵向整合战略,通过对供应商和购买商的并购或建立战略联盟来降低成本,实现竞争优势。总之,价值链分析所得出的信息对制定战略以消除成本劣势和创造成本优势起到非常重要的作用。

4. 业绩评价

在作业分析和价值链分析的基础上,建立相应的业绩评价体系,以便对作业基础成本管理的执行效果进行考核和评价。然后,通过这种作业基础成本管理绩效信息反馈,重新进行下一循环更高层的作业分析和价值链分析。业绩评价体系必须结合责任会计制度,将作业中心的确立与责任中心的划分衔接一致,明确经济责任和权限范围。通过使用合适的成本动因,保证成本指标和经营绩效的真实性与可靠性,从而有助于管理当局从非财务的角度进行业绩评价,进一步从理论上完善责任会计。

第三节　作业基础成本法的评价

一、作业基础成本法与传统成本法的比较

虽然传统成本法与作业基础成本法在程序上都有两个基本步骤,即都需先进行成本归集,然后将归集的成本按成本比率分配给各产品,然而,在这两种方法下,这两个步骤是有差异的。在传统成本法下,通常将不同质的制造费用以部门为基础进行归集,并采用主观的、单一的分配率进行分配与再分配,仅满足了与产出量相关的制造费用的分配;而作业基础成本法则将制造费用按不同的动因分配到一系列成本库中进行归集,然后按各自的动因率进行分配。换言之,作业基础成本法将与产出量相关的制造费用和与非产出量相关的制造费用相区分,采用不同的动因进行分配,使得成本库中归集的制造费用更具同质性,费用分配与分配标准之间更具因果关系。

此外,经验证明,作业基础成本法给企业提供了许多增加价值的机会。这是因为作业基础成本法比传统的成本会计方法需要更多的数据,也提供了较多有关产品成本的估计数据,这将使产品成本信息更具价值。更具价值的产品成本信息能够帮助管理人员制定产品价格,并能对特殊订货的价格作出真实的判断,或有利于企业管理人员作出继续或停止生产某产品的决策。此外,通过确认各种作业的成本,使管理人员知道哪些作业消耗的资源较多、哪些作业消耗的资源较少,从而便于采取措施、降低成本。作业基础成本法与传统成本法的主要区别可归纳如表 7.1 所示。

表 7.1　　作业基础成本法与传统成本法的区别

传统成本法	作业基础成本法
1. 每个部门或整个工厂只有一个或很少几个间接成本库,这些成本库通常缺乏同质性	1. 存在较多的同质间接成本库
2. 间接生产费用分配基础不一定是成本动因	2. 间接生产费用分配基础极可能为成本动因

续表

传统成本法	作业基础成本法
3. 间接生产费用分配基础通常是财务变量，如直接人工成本或直接材料成本	3. 间接生产费用分配基础常为非财务变量，如产品的部件数量、测试时间等
4. 间接生产费用的分配仅满足了与产出量相关的费用分配	4. 兼顾了与非产出量相关的费用分配
5. 不精确的成本信息，成本决策相关性较弱	5. 较精确的成本信息，成本决策相关性较强

尽管作业基础成本法与传统成本法相比具有极大的优势，然而，并不是说作业基础成本法就没有缺陷。首先，由于作业基础成本法的基础成本资料仍然来自传统的应计制成本计算，因而应计制方法下固有的随意性和可选择性（如折旧方法的选择）所带来会计处理的不同结果，必然会影响到作业基础成本法。其次，与传统成本法一样，作业基础成本法在确定作业中心和成本动因时，也具有人为性。如果资源的发生与作业中心成本库有明显的变动关系，那么作业中心的确定也较容易，所分配的成本也较准确。然而，由于企业生产的复杂性和多样性，有些资源的发生是固定的，很难与特定作业相联系，如折旧费、动力费、保险费等。如果将这些资源也硬性追溯到某作业，那么，将会影响到成本分配的准确性。如果这种资源的耗费在企业成本费用中所占比重较小，问题不大；反之，如果这样的资源耗费所占比重较大，作业中心的同质性就会受到怀疑，采用作业基础成本法的优势将不明显。最后，实施作业基础成本法可能会给企业带来较长期的经济效益，短期内实施效果不明显，并且实施成本较高。这些成本包括会计人员和其他参与作业基础成本法人员的成本，以及簿记成本、软件成本和咨询成本等。特别是定期收集选定成本动因的数量资料进行资源的分解，这些都会给企业成本核算带来极大的挑战。

二、作业基础成本法的适用条件

并非所有的企业都适合采用作业基础成本法，一般来说，作业基础成本法对具有下列特征的企业更有益：

（一）间接生产费用在产品成本结构中比重较大

间接生产费用在产品成本中所占的比重越大，采用传统成本法分配间接生产费用越会使成本信息受到严重的歪曲，进而影响到成本决策的正确性。如果采用作业基础成本法，将会提高成本信息的精确度，使成本决策更具相关性。

（二）企业规模大，产品种类繁多

产品种类繁多的企业，通常存在间接生产费用在不同种类产品之间进行分配的问题，当与产出量相关的费用和与非产出量相关的费用不呈同比例变动时，传统成本计算法笼统地将不同质的间接生产费用统一以产出量为基础进行分配，显然会使成本信息不可靠。而作业基础成本法则以作业为中心，区分不同质的费用，采用不同的动因进行分配，能更准确地将成本追溯到各种产品。

（三）产品工艺过程复杂，作业环节多且容易辨认

作业环节越多，间接生产费用的发生与产出量不相关的可能性就越大，采用单一与产出

量相关的分配基础对成本信息的扭曲也越大；同时，作业环节越多，不增值作业就可能越多，这时采用作业基础成本法，对消除不增值作业、降低产品成本大有裨益。

（四）生产调整准备成本较高，各批投产数量相差较大

生产调整准备成本通常与投产批次相关，而与每批的投产数量关系不大，若将这种成本按与产出量相关的基础分配到各产品，则会导致分配结果的不准确。而作业基础成本法则把该成本按各产品对调整作业的消耗次数分配到各产品，这样，显然提高了分配的准确性。

（五）计算机技术较高

先进的计算机技术可以以适当的成本帮助作业基础成本法完成比传统成本法计算更为复杂、对计算结果的准确性要求更高的数据收集、信息提供和程序运行。

总之，当企业现行成本体系提供的成本信息的准确性受到怀疑，而且已不适应企业管理需求时，在评估自身的条件和能力后，可以考虑采用作业基础成本法。

微信扫码获取
名师精讲

管理会计师官方服务号　管会教育

第八章

分类成本法和联合成本的分配

我国许多企业，尤其是制造业公司，通常会同时生产和销售两种或两种以上的产品，例如石油公司。石油通过提炼通常可以生产出汽油、柴油、煤油、润滑剂等产品。一家石油公司在整个生产过程中发生的勘探、开采、产品提炼及分离等作业的共同成本，应由这些产品共同承担。如何合理地分配这些共同成本并分别计算出每种产品的成本，是每个企业都很关心的问题，因为这与企业的经营决策密切相关。

案例 8.1

中石油的产品开采、加工与产出

中石油全称为中国石油天然气股份有限公司，是在中国尤其在行业占主导地位的最大的油气生产和销售商。其主要业务包括：原油及天然气的勘探、开发、生产和销售；原油及石油产品的炼制，基本及衍生化工产品、其他化工产品的生产和销售；炼油产品的销售以及贸易业务；天然气、原油和成品油的输送及天然气的销售。

中石油在原油的开采过程中会产出两种产品：原油与天然气。其中，天然气可以作为商品直接销售，而原油还需要进一步加工与提炼，两者都属于中石油在这一过程中的联产品，开采过程中发生的成本属于共同成本，需要原油和天然气共同分摊。如果这些共同成本没有合理有效的分摊方法的话，就会造成产品成本扭曲，很有可能会使得本来可以盈利的产品出现亏损的表象，使得企业做出不正确的经营决策。那么，如何才能行之有效地对这些成本进行分摊，并避免成本扭曲问题呢？这正是我们在本章需要讲解的问题。

原油开采之后还需要进一步提炼，而原油在提炼过程中又会产出汽油、煤油、柴油、化工产品以及其他衍生产品。其中，化工产品和其他衍生产品包括多种产品，例如乙烯、合成树脂、合成纤维、尿素、合成氨等，即使是成品油也有三种。如果对每种产品都做到成本追踪、细致归集与分配，显然是不现实的，因为这样的工作量非常巨大，并不适合中石油这样庞大的集团公司。因此，如何合理地归集成本，再进行分配，也是我们这章需要详细讲解的内容。

另外，化工产品和其他衍生产品对一些石油企业来说，可带来的经济效益并不高，如果这些产品同能带来较高经济效益的成品油一起分摊提炼过程中的共同成本的话，会使得成品油的利润虚高，对企业的长期决策产生不利影响。因此，如何归集、分配成本给这些经济效益没有成品油高的产品，是本章第三节需要讲解的内容。

第一节　分类成本法

一、分类成本法的含义

(一)分类成本法的内涵

分类成本法，也称分类法，它是以产品的类别作为成本计算对象来归集生产费用，先计算各类产品的总成本，然后再将其在同类产品中进行分配，计算出各种产品成本的一种方法。

有一些工业企业，例如上述的石油公司，其生产的产品品种、规格繁多，如果按产品的每一品种、规格归集生产费用并计算产品成本，核算的工作量是很大的。为了简化成本核算工作，可以将品种相似的或同一品种不同规格的产品归为一类，按产品的类别归集生产费用，计算出各类产品的成本，然后再按一定的方法在同类产品中进行分配，以分别计算出各品种、规格的产品成本。这种成本计算方法就是分类法。在这种情况下，分类法实际上就是把类别作为品种，按品种法计算出类别成本后，再按照一定的方法，在每类产品的各种产品之间分配费用，计算出类内各种产品的成本。同样，也可以把类别作为步骤或批别，按分步法、分批法计算出类别成本后，再按一定的方法，在每类产品的各种产品之间分配费用，计算出类内各种产品的成本。

因此，分类法不是一种独立的成本计算方法，企业可根据产品生产的特点和管理上的需要，将分类法与品种法、分批法、分步法等结合起来应用。如多步骤大量生产的钢铁厂可采用分步法计算各类钢铁产品的成本，然后采用一定的方法分别计算类内各种产品的成本；单步骤大量大批生产的无线电元件厂可先采用品种法计算出各类元件的成本，然后再分别计算类内不同规格的各种元件的成本；单件小批生产的船舶、机械、服装等企业可以采用分批法计算各批次产品的成本，然后再采用其他方法分别计算类内各产品的成本。

(二)分类成本法的适用范围

分类法一般适用于使用同样的原材料，生产、加工的工艺过程基本相同，所生产产品的品种、规格、型号繁多，可以按一定标准予以分类的生产企业，尤其适用于工业企业的联产品、副产品以及某些等级产品、零星产品的成本计算。

分类法可以应用在以下各种类型的生产中：

(1)冶金行业的各种牌号和规格的生铁、钢锭和钢材的生产；

(2)针织行业的不同规格、种类的针织品生产；

(3)无线电行业的不同类别和规格的无线电元器件生产；

(4)食品行业的各种饼干和糖果生产；

(5)用同种原材料进行加工同时生产出几种主要产品的生产，如用原油提炼出汽油、柴油、煤油、沥青等。

二、分类成本法准确性的影响因素及其成本计算程序

(一)分类成本法准确性的影响因素

运用分类法计算产品成本的结果是否准确,主要取决于两个因素。

首先,必须恰当地划分产品类别。一般应根据所用原材料、产品的结构和工艺过程的不同,将产品划分为若干类,按照产品的类别设置成本计算单。如果单纯追求核算简化,将一些性质、结构和加工工艺过程相差悬殊的产品勉强合并且任意分类,就会影响成本计算的准确性。因此,在进行产品分类时,类距既不能定得过小,使成本计算工作复杂,也不能定得过大,造成成本计算的"大锅饭"。例如,在船舶产品的生产过程中,因船舶的类型繁多,我们不可能对每种产品都做单独计算,但又不能分得过于粗糙,将客货船和油船这类特殊用途的船舶划分为一类。

其次,在类别内部选择合理的标准分配费用。由于类内各种产品都按一定的比例分配计算,因而计算结果有着一定的假定性。为使分配结果尽可能符合实际,必须选择与成本水平高低有密切联系的分配标准,如果分配标准选择不合理,也会影响各种产品成本计算的准确性。

一般来说,我们强调因果和受益标准的优先性,并在此基础上保证成本分配的合理性与公正性。例如,因产品监测产生的成本,我们就应该将监测小时数作为分配标准,而不是通常意义上的产量,否则将会出现成本分配不合理的情况。

(二)分类成本法的计算程序

按分类法计算成本的程序一般为:

(1)以产品类别为成本计算对象,设置成本计算单,归集生产费用,计算出每类产品的总成本。

(2)采用合理的分配方法将各类产品的总成本在类内各种产品、产成品和在产品之间进行分配。

图 8.1 显示了分类法成本计算的具体程序。图中假定某厂生产甲、乙、丙三类产品,分别设置三张成本计算单。甲类产品包括 A、B 两种产品;乙类产品包括 C、D、E 三种产品;丙类产品包括 F、G、H 三种产品。

三、类内产品成本的划分方法

分类法下各类产品的在产品成本与完工产品成本的划分方法,可选择定额比例法或在产品按定额成本计价等方法,也可按标准产品的产量比例划分。划分类内各完工产品成本的方法一般有定额比例法和系数法。

(一)定额比例法

在分类法下,某类产品的完工产品成本按类内各种产品的定额比例进行分配的方法,称为定额比例法。为方便计算,在此方法下,各类产品的在产品成本与完工产品成本的划分,一般也采用定额比例法。

定额比例法的计算程序如下:

(1)区分成本项目计算出各类产品的本月定额成本或定额耗用量总数。需要注意的是,

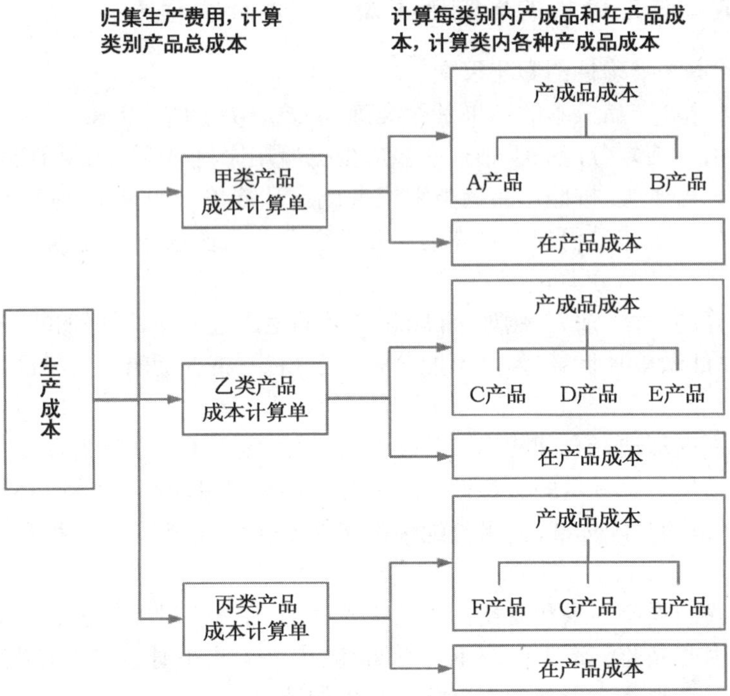

图 8.1　分类法成本计算的具体程序

在计算在产品的定额成本或定额耗用量时，需考虑在产品的投料程度和加工程度。在实际工作中，为简化核算，通常只计算原材料定额成本（或定额耗用量）和工时定额耗用量，“直接材料”成本项目根据原材料定额成本（或定额耗用量）比例进行分配，“直接人工”和“制造费用”成本项目则根据工时定额耗用量比例进行分配。

（2）区分成本项目求得各类产品本月实际总成本，并计算出各项费用分配率，其计算公式如下：

$$\text{某类产品原材料成本分配率}=\text{某类产品原材料实际总成本}\div\text{某类产品的原材料定额成本（定额耗用量）总数}$$

$$\text{某类产品工资、费用分配率}=\text{某类产品工资、费用实际总成本}\div\text{某类产品的定额工时总数}$$

（3）将各类产品中各种产品分别成本项目计算的定额成本或定额耗用量乘以相关的分配率，即可求得各种产品的实际成本，其计算公式如下：

$$\text{某类产品中某种产品原材料成本}=\text{该种产品的材料定额成本（或定额耗用量）}\times\text{该类产品原材料成本分配率}$$

$$\text{某类产品中某种产品工资、费用成本}=\text{该种产品定额工时}\times\text{该类产品工资、费用分配率}$$

对于完工产品，必须按产品的品种、规格计算其总成本和单位成本；而对于月末在产品，通常只需计算各类产品的在产品成本，不需计算各品种、规格的在产品成本。

【例 8—1】 假定某一糖果厂生产硬糖和软糖两大类产品，每类产品又有各种不同规格的糖果。根据生产特点，采用分类法归集生产费用，结合定额比例法计算成本。为便于说明，成本项目分为“直接材料”、“直接人工”、“制造费用”。同类产品生产费用的归集同品种法，这里不予赘述。假定该厂 20×6 年 5 月份硬糖类别产品的成本资料见表 8.1。

表 8.1　　　　**产品成本计算单**

类别：硬糖　　　　20×6 年 5 月　　　　单位：元

20×6 年		凭证号数	摘　要	成本项目			合　计
月	日			直接材料	直接人工	制造费用	
5	1		月初在产品成本	204 000.00	27 000.00	52 000.00	283 000.00
	31		本月发生费用	396 000.00	45 000.00	128 000.00	569 000.00
	31		合 计	600 000.00	72 000.00	180 000.00	852 000.00

该厂 5 月份硬糖类别产品的产量、定额资料如表 8.2 所示。

表 8.2　　　　**产品产量及其定额计算表**

20×6 年 5 月

产品类别	产品名称	数　量	材料定额成本(元)		定额工时	
			单　位	合　计	单　位	合　计
硬糖	产成品					
	柠檬味	20 000	7	140 000.00	3.75	75 000.00
	苹果味	10 000	8	80 000.00	3	30 000.00
	橘子味	40 000	5	200 000.00	2.25	90 000.00
	草莓味	25 000	6.4	160 000.00	2.4	60 000.00
	小　计			580 000.00		255 000.00
	期末在产品	(略)		170 000.00		105 000.00
	合　计			750 000.00		360 000.00

根据表 8.1、表 8.2 资料，计算各种产品成本，见表 8.3。

表 8.3　　　　**产品成本计算表**

类别：硬糖　　　　20×6 年 5 月　　　　单位：元

20×6 年		摘　要	成品数量	直接材料		定额工时(1)	直接人工	制造费用	合　计
月	日			定额成本(1)	实际成本				
5	1	月初在产品成本			204 000.00		27 000.00	52 000.00	283 000.00
		本月发生费用			396 000.00		45 000.00	128 000.00	569 000.00
		合　计		750 000.00	600 000.00	360 000.00	72 000.00	180 000.00	852 000.00

续表

20×6年		摘　要	成品数量	直接材料		定额工时(1)	直接人工	制造费用	合　计
月	日			定额成本(1)	实际成本				
		分配率(2)			0.8		0.2	0.5	
		月末在产品成本		170 000.00	136 000.00	105 000.00	21 000.00	52 500.00	209 500.00
		产成品成本(3)		580 000.00	464 000.00	255 000.00	51 000.00	127 500.00	642 500.00
		其中:							
		柠檬味总成本		140 000.00	112 000.00	75 000.00	15 000.00	37 500.00	164 500.00
		单位成本(4)			5.6		0.75	1.88	8.23
		苹果味总成本		80 000.00	64 000.00	30 000.00	6 000.00	15 000.00	85 000.00
		单位成本			6.4		0.6	1.5	8.5
		橘子味总成本		200 000.00	160 000.00	90 000.00	18 000.00	45 000.00	223 000.00
		单位成本			4		0.45	1.13	5.58
		草莓味总成本		160 000.00	128 000.00	60 000.00	12 000.00	30 000.00	170 000.00
		单位成本			5.12		0.48	1.2	6.8

(1)原材料定额成本、定额工时资料,根据表 8.2 记入。

(2)分配率:

原材料分配率=600 000÷750 000=0.8

工资分配率=72 000÷360 000=0.20

制造费用分配率=180 000÷360 000=0.5

(3)产成品成本:

直接材料:580 000×0.80=464 000(元)

直接人工:255 000×0.20=51 000(元)

制造费用:255 000×0.50=127 500(元)

(4)柠檬味硬糖产品:

直接材料总成本:140 000×0.80=112 000(元)

直接材料单位成本:112 000÷20 000=5.6(元)

直接人工总成本:75 000×0.20=15 000(元)

直接人工单位成本:15 000÷20 000=0.75(元)

其余类推。

(二)系数法

在分类法下,也可按系数将类别产品总成本在产成品和在产品之间,以及在产成品中各种产品之间进行分配,这种按系数进行分配的方法,称作系数法。系数是指同一类别内各种产品成本费用之间的比例关系。

系数法的计算程序如下:

(1)确定系数(单位系数)。在同类产品中选择一种产销量大、生产正常、售价稳定的产品,作为标准产品,并将其系数定为“1”,其他各种产品的分配标准与标准产品的分配标准相比，其比率即为其他各种产品的系数。分配标准可采用产品的定额成本、计划成本、售价等经济价值指标，也可采用产品的重量、体积、长度等技术性指标，或者采用产品生产的各种定额消耗指标。对不同的成本项目，可按不同的分配标准计算出不同的系数。系数一经确定，应保持相对稳定。

(2)将各种产品的实际产量，按系数折算为标准产品产量(即总系数)。完工产品的标准产量由各完工产品产量分别乘以各自的系数后求得，在产品则应先按投料程度或加工程度折算成完工产品产量后，再按系数折算为标准产品产量。计算公式为：

类内某产品完工产品标准产量＝该完工产品实际产量×该产品系数

类内某产品在产品标准产量＝该产品在产品数量×完工程度×该产品系数

(3)区分成本项目求得各类产品本月实际总成本，并计算出各项费用分配率。其计算公式如下：

某类产品某成本项目分配率＝某类产品某成本项目实际成本额÷某类产品标准生产数量

(4)根据各种产品的标准产量和各成本项目的分配率，分配、计算在产品成本和各种产品的产成品成本。计算公式为：

某成本项目在产品应负担的费用＝类内在产品的标准总产量×该成本项目的分配率

某成本项目某产成品应负担的费用＝该产成品的标准产量×该成本项目的分配率

【例 8—2】 上新半导体厂主要生产收音机芯片、计算机芯片、手机芯片三种产品。因该三种产品的结构、所用原材料和工艺过程相近，合为 A 类芯片，采用分类法计算产品成本。成本计算单按产品类别设置，成本项目分为“直接材料”、“直接人工”和“制造费用”。类内各完工产品和在产品之间的费用都折合成标准产品产量计算。

A 类产品生产费用的归集同品种法，这里从略。20×6 年 3 月该厂 A 类产品的成本资料见表 8.4。

表 8.4　　**产品成本计算单**

类别:A 类芯片　　20×6 年 3 月　　单位:元

日　期	摘　要	直接材料	直接人工	制造费用	合　计
	月初在产品成本	21 000.00	10 000.00	9 570.00	40 570.00
	本月发生费用	61 000.00	31 300.00	23 000.00	115 300.00
	合　计	82 000.00	41 300.00	32 570.00	155 870.00

假定各种规格的芯片以收音机芯片为标准产品，计算见表 8.5。

表 8.5　　**分配系数计算单**

类别:A 类芯片　　20×6 年 3 月

产品名称	定额成本(元)	系　数
收音机芯片	22.00	1
手机芯片	26.40	1.2
计算机芯片	33.00	1.5

利用表8.5的分配系数,将A类芯片3月各产品产量和在产品分别折合计算标准产量,见表8.6。

表8.6　　标准产品产量换算表

类别:A类芯片　　20×6年3月　　单位:元

产品名称	系 数	产成品		在产品			标准产品合计
		实际产量	标准产量	实际产量	完工程度	标准产量	
	(1)	(2)	(3)=(1)×(2)	(4)	(5)	(6)=(1)×(4)×(5)	(7)=(3)+(6)
收音机芯片	1	2 200.00	2 200.00	1 000.00	0.3	300.00	2 500.00
手机芯片	1.2	3 500.00	4 200.00	1 200.00	0.5	720.00	4 920.00
计算机芯片	1.5	3 000.00	4 500.00	1 500.00	0.6	1 350.00	5 850.00
合 计			10 900.00			2 370.00	13 270.00

根据表8.4～表8.6可以计算各种产品成本,见表8.7。

表8.7　　产品成本计算单

类别:A类芯片　　20×6年3月　　单位:元

摘 要	成品数量	标准产量			成本项目			
		产成品	在产品	合 计	直接材料	直接人工	制造费用	合 计
月初在产品成本					21 000.00	10 000.00	9 570.00	40 570.00
本月生产费用					61 000.00	31 300.00	23 000.00	115 300.00
合 计					82 000.00	41 300.00	32 570.00	155 870.00
分配率					6.18	3.11	2.45	11.74
月末在产品成本			2 370.00	2 370.00	14 646.60	7 370.70	5 806.50	27 823.80
产成品成本		10 900.00		10 900.00	67 353.40	33 929.30	26 763.50	128 046.20
合 计		10 900.00	2 370.00	13 270.00				
收音机芯片	2 200	2 200.00			13 596.00	6 842.00	5 390.00	25 828.00
单位成本					6.18	3.11	2.45	11.74
手机芯片	3 500	4 200.00			25 956.00	13 062.00	10 290.00	49 308.00
单位成本					7.42	3.73	2.94	14.09
计算机芯片	3 000	4 500.00			27 801.40	14 025.30	11 083.50	52 910.20
单位成本					9.27	4.68	3.69	17.64

备注:(1)直接材料分配率=82 000/13 270= 6.18;

(2)直接材料:月末在产品成本=6.18×2 370=14 646.60(元),产成品成本=82 000−14 646.60=67 353.40(元);

(3)手机芯片:直接材料成本=6.18×4 200=25 956.00(元),单位成本=25 956.00/3 500=7.42(元/个);

其余成本项目计算类同。

保留2位小数。

在运用分类法计算产品成本的过程中，我们应该注意的是，产品类别的划分是至关重要的。有些企业片面追求简化成本计算工作，任意扩大类距，甚至将所有产品合并为一个产品成本计算对象来归集生产费用。这样做，使企业生产的各种产品成本平均化，其结果是无法考核各种产品成本的节约和浪费情况，不利于寻找降低成本的途径，也就失去了成本计算的意义。

第二节　联产品的成本计算

一、联产品及联合成本的含义

联产品是指企业使用同一种原材料，经过同一生产过程——这一生产过程我们可以称为联合生产过程——同时生产出两种或两种以上具有同等地位的主要产品。例如，木材厂对原料木进行加工后可以生产出木材、木桩、胶合板等联产品；石油提炼厂利用原油生产出汽油、柴油等；制糖厂用甘蔗作原料可以同时生产出白砂糖和赤砂糖等；乳制品加工厂可以同时生产出牛奶、奶油；等等。这些联产品都是企业的主要产品，也可称为主产品，具有较高的经济价值，其销售价格较高，对企业的贡献也较大。另外，在联合生产过程中还会产生一些销售价值较低或者没有销售价值的产品，我们称之为副产品、废品和残料。本章第三节将对副产品、废品和残料进行讲解。

联产品一般发生在大型生产制造企业，是企业生产活动的主要目的。

表 8.8　　联产品举例

行　业	分离点处可分离的产品
农林业与食品加工业	
肉猪	五花肉、里脊肉、精肉、肋排、内脏、皮、骨
木材	建筑木方、颗粒板、复合板、实木板
粮食	精米、糙米
肉鸡	鸡胸肉、腿肉、鸡翅、内脏
采掘业	
石油	原油、天然气
煤矿	焦煤、烟煤、煤气、焦油
制造业	
钢铁	白口铁、灰口铁、球墨铸铁

联产品成本计算的关键是确认分离点。在投入原料并经过同一生产过程后，联产品在某一个“点”被分别确认，这个点称为分离点。分离后的联产品，有的直接对外销售，有的进一步加工后再出售。我们把分离前发生的成本称为联合成本，包括分离前发生的材料成本、人工成本以及相应的制造费用；而把分离后发生的进一步加工成本称为可归属成本，也称可

分成本。图 8.2 以乳制品企业为例说明了联产品的成本构成。

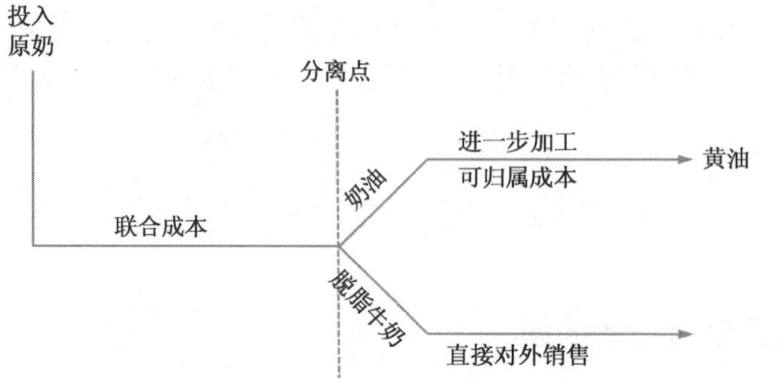

图 8.2　原奶加工成本构成

由于联产品是用同一种原材料在同一生产过程中加工出来的，生产联产品所发生的费用无法按照产品的品种归集来直接计算其成本，因此，可将同一生产过程加工的联产品视为同类产品，采用分类法归集、计算分离点前的联合成本，然后采用一定的分配标准，在联产品的各种产品之间分配联合成本。如果分离点后的联产品需要继续加工，则各联产品的成本计算就不只是对分离点前发生的联合成本进行分配，还要计算分离点后发生的可归属成本。

案例 8.2

联产品、副产品与等级产品

企业在联合生产过程中通常会有同一品种但质量各不相同的产品被生产出来。例如，煤炭工业中的精煤按照灰分的不同，可以分为冶炼用炼焦精煤和其他用炼焦精煤；木材厂生产的普通木结构的原木可以按等级分为Ⅰa 级木材、Ⅱa 级木材和Ⅲa 级木材，其中Ⅰa 级木材最好。等级产品与联产品和副产品是不同的概念，区别在于等级产品是同一种类、不同质量的产品，而联产品、副产品则是指不同种类的产品。因此，我们可以将等级产品定义为使用同一种原材料，经过同一生产过程生产出来的种类相同但质量不同的产品。

造成等级产品产生的原因主要有两种：其一，由于操作人员操作不当或操作不熟练等主观原因形成的；其二，由于生产技术固有限制或原材料质量等客观原因形成的。这两个原因直接影响了等级产品之间的成本分配问题。

由于等级产品的质量各不相同，因此企业经营者要根据实际的等级产品产生原因来进行成本的合理分配。如果等级产品是由第一种主观原因形成的，可以采用实物量分配法，因为这种主观原因形成的等级产品应该承担相同的生产成本，使各等级产品的单位成本相同，最终可以体现出不同等级产品对企业盈利产生的不同影响。

如果等级产品是由第二种客观原因形成的，可以采用系数分配法，因为这些客观原因企业在短期内无法控制，而为了使各不同等级的产品具有相同的毛利水平，就不能确定相同的单位成本。在实务中，企业通常会使用单位售价比例确定系数，再按系数比例计算出不同等级产品应负担的联合成本。

二、联合成本的分配方法

为了能够清楚地了解每种联产品的盈利状况，正确地做出生产经营决策，联合成本必须在这些产品中进行分配。而联合成本的分配方法常用的有实物量分配法、系数分配法、销售价值分配法和可实现净值分配法等，企业应根据实际生产类型和管理要求，选用合适的成本分配方法。

案例 8.3

为什么要分配联合成本

对于这个问题，通常人们的第一想法就是企业的管理层要求分配联合成本，以便更好地做出合理的生产经营决策。但实际上并不仅仅是企业的管理层有这个需求，企业的外部利益相关者同样有需求。首先，税务局在根据对外财务报表和报告中的数据核实企业应交税费时，需要清晰地了解企业的产品成本，以避免出现漏税等行为；其次，如果企业的货物出现人力不可控的损毁时，保险公司需要对索赔的货物做出正确的估价，这就要求企业提供正确的产品成本；再次，市场上一些产品通常会受到价格限制，例如粮食作物这些与民生息息相关的大宗产品，政府如要制定一个合理的价格限制，既不能影响农业生产者的生产积极性，也不能让普通民众承受过高的日常开支，这就需要对农产品的成本有充分的了解。

事实上，要求分配联合成本并不仅仅局限于以上几个方面，各方面都可能会有理由需要对产品的成本做出合理的估计和核算，因此，分配联合成本对于生产联产品的企业来说非常重要。

（一）实物量分配法

实物量分配法是指将联合成本按各种联产品的实物数量的比例进行分配的方法，是最简单客观的方法。常用的实物数量有产品的重量或容积等，例如石油提炼行业的石油桶数、木材加工厂木板的长度、半导体加工厂生产的芯片数量等。

【例 8—3】 假定某企业 20×6 年 3 月投入 75 000 元联合成本生产出 3 500 千克甲产品和 2 500 千克乙产品。根据这些数据资料，联合成本的分配过程如表 8.9 所示。

表 8.9　　**联合成本分配表(实物量分配法)**

20×6 年 3 月

产　品	产量(千克)	分配率	应负担成本(元)	单位成本(元)
甲	3 500	12.5	43 750.00	12.50
乙	2 500	12.5	31 250.00	12.50
合　计	6 000		75 000.00	

实物量分配法的优点是简便易行，但是由于按此法计算各联产品的单位成本是相同的，这显然不尽合理。因为它忽略了各种联产品的特性或含量，未考虑各种联产品销售价格的差异，有可能产生售价低的产品出现亏损的现象，因为这些产品的售价并不能承受其分摊到的成本。

例如，在一个矿藏中企业可以开采出金、银、铅三种有销售价值的金属，显然铅的销售价值相对来说是最低的。但是，如果我们选用重量计量并分配联合成本的话，铅一定是分配到最多成本的产品，这会导致金、银产生大额盈利，而铅会出现大额亏损，显然并不合理。

另外，有时要想获得联产品之间可以相互比较的实物计量单位并不容易。例如石油与天然气，两者属于同一开采过程的联产品，但一个是液体、一个是气体，如果非要将两者按照实物单位进行计量的话，就必须要依靠外部技术人员的支持，这显然不符合我们所需要的成本效益原则。

因此，实物量分配法仅适用于联合成本的发生与各联产品的实物量密切相关，且各联产品的销售价格较为接近的企业。

(二)系数分配法

系数分配法是指将各种联产品的实际产量按规定的系数折算为标准产量，然后将联合成本按各联产品的标准产量比例进行分配的方法。具体计算过程与分类法下的系数法相同。

【例8—4】 假定上例中的甲产品为标准产品，系数确定为1，乙产品的系数为1.1，则甲、乙产品应分摊的联合成本如表8.10所示。

表8.10 联合成本分配表(系数分配法)

20×6年3月

产品	产量（千克）	系数	标准产量（千克）	分配率	应负担成本（元）	单位成本（元）
甲	3 500	1	3 500	12	42 000.00	12.00
乙	2 500	1.1	2 750	12	33 000.00	13.20
合计	6 000		6 250		75 000.00	

在确定各联产品系数时，可考虑收得率这样的技术因素，也可考虑销售价格这样的经济因素，或者综合考虑各种相关因素。显然，准确合理地确定各联产品的系数，对准确合理地计算联产品成本有着至关重要的意义。

(三)销售价值分配法

销售价值分配法是按各联产品的销售价值的比例分配联合成本的方法。这种方法把联合成本的分配与联产品的最终销售价值联系起来，这就要求所有的联产品在分离点之后都可以销售。该方法的理论依据是，售价高的联产品应该成比例地负担较高的联合成本，所以各种联产品应该取得相同的毛利率。

【例8—5】 现仍以上例资料为例，用销售价值分配法分配联合成本的结果，如表8.11所示。

表8.11 联合成本分配表(销售价值分配法)

20×6年3月

产品	产量（千克）	单价（元）	销售价值（元）	分配率	应负担成本（元）	单位成本（元）	毛利（元）	毛利率
甲	3 500	20.00	70 000.00	0.5	35 000.00	10.00	35 000.00	50%
乙	2 500	32.00	80 000.00	0.5	40 000.00	16.00	40 000.00	50%
合计	6 000		150 000.00		75 000.00		75 000.00	

销售价值分配法克服了实物量分配法和系数分配法的一些缺陷，但仍有其自身的不足。因为不是所有的成本都与售价有关，价格高的产品不一定有较高的成本，所有的联产品并非具有相同的获利能力。

例如，石油开采后有两种产物：一种是天然气，可以直接作为商品进行销售；而另外一种是原油，并没有直接销售的价值，需要经过加工处理之后才会产出可销售的商品。原油加工后可以产出的产品多种多样，且基本都具有销售价值较高的特点，但是这些特点并不能体现在石油开采后的第一个分离点上，在这个分离点上假定天然气和原油具有相同的获利能力显然是不正确的，会导致天然气的成本出现虚高，而原油加工后的产品也都会产生相对虚高的盈利结果。

因此，销售价值分配法一般适用于联产品分离后不再加工，其销售价格较为稳定且与成本相关性强的联合成本的分配，也就是说，企业必须在分离点处能够获得所有产品的市场销售价值数据，才可以采用销售价值分配法。

（四）可实现净值分配法

可实现净值分配法是按各联产品的可实现净值比例分配联合成本的方法。可实现净值是指各联产品的最终销售价值减去其可分成本后的金额。该方法同样要求所有的联产品在分离点都是可销售的，进一步加工只是为了实现预期的销售收入。

【例 8－6】 仍以上例资料为例，用可实现净值分配法分配联合成本，其计算结果如表 8.12 所示。

表 8.12　　**联合成本分配表（可实现净值分配法）**

20×6 年 3 月

产　品	产量（千克）	单价（元）	销售价值（元）	可分成本（元）	可实现净值（元）	分配率	应负担成本（元）	单位成本（元）	毛利（元）	毛利率
甲	3 500	20.00	70 000.00	—	70 000.00	0.625	43 750.00	12.50	26 250.00	37.50%
乙	2 500	32.00	80 000.00	30 000.00	50 000.00	0.625	31 250.00	24.50	18 750.00	23.44%
合　计	6 000		150 000.00		120 000.00		75 000.00		45 000.00	

可实现净值分配法实际上就是将联合成本按各种联产品的销售价值减去可分成本的价值比例分配，所以此法的优缺点与销售价值分配法类似。但可实现净值分配法相对来说还是具有一定优势的。当存在分离点销售价值时，这个销售价值就是相对于其他分配方法来说最好的标准，因为它能够衡量整个联合生产过程的收益状况。但在存在进一步加工的情况下，这个标准就显得不是那么准确了，因为存在可分成本的情况下，仅仅考虑分离点处的销售价值，很有可能会导致某个产品最终的总成本过高，使得本可以获利的产品出现亏损的现象。

但是，销售价值分配法相对可实现净值分配法来说更加简明，如果管理层对分离点后的加工程序或者某个产品的销售策略进行调整的话，更会增加可实现净值分配法的复杂程度。同时销售价值分配法的数据可获得性更高，因为可实现净值分配法需要会计人员在实现销售之前就对损益进行确认。为了避免这一问题，有的企业甚至不会对联合成本进行分配，这些公司的会计人员将预计可实现净值减去正常毛利后的价值作为存货成本入账，这将使得所有联合成本与同期间的收入相匹配。

因此,可实现净值分配法一般适用于联产品分离后需要进一步加工,其销售价格较为稳定且与成本相关性强的联合成本的分配。

联合成本的分配方法很多,企业应根据联产品生产的实际情况来选择适当的方法,使联产品成本的计算既简便易行,又尽可能准确合理。

案例 8.4

联合成本与企业决策的关系

企业的生产过程实际上是一种企业资源投放的决策,如何才能使得企业有限的资源获得最大的收益,这就要求企业的管理人员在生产之前做出相应的决策。

其一,应先根据所有产品,包括可能会进一步加工后出售的产品,合理预计联产品可能带来的销售收入,并与预计的联合成本、进一步的加工成本和销售成本加总后的总成本进行比较。如果预计的销售收入大于预计的总成本,那么企业经营者就可以考虑是否进行生产。

其二,当这些联产品的预计销售收入超过其总的联合成本与进一步加工和销售等成本的话,企业经营者还需要考虑投入生产资源所产生的机会成本。如果这些资源所获得的净收益高于使用其他资源或资源组合所带来的净收益,那么我们就可以认为这种联合生产方式是最有效地使用资源,可以投入生产。

其三,联产品投入生产后,企业经营者需要在分离点确定哪些产品是主产品、哪些是副产品,还可能会出现废品和残料。考虑到副产品和废品、残料价值的存在,联合成本可能会减少,而剩下的联合成本只会分配给主产品。

其四,企业经营者还需要在分离点确认联合生产所产出的产品是直接出售还是进一步加工。对于主产品,如果在分离点不可销售,那么无论如何都必须选择进一步加工使其达到可以在市场上出售的状态;如果主产品在分离点可以销售,那么就需要考虑进一步加工后所得产品所带来的增量收入是否大于其产生的增量成本,即是否产生增量收益,如有增量收益才能考虑进一步加工。另外,对于副产品和废品、残料来说,企业经营者也需要估计其可产生的增量收益,如果这些产品在分离点不可销售且并不能产生增量收益的话,那么应在分离点直接作报废处理,不需要作进一步的加工。

从上面的阐述我们可以看到,决定产品是否进一步加工的时间点是在决定是进行联合生产的时间点之后,因此联合成本的产生同是否进一步生产是没有关系的,联合成本仅仅与是否进行联合生产这一决策有关。

另外,我们在第四点所提到的增量成本并不等同于进一步加工所产生的可分属成本。因为有些可分属成本可能是固定成本,例如为进一步加工所租入场地的租金;有些可分属成本可能是沉没成本,例如进一步加工所使用设备的折旧;有些可分属成本可能是已分配成本,例如已分配给加工产品的公司总部成本。因此,我们所说的增量成本仅仅只是可分属成本中的变动成本部分,非增量成本与产品是否进一步加工的决策也没有关系。

在分析完联合成本与企业生产决策的关系之后,我们再来看一下联合成本和定价决策之间的关系。事实上,对于大部分企业来说,是联合成本和销售价格综合对联合成本的分配产生影响,而联合成本的分配并不影响定价决策。因为我们找不到两者之间的因果关系来确定每一个联产品所需要的生产资源,再以这些生产资源为基础去做出定价决策。

第三节　副产品的成本计算

一、副产品的含义

(一)副产品的定义

联产品的生产过程中有时会产生一些意外产品，属于附带生产出来的非主要产品，或利用生产中的废料加工而成的产品，即副产品，其经济价值相对主产品或联产品来说很低，但仍具有一定的经济价值和用途，例如提炼原油过程中产生的渣油和石油焦、生产肥皂过程中产生的甘油、炼钢厂利用生产过程中所产生的炉渣生产的水泥等。

(二)副产品的特点

副产品与主要产品是用同样的原材料，在同一生产过程中生产出来的，或利用同一生产过程中产生的废料加工而成的，但副产品不是企业生产活动的主要目标，而且副产品的价值与主要产品相比较低，在企业全部产品中所占比重较小，更重要的是，副产品在与主要产品分离前通常不单独发生生产费用。因此，为简化计算工作，通常只要将副产品按一定标准作价，从分离点前的联合成本中扣除。所以，副产品成本计算的关键是副产品的计价标准。

在实务中，主产品、联产品和副产品之间的区别实际上并不十分明确。因为有些企业视为副产品的产物，对于另外一些企业来说可能会将其作为主产品进行销售。例如，木材厂商生产木板形成的碎木，一些企业会将其作为副产品甚至是废料来处理，但对另外一些企业来说，这些碎木可以做成木屑压板同原木板之类的产品一起作为主产品出售。另外，主产品、联产品和副产品这样的产品分类很有可能会随时间的推移而产生变化。例如，煤通过蒸馏获得的可燃气体即煤气在 20 世纪 80 年代因其使用量大等原因，许多厂家将其作为主产品生产，但现在因为环境污染、安全性等原因煤气逐渐退出市场，因此大部分厂家不再将其作为主产品生产销售，而是作为副产品甚至是废品处理。

案例 8.5

废品与残料的处理

每个企业在生产过程中都难免会出现一些不符合质量要求而被废弃或降价销售的完成品或半成品，我们称之为废品，例如有瑕疵的服装、鞋子等。另外，在生产过程结束之后，通常会有一些剩余的材料，这些材料非常细碎，企业无法将其制成需要的产品，我们称之为残料，例如木材厂生产木材之后剩下的木屑和碎木块、服装厂剩下的碎布料等。

对于大多数的生产流程来讲，出现一定数量的废品和残料是很正常的，特别是在一些对生产技术要求很高、制造过程非常复杂且精密的企业中尤其明显。有些企业的废品无法通过返工再次达到主要产品的要求，例如芯片制造业；有些企业的废品虽然可以通过返工重新变成合格品，但是需要相当高的成本，例如精密科学仪器制造业。

对于废品的处理，企业需要区分正常废品和非正常废品。正常废品是指在有效生产的条件下，在生产过程中不可避免地出现的废品，因此正常废品的成本通常视为完成合格品所需成本的一部分。而非正常废品则是指在有效的生产条件下不应该出现的废品，这些非正常废品通常是可以通过控制措施而避免产生的。为了达到控制非正常废品的目的，企业通常要对这些废品的成本单独核算并单独列示出来作为警醒。

对于残料的处理，企业无须区分正常残料和非正常残料，因为残料的经济价值相对于产品的经济价值来说非常低，基本可以认为是没有成本的。但是，企业需要区分这些残料是由哪些生产批次产出的，这样企业才能达到有效的计划和控制以及更为精确的成本核算，避免出现盗窃等问题。

二、副产品的成本计算

副产品在分离后，有的作为产成品直接对外销售，有的需进一步加工后再出售，副产品的成本计算应根据这两种不同情况区别分配。

由于副产品和主产品是通过同一生产过程生产出来的，这一生产过程中所产生的成本很难精确区分开来，因此一般性的做法是将主、副产品归为一类，使用分类法进行成本归集，得到主、副产品的总成本，而在主、副产品分离前的成本则视作联合成本。

通常情况下，副产品的价值相对来说较低，在联合生产过程所产出的产品中也只占有较小的比重，因此我们可以选用比较简单的方法计价，然后将其价值从整个联合成本中扣除，剩下的联合成本才能在主要产品之间进行分配。显然，副产品的成本计价方法对主要产品的成本有一定的影响。

(一)直接对外销售的副产品的成本计算

1. 副产品不负担联合成本

如果副产品的价值较低，且分离后不再进行加工，则副产品可以不负担分离前的联合成本，联合成本全部由主产品负担，副产品的销售收入直接作为其他业务利润处理。

采用这种方法，计算简便，但由于副产品不负担分离前的联合成本，一定程度上会影响主产品成本的准确性，有可能会高估主要产品的成本，对企业的经营决策也会有一定程度的影响。

2. 副产品作价扣除

如果副产品的经济价值较高，为正确核算主、副产品成本，可采用与分类法相似的方法计算成本，即将副产品与主要产品合为一类，开设成本计算单归集费用，然后按销售价格扣除税金和销售费用后的余额，作为副产品应负担的成本从联合成本中扣除。副产品的成本既可以从“直接材料”成本项目中一笔扣除，也可以按比例从联合成本各成本项目中减除。该方法计算较为简便，但在副产品售价波动较大时，对主产品成本的准确性影响较大。

(二)需进一步加工的副产品的成本计算

如果副产品与主产品分离以后并不直接出售，需进一步加工后再出售，则应根据其生产加工的特点和管理上的要求，采用适当的方法单独计算副产品的成本。通常有以下三种方法：

1. 副产品只负担可分成本

采用这种方法时，副产品不负担分离前的联合成本，联合成本全部由主产品负担，副产品只负担分离后进一步加工的成本。显而易见，这种方法简便易行，但是它少计了副产品的成本，多计了主产品的成本，显然并不准确。

2. 副产品成本按计划单位成本计算

如果副产品进一步加工所需时间不长、费用不大，为简化成本计算工作，可以只设主产品成本计算单，不设副产品成本计算单。副产品按计划单位成本计价，并将其从主产品成本计算单中转出，余额即为主产品的成本。这种方法计算过程简单易行，但是当副产品成本波动较大、市价不稳定时，也会影响主产品成本的正确性。

【例 8—7】 假定某企业在主产品即甲产品生产的过程中，还同时生产出可以加工成为副产品即乙产品的原料 3 000 千克。甲产品的生产和乙产品的加工处理都在同一个车间内进行。在全部成本中，原材料费用所占比重较大，两种产品的月末在产品都按原材料的定额费用计价。20×6 年 9 月的产量为：甲产品 7 000 千克，乙产品 2 500 千克。9 月份的月初在产品成本为 9.85 万元，9 月份当期耗费直接材料 77 万元，直接人工 1.9 万元，制造费用 3.572 万元。假定月末在产品成本为已知定额成本。副产品（乙产品）的计划单位成本为：直接材料 6 元，直接人工 0.80 元，制造费用 1.60 元，合计 8.40 元。主、副产品应负担的成本如表 8.13 所示。

表 8.13　　**产品成本计算单**

产品名称：甲　　20×6 年 9 月　　单位：元

项　目	直接材料	直接人工	制造费用	合　计
月初在产品成本（定额成本）	98 500.00			98 500.00
本月生产费用	770 000.00	19 000.00	35 720.00	824 720.00
合　计	868 500.00	19 000.00	35 720.00	923 220.00
减：乙（副）产品成本（2 500 千克）	15 000.00	2 000.00	4 000.00	21 000.00
产成品成本（7 000 千克）	785 000.00	17 000.00	31 720.00	833 720.00
月末在产品成本（定额成本）	68 500.00			68 500.00

3. 副产品成本按实际成本计算

采用这种方法，需分别为主、副产品开设产品成本计算单，副产品成本计算单用来归集从主产品成本计算单中转来的费用和进一步加工所发生的费用，并计算产品的实际成本。这种方法较为复杂，适用于副产品价值较高的情况。

【例 8—8】 仍以上例资料为例，假定用于制造乙产品的原料，按固定单价每千克 5 元计价，从主产品成本计算单中转出，记入乙产品成本计算单中。乙产品的月初、月末在产品成本分别为 450 元和 700 元，则主、副产品成本计算结果如表 8.14、表 8.15、表 8.16 所示。

表 8.14　　**工费分配表**

20×6 年 9 月

项　目	生产工时	直接人工（元）	制造费用（元）
分配率		2.5	4.7
甲产品（主产品）	4 900.00	12 250.00	23 030.00
乙产品（副产品）	2 700.00	6 750.00	12 690.00
本月发生额	7 600.00	19 000.00	35 720.00

表 8.15　　产品成本计算单

产品名称：甲(主产品)　　20×6 年 9 月　　单位：元

项　目	直接材料	直接人工	制造费用	合　计
月初在产品成本(定额成本)	98 500.00			98 500.00
本月生产费用	770 000.00	12 250.00	23 030.00	805 280.00
减：副产品原料(3 000 千克)	15 000.00			15 000.00
合　计	853 500.00	12 250.00	23 030.00	888 780.00
产成品成本(7 000 千克)	782 500.00	12 250.00	23 030.00	817 780.00
月末在产品成本(定额成本)	71 000.00			71 000.00

表 8.16　　产品成本计算单

产品名称：乙(副产品)　　20×6 年 9 月　　单位：元

项　目	直接材料	直接人工	制造费用	合　计
月初在产品成本(定额成本)	450.00			450.00
本月生产费用		6 750.00	12 690.00	19 440.00
本月转入	15 000.00			15 000.00
合　计	15 450.00	6 750.00	12 690.00	34 890.00
产成品成本(2 500 千克)	14 750.00	6 750.00	12 690.00	34 190.00
月末在产品成本(定额成本)	700.00			700.00

上述计价方法都有效解决了在产品分离前的联合成本中副产品所应负担部分的金额计量问题。而副产品的成本计算出来之后，我们还应考虑如何将这些成本合理地从联合成本中扣除的问题。

一般来说，副产品成本从联合成本中扣除的方法有两种：其一，将副产品成本直接从分离前联合成本中的“直接材料”成本项目中扣除，这种方法适用于副产品成本中有很大一部分属于直接材料成本或副产品成本所占比重很小的情况；其二，按副产品成本所占分离前联合成本总额的比例，分别从成本总额的各项成本项目中扣除，这种方法适用于副产品成本中各成本项目的比重相差不大或副产品成本在联合成本中占有一定比重的情况。

企业应根据自身实际情况合理选择副产品的成本分配方案，选择哪种成本计算方法、如何将其从联合成本中扣除，都是企业应该重视的问题。

从上面的讲解中我们可以看出，联产品和副产品的成本计算有一些相同之处，即两者都是通过同一联合生产过程，在某一个分离点生产出来的几种产品。而且在分离后，有一些产品可能需要经过进一步的加工才能作为产品出售。但是，联产品中的所有产品都是企业的主要产品，其经济价值都比较高，是企业的主要经营目的；而副产品则是在联合生产过程中附带生产出来的产物，其经济价值普遍较低，对企业的经营来说作用不大。因此，我们通常对副产品的成本计算都选择采用简化的成本计算方法，而对于联产品通常采用相对较为精确的成本计算方法。如果随着经济环境、时间等因素的改变，出现联产品和副产品之间关系的转变，相应的成本计算方法也要随之进行更改。

微信扫码获取
名师精讲

管理会计师官方服务号　　管会教育

第九章

标准成本核算系统

案例：

重庆长江电工工业集团有限公司是隶属于中国兵器装备集团公司的大型国有企业，是国家批准重点保留军品生产能力的骨干企业之一。公司创建于1905年，迄今已有100多年的历史，是重庆最早成立的工业企业，1930年步入中国兵器工业企业行列，20×1年更名为"重庆长江电工工业集团有限公司"，是国家军品生产定点企业，主要产品有军品、汽车零部件、金属材料三大系列共十余个品种。

在近几年的实践中，长江电工结合自身管理现实，探索总结了标准成本编制的"五因素法"，并坚持"两个原则"，同时找准"五个切入点"将标准成本运用融入生产经营实践，实现了标准成本与其他管理工作的有机对接，促进了技术、业务与财务的交汇融合，有效提升了企业管控决策质量。

"五因素法"分别是工艺进步因素、历史成本因素、年度预算因素、规模变动因素和产能变动因素。

"两个原则"分别是业务与财务、技术与经济综合平衡的原则，以及重视历史数据处理、保证标准成本的合理性原则。

"五个切入点"分别是确保标准价格体系的准确适用、确保标准定时修订、确保物料投入产出标准闭环、确保标准编制效率和质量平衡、编制时注意划分成本性态。

思考题：

(1)公司在采用标准成本核算系统进行成本控制时，如要达到预期效果，应该如何制定标准成本？

(2)如何进行差异的分析？如何找出差异的原因，为成本控制提供有用的信息呢？

第一节　标准成本制度的基本含义

企业为什么要采用标准成本制度，这是首先要解决的观念问题。对一个企业而言，成本控制的成功与否，通常决定了企业能否获得利润、经营能否成功。成本控制通常与企业采用的预算管理制度相关联，而预算管理过程中也要制定标准以便控制和评价管理业绩。但是，预算是计量总体的业绩，而同时建立总量和单位标准，可以加大控制的力度和效果。企业采用标准成本制度的目的之一是为了改进计划和控制，其次是为了方便产品成本的计算。从成本计算方法来讲，标准成本制度是一种辅助成本计算方法，如果把它与分步成本计算方法结合运用，那么就可以省去每个成本项目的单位约当产量成本计算，直接用标准成本来计算。另外，分步成本计算法中也没有必要区分先进先出法和加权平均法，通常标准分步成本计算制度采用先进先出法，这样将实际成本与标准成本进行对比分析就可以进行日常的成本控制了。

一、标准成本制度的含义

（一）标准成本制度的定义

标准成本是运用科学方法，预计在有效经营条件下产品应达到的目标单位成本。标准成本制度是以标准成本为基础，将实际发生的成本与标准成本进行比较，核算和分析成本差异的一种成本计算方法，也是一种成本控制制度。

（二）标准成本制度的关键点

标准成本制度的关键是标准成本的制定。由于标准成本是日常成本控制的目标，是与实际成本比较从而计算成本差异的依据，其合理与否直接影响到成本控制的效果分析。所以，标准成本的制定要遵循科学性、客观性、正常性和稳定性等原则。所谓科学性和客观性，就是标准成本要根据客观实际，用科学的方法进行制定。所谓正常性，就是标准成本要按正常条件制定，不考虑不能预测的异常变动。所谓稳定性，就是标准成本一经制定，不应随意变动，应保持其相对的稳定性。

标准成本制度的核心是按标准成本核算产品成本的形成过程和结果，并借以实现对产品成本的控制。

二、标准成本制度的特点

（一）标准成本制度核算的账户设置

标准成本制度下，核算产品成本一般需要设置的账户包括“生产成本”、“库存商品”、“自制半成品”等账户，这些账户的借贷双方均按标准成本入账，这是因为标准成本制度只计算各种产品的标准成本，不计算各种产品的实际成本。对于实际成本与标准成本之间的差异，分别设置各种成本差异账户进行归集，以便对成本进行日常控制和考核。期末，应将各成本差异账户的余额予以结清。

标准成本制度可以与变动成本法相结合，将制造费用分解为固定制造费用和变动制造费用两部分，分别计算变动和固定制造费用的成本差异，明确这两项费用不同的控制关键点，分清相关的责任，实现控制成本的目标。

（二）标准成本制度核算的流程

采用标准成本制度核算产品成本的流程与产品成本计算的一般流程大致相同，但其中要增加的内容是，首先制定产品消耗资源的标准成本，其次计算分析成本差异，最后通过对成本差异的处理得到产品的实际成本。

第二节　标准成本的种类

成本控制系统的首要任务是确定控制目标或标准，作为衡量实际成本的尺度。标准成本是运用科学方法，预计在有效经营条件下产品应达到的目标单位成本，它是预算控制系统的基准成本。

管理人员在确定企业成本控制标准时，通常有以下几项标准可供选择：

一、理想的标准成本

理想的标准成本是一种理论标准，指在最理想（最佳）经营状态下的最低成本。它是假定整个生产过程材料无浪费，机器设备无故障，人员无闲置，生产效率达到最高，成本达到最低水平。该标准由于太完美，一般情况下，企业员工无论怎样努力都很难达到这一标准，这将抑制员工的积极性，可能会促使他们采用某些不太合理的手段（如降低产品质量）来达到这一标准，最终影响到企业经营效果（如质量成本上升）。所以，企业很少采用理想的标准成本。

二、历史的标准成本

历史的标准成本是根据过去若干时期实际成本的资料，计算其平均值，并结合未来的变动趋势而制定的标准成本。该标准经过努力一般较易达到，但由于实际成本中经常包含了浪费和低效率，所以，该标准比较“松弛”，将其作为企业控制目标不尽合理。

三、现实的标准成本

现实的标准成本也是正常的标准成本，它是在现有的生产技术水平和正常生产经营能力的前提下应该达到的标准。该标准包含了正常的原料浪费、机器偶然故障、人员闲置等低效与失误，因此，这一标准要求企业员工尽最大努力才能达到，它既先进又合理，比理想的标准成本更现实。

标准成本的选择要考虑其激励的作用。太高的标准虽然较完美，具有激励作用，但即使员工尽了最大努力也无法达到，往往是高不可攀，反而会挫伤员工的积极性；标准太低、太“松弛”，必然缺乏激励作用，导致经营效率下降。所以，企业管理人员在选择标准时，应考虑到行为问题以及会产生的其他后果。标准应能鼓励员工形成积极的工作态度，从而充分发挥标准的控制作用。

第三节　标准成本的制定

产品标准成本是由材料、人工和制造费用三部分组成，有关标准的制定要讲究科学性和艺术性，需要企业多方面的参与和支持。在制定标准成本时，通常有两种方法：历史数据分析法和任务分析法。某产品的历史成本数据可以用来预测未来的成本水平，在制定标准成本时，如果价格或某些因素发生了变化，必须对历史成本水平作相应的调整，也就是说，作出必要的调整，使制定的标准成本始终保持现实可行。任务分析法是分析产品生产过程以决定产品成本的一种方法，这种方法的重点是由产品过去的成本转向未来应该达到的成本水平。此法需要企业成本管理人员与生产技术部门的专业人员合作，准确判断产品生产过程中对各项资源的消耗水平。所以，标准的制定不应该仅由会计人员来决定，而是包括会计人员、采购部门人员、技术人员、生产人员及其他管理人员，这些管理人员可以提供诸如原料采购量、消耗量、销售量、生产等相关信息。其中，特别要强调的是生产部门的第一线工人应能参与到标准的制定过程中，因为他们对生产过程中的可降低成本点更了解，所以，企业对提出成本节约的合理化建议的员工要加以奖励，从而为企业带来更高的效益。

一、直接材料的标准成本

直接材料标准成本是由价格和用量两项标准决定的。其计算公式如下：

直接材料标准成本＝单位材料的价格标准×单位产品的用量标准

(一)直接材料价格标准

材料的价格常常受到企业外在因素(如市场供求关系)等不可控因素的影响，制定标准应与采购部门人员合作，可以以订货合同的价格为依据，并结合市价及未来市场情况的变动来确定。该价格是材料的采购价格(包含买价及附带成本)扣除购货折扣后的净价。

【例 9—1】 利多公司生产某品类油漆所使用的某种原料的价格标准见表 9.1。

表 9.1　　单位：元

每千克的买价	(1)	10.00
每千克运输成本	(2)	0.50
每千克运输途中的合理损耗	(3)	0.10
购货折扣	(4)	－0.05
每千克的标准价格	(5)＝(1)＋(2)＋(3)－(4)	10.55

(二)直接材料用量标准

材料的用量标准通常由企业的工程技术部门或产品设计部门制定，它是单位产品耗用某种材料的一项消费定额。材料用量标准应将生产过程中正常的损耗包括在内。

【例 9—2】 利多公司某品类油漆耗用原料的消耗定额见表 9.2。

表 9.2　　单位：千克

A 原料	(1)	1.50
正常损耗	(2)	0.01
单位产品标准用量	(3)＝(1)＋(2)	1.51

该产品的直接材料标准成本＝10.55×1.51＝15.93(元)

如果产品需耗用多种原材料，应将各种原料的标准成本加总得到单位产品的直接材料成本。

二、直接人工的标准成本

直接人工的标准成本是由工资标准和工时标准决定的。

直接人工标准成本＝单位小时工资率标准×单位产品工时标准

(一)直接人工工资率标准

工资率标准通常是由企业人力资源部事先制定的，包括员工的基本工资及规定的附加内容。工资制度可以采用计时制，也可以采用其他的工资制度，如计件工资等。

【例 9—3】 仍以【例 9—2】利多公司背景为例，其中公司某品类油漆的工资率标准见表 9.3。

表 9.3 单位：元

单位小时工资率	(1)	8.00
附加福利工资	(2)	1.12
直接人工工资率标准	(3)＝(1)＋(2)	9.12

单位产品工资率标准也可以用以下公式计算：

工资率标准＝生产工人工资总额预计数÷标准工时总数

其中，“标准工时总数”是企业现有条件下可能实现的最大生产能力，即“产能标准”，用工时来表示。

(二)直接人工工时标准

直接人工工时标准即单位产品的工时消耗定额，一般由企业的工程技术部门制定。在制定工时消耗定额时，应该包含工人必要的休息时间，以及机器停工、清理等不可控制的时间。

【例 9—4】 利多公司生产某品类油漆的工时标准见表 9.4。

表 9.4 单位：小时

单位产品基本工时	(1)	2.00
机器停工、清理工时	(2)	0.20
工人休息时间	(3)	0.15
单位产品标准工时	(4)＝(1)＋(2)＋(3)	2.35

该产品的直接人工标准成本＝9.12×2.35＝21.432(元)

三、制造费用的标准成本

制造费用的标准成本是由制造费用分配率标准和工时标准决定的。

(一)制造费用分配率标准

制定制造费用分配率标准时，首先，应将制造费用按成本性态进行分类，分为变动制造费用和固定制造费用。其次，编制弹性预算，估计不同作业水平的制造费用预算总额。最后，按下列公式确定制造费用分配率标准：

制造费用分配率标准＝制造费用预算总额÷基准产能标准

制造费用基准产能标准指制造费用耗用量标准，它可以选择企业充分利用现有生产能力情况下应达到的最大产能，也可以选择预算数量，即由销售预算决定的预计的生产量水平。基准产能标准一般用工时来表示。

(二)制造费用工时标准

制造费用工时标准一般可借用直接人工工时标准。

制造费用标准成本的制定通常分变动制造费用和固定制造费用两部分进行。

【例9—5】 利多公司制造费用的预算数见表9.5。

表9.5

项　目	单　位	预算数
生产量	千克	1 000.00
直接人工工时	小时	2 350.00
变动制造费用	元	4 700.00
固定制造费用	元	2 350.00

依照表9.5预算数，可计算出：

变动制造费用分配率标准＝4 700÷2 350＝2(元/小时)

固定制造费用分配率标准＝2 350÷2 350＝1(元/小时)

单位产品变动制造费用标准成本＝2×2.35＝4.7(元)

单位产品固定制造费用标准成本＝1×2.35＝2.35(元)

单位产品制造费用标准成本＝4.7＋2.35＝7.05(元)

产品成本中“直接材料”、“直接人工”、“制造费用”项目标准成本确定好了以后，即可以编制该产品标准成本卡。

现将上述【例9—1】～【例9—5】利多公司某产品的有关资料汇总，见表9.6。

表9.6　　**产品标准成本单**

成本项目	单价标准 (分配率标准)	数量标准 (工时标准)	标准成本
直接材料	10.55元/千克	1.51千克	15.93元
直接人工	9.12元/小时	2.35小时	21.432元
变动制造费用	2元/小时	2.35小时	4.7元
固定制造费用	1元/小时	2.35小时	2.35元
单位产品标准成本	—	—	44.412元

以上的标准成本可以作为该产品成本控制的目标。一般情况下，标准确定后，不作经常性(一年内)修正，以便更好地发挥标准成本的控制作用。除非有关标准发生重大变化，才作相应的调整。

第四节　标准成本差异的计算和分析

我们知道前述标准在制定时考虑了正常情况下的相关因素。所以，实际的成本业绩不可能与标准完全一致，通常是围绕标准随机变动的。企业的管理层应该确定实际业绩的可接受范围：如果实际成本与标准成本差异在该上下限范围内，可以假定是随机因素引起的；如果差异超出了该上下限范围，可能是非随机因素引起的。对于出现的差异的原因，企业要进行调查和分析，从而制定改善成本控制的相应措施。

一、标准成本差异分析的意义和内容

标准成本差异分析是对企业一定时期内生产产品发生的实际成本与标准成本之间差异原因的分析，是企业规划与控制成本的重要手段之一。通过成本差异分析，企业管理人员可以进一步揭示实际执行结果与标准不同的深层原因，为企业改进管理、明确责任、提高经济效益指明了方向。

标准成本差异的分析是立足于企业弹性预算的基础上，分为变动制造成本差异分析和固定制造成本差异分析两部分，差异分析的基本模式也略有不同。变动制造成本差异分析包括直接材料成本差异分析、直接人工成本差异分析和变动制造费用成本差异分析；固定制造成本差异分析即固定制造费用差异分析。

由上一节标准成本制定过程可以看到，任何一项费用的标准成本都是由两个因素——价格(分配率)和数量(工时)——决定的。因此，成本差异分析应该从价格差异和数量差异两方面进行。价格差异是在实际消耗总量的基础上，实际价格与标准价格之间的差异；数量差异也称效率差异，是在标准价格基础上，实际消耗量与标准消耗量之间的差异。其计算的一般模式如图 9.1 所示。

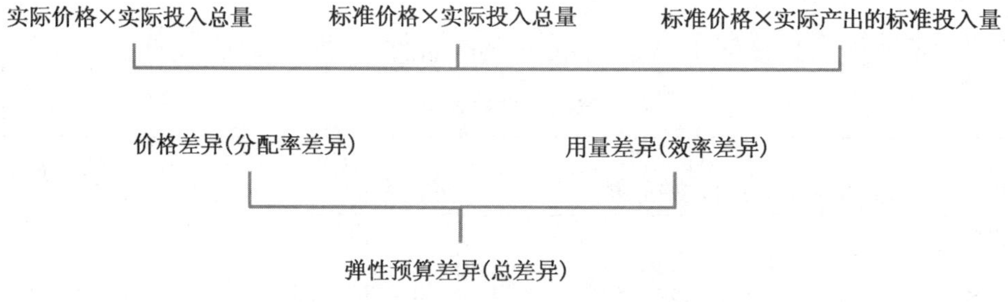

图 9.1　变动制造成本差异计算模型

如果实际成本小于标准成本，两者差异称为有利差异(用 F 表示)；如果实际成本大于标准成本，两者差异称为不利差异(用 U 表示)。这两类差异对企业经营业绩产生的影响必须详细分析，不能一概而论。

【例 9—6】 假定利多公司的实际产量是 1 000 千克，实际成本如表 9.7 所示。

表 9.7　　产品实际成本表　　单位:元

项　目	实际成本
直接材料	14 800.00
直接人工	21 840.00
变动制造费用	4 320.00
固定制造费用	2 500.00
合　计	43 460.00

根据表 9.6 和表 9.7 的数据,利多公司某月的成本差异报告如表 9.8 所示。

表 9.8　　成本差异报告　　单位:元

项　目	实际总成本	预计总成本	差　异
直接材料	14 800.00	15 930.50	−1 130.50
直接人工	21 840.00	21 432.00	408.00
变动制造费用	4 320.00	4 700.00	−380.00
固定制造费用	2 500.00	2 350.00	150.00
合　计	43 460.00	44 412.50	−952.50

下面对表 9.8 的总差异从价格差异和数量差异两个角度进行分析,寻找原因。

二、直接材料成本差异的分析

直接材料成本差异是指直接材料的实际总成本与实际产量下标准总成本之间的差异,可以进一步分解为直接材料价格差异和直接材料用量差异,计算公式如下:

直接材料成本差异＝实际总成本－实际产量下标准成本

直接材料价格差异＝实际价格×实际投入量－标准价格×实际投入量

＝(实际价格－标准价格)×实际投入量

直接材料用量差异＝实际投入量×标准价格－实际产量下标准投入量×标准价格

＝(实际投入量－实际产量下标准投入量)×标准价格

直接材料成本差异也就是价格差异与用量差异之和。应该注意的是,由于材料价格差异是在采购材料时产生的,因此,其实际投入量是实际采购量;而材料用量差异计算中,实际投入量是实际生产中的材料消费量,但有时候也可以采用同一个投入量。

【例 9—7】 利多公司某种油漆实际耗用原料量为 1 480 千克,产量 1 000 千克,原材料实际价格为每千克 10 元,该产品的标准成本资料如图 9.2 所示。材料成本差异计算如下:

(1)按模型计算差异。

(2)按公式计算差异。

直接材料成本总差异＝10×1 480－1 000×10.55×1.51

＝14 800－15 930.50

＝－1 130.50(元)(F)

直接材料价格差异＝(10－10.55)×1 480＝－814(元)(F)

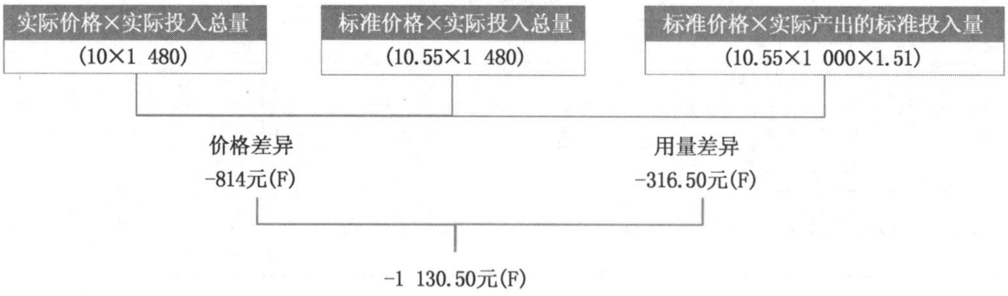

图 9.2 直接材料差异分析

直接材料用量差异＝(1 480－1 000×1.51)×10.55＝－316.50(元)(F)

直接材料的价格差异应由企业的采购部门负责，其业绩报告应说明差异产生的原因，诸如市场供求变化引起采购价格发生变化、采购过程中是否享受价格折扣优惠、运输费用变化情况等。管理人员应引起注意的是，较大金额的有利差异是否是由于购买大量价廉质次的原料所致，如若这样，该有利差异对整个企业来讲却是一个不利的因素，它将导致日后大量质量成本的产生，最终影响到企业的经济效益。

直接材料的用量差异应由企业的生产部门负责，其差异产生的原因有很多。从企业价值链分析，可能的原因有产品设计结构、原料质量、工人的技术熟练程度、生产设备的有效利用等。

本例的计算结果表明，直接材料成本总差异为有利差异 1 130.50 元，即实际比标准节约的数额。其中，价格差异为有利差异 814 元，用量差异为有利差异 316.50 元。如果各项差异在公司规定的上下限范围之内的话，那么，利多公司在材料成本控制方面的业绩比较好，可以维持目前所采取的措施。

三、直接人工成本差异的分析

直接人工成本差异是直接人工实际总成本与实际产量下标准成本总额的差异，它分为直接人工工资率差异和直接人工效率差异两部分。直接人工工资率差异是实际工资率与标准工资率之间差异引起的；直接人工效率差异是实际工时与标准工时之间差异所致。计算公式如下：

直接人工成本总差异＝实际总成本－实际产量下标准成本

直接人工工资率差异＝实际工资率×实际总工时－标准工资率×实际总工时

＝(实际工资率－标准工资率)×实际总工时

直接人工效率差异＝实际总工时×标准工资率－实际产量下标准工时×标准工资率

＝(实际总工时－实际产量下标准工时)×标准工资率

【例 9－8】 依【例 9－7】，如果利多公司某种油漆生产耗用的实际总工时为 2 400 小时，实际每小时工资率为 9.10 元，直接人工成本差异计算如下：

(1)按模型计算差异。

(2)按公式计算差异。

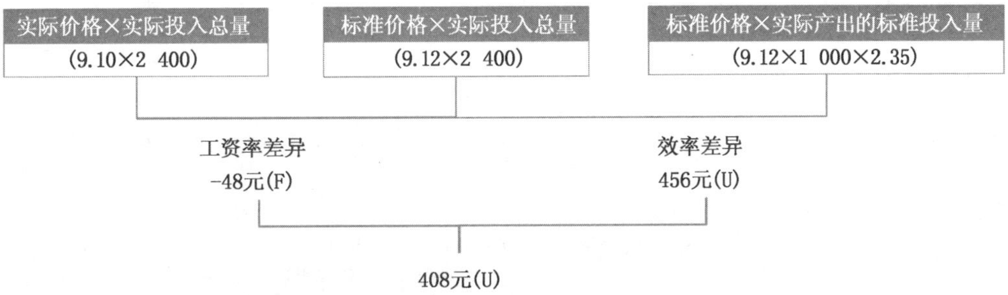

图 9.3　直接人工差异分析

直接人工成本总差异＝2 400×9.10－1 000×21.432＝408(元)(U)

直接人工工资率差异＝(9.10－9.12)×2 400＝－48(元)(F)

直接人工效率差异＝(2 400－1 000×2.35)×9.12＝456(元)(U)

直接人工工资率差异一般较少会产生，因为企业制定的工资率标准很少变动，除非员工的整体工资水平进行了调整，或者受外部劳动力市场等因素影响。上例中产生有利差异的原因可能是公司新进了许多非熟练工人，由于他们的工资水平较低，而标准工资率通常是一个平均工资水平，使实际小时工资率标准比原定标准有所下降。

直接人工效率差异是企业生产过程中实际投入量与标准(预算)投入量的差异，反映了劳动生产率的高低。差异的产生可能受到工人生产效率、生产合理安排、生产设备状况、原料质量等因素影响，这部分差异是生产部门最有可能控制的，所以，一般情况下是由生产部门对其负有责任。当然，如果差异的产生是由于其他责任中心效率低下造成的，理应分清责任，合理评价业绩。

本例的计算结果表明，直接人工成本总差异为不利差异 408 元，是由直接人工工资率的有利差异 48 元和直接人工效率的不利差异 456 元引起的，公司可能要对员工进行技术培训来提高生产效率。

四、变动制造费用差异的分析

变动制造费用差异是实际发生的变动制造费用总额与实际产量下标准变动制造费用总额之间的差额。它是由变动制造费用耗费差异和变动制造费用效率差异构成。计算公式如下：

$$\text{变动制造费用总差异}=\text{实际总成本}-\text{实际产量下标准成本}$$

$$\begin{aligned}\frac{\text{变动制造费用}}{\text{耗费差异}}&=\frac{\text{变动制造费用}}{\text{实际分配率}}\times\frac{\text{实际}}{\text{总工时}}-\frac{\text{变动制造费用}}{\text{标准分配率}}\times\frac{\text{实际}}{\text{总工时}}\\&=\left(\frac{\text{变动制造费用}}{\text{实际分配率}}-\frac{\text{变动制造费用}}{\text{标准分配率}}\right)\times\frac{\text{实际}}{\text{总工时}}\end{aligned}$$

$$\begin{aligned}\frac{\text{变动制造费用}}{\text{效率差异}}&=\frac{\text{实际}}{\text{总工时}}\times\frac{\text{变动制造费用}}{\text{标准分配率}}-\frac{\text{实际产量下}}{\text{标准工时}}\times\frac{\text{变动制造费用}}{\text{标准分配率}}\\&=\left(\frac{\text{实际}}{\text{总工时}}-\frac{\text{实际产量下}}{\text{标准工时}}\right)\times\frac{\text{变动制造费用}}{\text{标准分配率}}\end{aligned}$$

【例 9—9】 依【例 9—8】,利多公司生产某油漆的变动制造费用实际分配率为 1.8 元/小时,生产工时借用直接人工工时。变动制造费用差异分析计算如下:

(1)按模型计算差异。

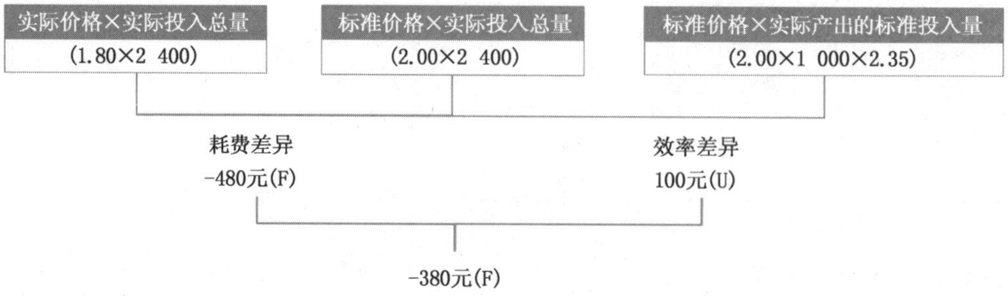

图 9.4 变动制造费用差异分析

(2)按公式计算差异。

变动制造费用总差异=2 400×1.8−1 000×4.7=−380(元)(F)

变动制造费用耗费差异=(1.8−2)×2 400=−480(元)(F)

变动制造费用效率差异=(2 400−1 000×2.35)×2=100(元)(U)

变动制造费用是一项间接费用,由间接材料、间接人工和其他制造费用组成,其差异的产生实际上可归结为每一费用项目的变动。但具体分析差异时,还是从以下两方面进行:

变动制造费用耗费差异是变动制造费用分配率差异,也是一种价格差异,但是与直接材料和直接人工的价格差异有一定的不同。变动制造费用标准分配率代表了所有变动制造费用项目单位直接人工小时应该达到的加权平均成本,与单位小时实际耗费的成本之间的差额就是价格差异。但该项差异的产生实际上既有价格差异因素,也有效率差异因素。在【例 9—9】中,变动制造费用耗费差异为节约 480 元,这可能是由于其中某些费用项目,如动力费用、间接材料的实际价格与标准价格不同,也可能是由于实际耗用量与标准耗用量不同造成的。变动制造费用由很多项目构成,所以,耗费差异的责任部门会涉及不同的责任中心,企业应该根据差异分析得出的原因追究相关部门的责任。

变动制造费用效率差异是实际耗用的工时与标准应耗工时之间的差额,该差异的产生与费用分配标准有关。一般情况下,变动制造费用的分配标准是选用直接人工小时,所以,只要直接人工存在效率差异,则变动制造费用必定也产生效率差异。因此,选择的分配标准效率如何就决定了变动制造费用的高低。这部分差异一般由管理直接人工耗用量的生产部门相关人员负责。

本例的计算结果表明,变动制造费用总差异为有利差异 380 元,是由变动制造费用耗费的有利差异 480 元和变动制造费用效率的不利差异 100 元构成,其中变动制造费用效率差异与直接人工效率差异都出现了不利差异。

五、固定制造费用差异的分析

固定制造费用与前述变动生产成本不同,它在一定的业务量范围内,成本总额保持相对稳定，不随业务量变化而变化。在变动成本计算法下，这部分成本不计入产品的生产成本，而是作为当期费用处理；在完全成本法下，这部分成本计入存货成本中，由当期销售产品和期末存货共同承担。由于企业的对外会计报表必须采用完全成本法，为存货计价的需要，应对固定制造费用差异进行分析。

固定制造费用差异是固定制造费用实际发生总额与实际产量下标准数额之间的差异，计算公式如下：

固定制造费用总差异＝实际总成本－实际产量下标准成本

由于固定制造费用与变动成本的习性不同，其差异分析模式也不一样。

（一）两差异分析法

两差异分析法认为，固定制造费用习性决定了固定制造费用无效率差异可谈，总差异可以分为固定制造费用预算差异和生产量差异两部分，计算公式为：

固定制造费用预算差异＝实际总成本－预算总成本

固定制造费用生产量差异＝固定制造费用预算总额－实际产量下标准工时×固定制造费用标准分配率

【例 9－10】 依【例 9－9】，利多公司某油漆应负担的固定制造费用预算总额为 2 585 元，预算产量 1 100 千克，固定制造费用实际发生额为 2 500 元，其他资料同前例。

（1）按模型计算差异。

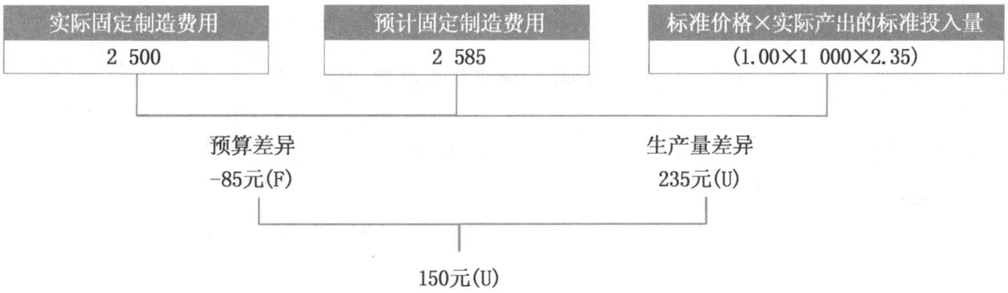

图 9.5　固定制造费用两差异分析

（2）按公式计算差异。

固定制造费用总差异＝2 500－1 000×2.35＝150（元）（U）

固定制造费用预算差异＝2 500－2 585＝－85（元）（F）

固定制造费用生产量差异＝2 585－1 000×2.35×1＝235（元）（U）

本例中，固定制造费用预算差异主要是由固定制造费用内各项间接费用实际发生额与预算数额不同造成的，属于一种耗费性差异。固定制造费用的具体项目由工资、折旧、广告费等组成，其中像折旧费用在短期内是不会改变的，而是由企业的长期决策决定的。所以，企业管理层通常无法立即控制固定制造费用的发生，这些费用不受生产水平变动的影响，因而预算差异通常金额比较小。

固定制造费用生产量差异是由于实际生产量与预算产量不同，使得分配至产品上的固定制造费用与预算分配数产生差额。本例中，由于预算产量为 1 100 千克，应计入产品中的固定制造费用为 2 585 元，而实际产量 1 000 千克，计入产品中的固定制造费用只有 2 350 元，两者相差 235 元，即为不利的生产量差异，反映了固定资产实际利用产量小于计划产量。对于固定制造费用生产量差异产生原因的分析，一般来说，责任由生产部门承担，但也可能由其他相关部门负责。

（二）三差异分析法

三差异分析法认为，上述固定制造费用生产量差异可以进一步分解为固定制造费用能力差异和固定制造费用效率差异，以便更进一步说明企业生产能力利用程度和生产效率高低。由此，固定制造费用差异分为固定制造费用开支差异、固定制造费用能力差异和固定制造费用效率差异三大类，其分析模式与两差异分析法的关系如图 9.6 所示。

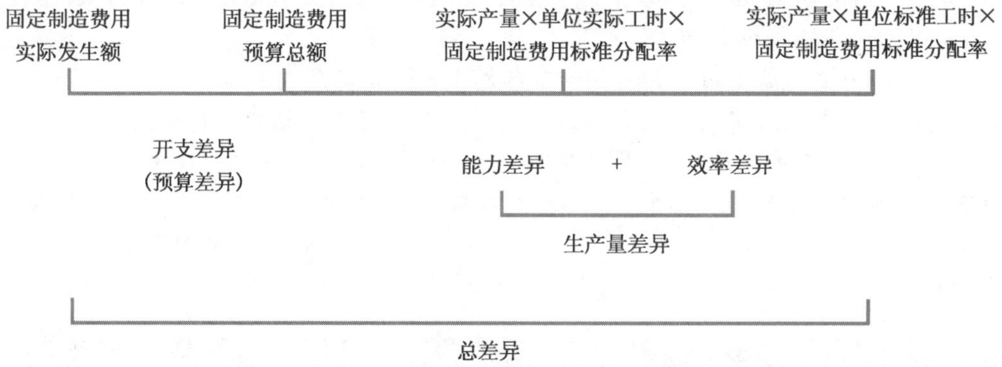

图 9.6　固定制造费用三差异分析

【例 9—11】　依【例 9—10】的资料，固定制造费用三差异分析如下：

固定制造费用总差异＝150（元）（U）

固定制造费用开支差异＝2 500－2 585＝－85（元）（F）

固定制造费用能力差异＝2 585－2 400×1＝185（元）（U）

固定制造费用效率差异＝2 400×1－1 000×2.35×1＝50（元）（U）

以上计算结果显示，固定制造费用开支差异等于固定制造费用预算差异，固定制造费用能力差异（185 元）与固定制造费用效率差异（50 元）之和等于固定制造费用生产量差异 235 元。

就不同企业而言，固定制造费用差异分析的两种方法可以任意选择。

以上分析的产品生产成本的各项差异应进行汇总，编制差异分析内部报告，将信息传递给企业有关的管理人员，作为评价各部门业绩的依据之一。由于差异产生的原因涉及企业各个部门，在分析差异时，企业各责任部门之间应进行良好的沟通，共同改进工作。从价值链角度分析，差异可能与企业各环节有关，所以要进行持续地改进。

第五节　标准成本差异的账务处理

在标准成本制度下，企业的“存货”账户一律按标准成本入账，对于实际成本与标准成本之间的差异设置专门账户予以汇总，期末再进行分配，从而将资产负债表上的“存货”项目和利润表上的“销售成本”项目调整为实际成本。

一、标准成本差异的账户设置

在标准成本制度下，需要加设如下标准成本差异科目：“直接材料数量差异”、“直接材料价格差异”、“直接人工效率差异”、“直接人工工资率差异”、“变动制造费用效率差异”、“变动制造费用耗费差异”、“固定制造费用生产量差异”、“固定制造费用预算差异”科目。如果固定制造费用标准成本差异采用三差异分析法，其中“固定制造费用生产量差异”科目可分设“固定制造费用能力差异”和“固定制造费用效率差异”两个科目。

这些成本差异科目的借方登记超支差异，贷方登记节约差异和差异转销额（超支用蓝字，节约用红字）。

二、标准成本差异的账务处理

下面以利多公司业务为例，说明标准成本差异的账务处理。

（一）直接材料成本差异

借：生产成本（标准数）	15 930.50	
贷：直接材料价格差异		814.00
直接材料数量差异		316.50
原材料（实际数）		14 800.00

记入“生产成本”科目借方的是直接材料的标准成本，记入“原材料”科目贷方的是原材料的实际成本。两者的数量差异和价格差异因为都是有利差异，所以记入两差异账户的贷方。如果企业的材料成本差异单独核算，该笔分录只记录直接材料数量差异，那么，原材料应记录计划成本。

（二）直接人工成本差异

借：生产成本（标准数）	21 432.00	
直接人工效率差异	456.00	
贷：应付职工薪酬（实际数）		21 840.00
直接人工工资率差异		48.00

记入“生产成本”科目借方的是直接人工的标准成本，记入“应付职工薪酬”科目贷方的是直接人工的实际成本。两者的差异中：一个是直接人工工资率差异，因为是有利差异，所以记入该科目的贷方；另外一个差异是直接人工效率差异，因为是不利差异，所以记入该科目的借方。

（三）变动制造费用差异

借：生产成本（标准数）	4 700.00	
变动制造费用效率差异	100.00	
贷：制造费用（实际数）		4 320.00
变动制造费用耗费差异		480.00

记入“生产成本”科目借方的是变动制造费用的标准成本，记入“制造费用”科目贷方的

是变动制造费用的实际成本。两者的差异中：一个是变动制造费用耗费差异，因为是有利差异，所以记入该科目的贷方；另外一个差异是变动制造费用效率差异，因为是不利差异，所以记入该科目的借方。

(四)固定制造费用差异

借：生产成本(标准数)	2 350.00	
固定制造费用生产量差异	235.00	
贷：制造费用(实际数)		2 500.00
固定制造费用预算差异		85.00

记入“生产成本”科目借方的是固定制造费用的标准成本，记入“制造费用”科目贷方的是固定制造费用的实际成本。两者的差异中：一个是固定制造费用预算差异，因为是有利差异，所以记入该科目的贷方；另外一个差异是固定制造费用生产量差异，因为是不利差异，所以记入该科目的借方。

期末编制对外会计报表时，各差异账户的余额有两种处理方法。

一是当差异金额较小时，可将各差异账户余额全部转入“产品销售成本”账户中，由本期收入补偿，反映当期的业绩。

二是将当期的成本差异按标准成本比例在期末存货和当期销售成本之间进行分摊，以反映它们的实际成本。

现假定采用第一种方法处理成本差异余额，分录为：

借：产品销售成本	—952.50	
贷：直接材料价格差异		—814.00
直接材料数量差异		—316.50
直接人工工资率差异		—48.00
直接人工效率差异		456.00
变动制造费用耗费差异		—480.00
变动制造费用效率差异		100.00
固定制造费用预算差异		—85.00
固定制造费用生产量差异		235.00

通过这项结转分录，月末各成本差异科目均无余额。

微信扫码获取
名师精讲

微信扫码获取
案例分享